红色育人路

红烛铸魂篇

朱光辉 主编

北京理工大学出版社
BEIJING INSTITUTE OF TECHNOLOGY PRESS

版权专有　侵权必究

图书在版编目（CIP）数据

红色育人路. 红烛铸魂篇 / 朱光辉主编. -- 北京：北京理工大学出版社, 2025.4.
ISBN 978-7-5763-5314-3

Ⅰ. G631.2

中国国家版本馆 CIP 数据核字第 2025KH9358 号

责任编辑：徐艳君　　　文案编辑：徐艳君
责任校对：周瑞红　　　责任印制：李志强

出版发行 / 北京理工大学出版社有限责任公司
社　　址 / 北京市丰台区四合庄路 6 号
邮　　编 / 100070
电　　话 /（010）68944439（学术售后服务热线）
网　　址 / http：//www.bitpress.com.cn

版 印 次 / 2025 年 4 月第 1 版第 1 次印刷
印　　刷 / 廊坊市印艺阁数字科技有限公司
开　　本 / 710 mm×1000 mm　1/16
印　　张 / 21
字　　数 / 292 千字
定　　价 / 108.00 元

图书出现印装质量问题，请拨打售后服务热线，负责调换

《红色育人路——红烛铸魂篇》
编委名单

主　　编：朱光辉

副主编：陈德收　孟令垚　张　磊　陈家旺

编　　者：饶晓炜　张雪梅　肖月佳　沙文军

　　　　　刘丽华　白云伟　马　英　翟文良

　　　　　邓朋宇

序　言
PREFACE

　　党的十八大以来，习近平总书记高度重视红色基因的传承，多次发表重要讲话、作出重要指示，把弘扬红色文化摆在更加突出的位置，对用好红色资源、传承红色基因、赓续红色血脉念兹在兹。

　　习近平总书记深刻揭示了用好红色资源是落实立德树人根本任务的重要着力点。红色文化一是理论上让学生们明确中国特色社会主义路线的科学性、正确性，坚定不移地跟党走，坚定不移地走社会主义道路；二是学习历史文化，了解先烈事迹，树立榜样；三是让学生们对照体会现实的美好生活来之不易，感恩先辈，奋发努力。

　　近年来，各学校在学生教育中联系实际，形式多样地开展红色教育。小学阶段围绕政治思想与道德启蒙，选择革命故事、文物、歌曲等，激发学生对领袖、英雄的崇敬之情，感受高尚品质和爱国主义情怀，培养他们爱党爱国，增强民族自豪感。初中阶段围绕政治觉悟提高和品德锤炼，通过讲述历史重大事件和党的伟大成就，使学生了解党的发展历程，做到知史、明理、爱党、爱国，培养奋斗精神、奉献精神。高中阶段围绕政治认同，用中国革命的典型成果介绍引导学生明确党的领导是人民选择。

　　革命的文献、红色的遗址、滚烫的故事里讲述着共产主义理想信仰；讲述党的精神血脉，在讲堂，在旧址，在屏幕，在舞台；在语文、数学、历史、地理各个学科，滋养着学生们的思想灵魂。学生们的目光更坚毅，方向更明确，思想更健康，心里更幸福，面容更快乐。红色教育硕果累累，在青少年心中种下红色的精神火种。

《红色育人路——红烛铸魂篇》的诞生，源于我们多年、各个方面红色教育实践的总结。本书由基础教育一线教师们书写，聚焦红色文化育人的实践经历，总结经验，从四个方面谈红色育人体系。

在学生培养篇，我们看到教师们如何将长征路上的草鞋、抗日根据地的油灯、脱贫攻坚的驻村日记转化为思政课堂的"活教材"，让爱国情怀不再是抽象的概念，而是融入血脉的文化自觉。

课程构建篇呈现了从国家课程的红色元素挖掘到校本课程的体系化开发，从语文课堂上的革命诗词吟诵到美术课中的红色题材创作，红色基因正以润物无声的方式浸润课程肌理。

教学创新篇记录了情景模拟、研学实践、数字赋能等多元探索，当学生们在虚拟展厅与革命先烈"对话"，在红色遗址前宣读青春誓言，教育的感染力便突破了时空界限。

资源开发篇则着眼于文化传承的当代使命，既探讨革命文物的活化利用，也关注 VR 技术、云端课堂如何让红色资源从地域宝藏转化为共享财富。

书中收录的，不仅是一线教师的经验总结，更是一场关于教育本质的深刻对话。那些扎根讲台的实践案例告诉我们：红色育人从来不是简单的知识传递，而是情感的共鸣、价值的认同、信仰的接力。教师带着学生们重走长征路时留下的脚印，学生们在烈士陵园记下的祭扫日记，校园里响起的红色童谣与青春誓言，都是红色文化在当代教育中最生动的注脚。这种育人实践，既需要课堂内外的协同创新，更离不开教师队伍的"铸魂"工程——唯有教师自身筑牢信仰之基，才能成为点亮学生心灯的红烛。在"培养什么人、怎样培养人、为谁培养人"的时代之问前，本书试图提供一份基于实践的答卷。它既为学校思政教育提供了可操作的方法论，也为红色文化研究打开了微观视角：从教案设计到课堂生成，从资源整合到效果评估，每个环节都蕴含着育人智慧。更重要的是，书中对红色育人模式的探索，始终贯穿着对时代特征的把握——在数字原住民成为教育主体的今天，如何让红色文化既保持历史厚重感，又具备时代亲和力？如何让革命传统教育既承接历史脉络，又回应现实关切？这些思考，让本书超越了经验汇编的层面，成为连接历史记忆与时代使命的桥梁。

教育是静待花开的守望，更是火种传递的远征。愿这本凝结着一线教育者心血的著作，能为更多同人提供育人路上的同行力量；让我们以红烛之姿，在课堂上播撒信仰的光芒；以铸魂之责，在青少年心中筑牢精神的基石。当红色文化真正成为校园里的精神底色，我们终将培育出既有文化自信又具使命担当的时代新人，让红色基因在一代又一代的传承中生生不息，照亮民族复兴的伟大征程。

目录
CONTENTS

第一篇　红色育人之学生培养

红色教育润童心　红色基因共传承
　　——浅谈小学红色教育有效途径和方法……………………（ 3 ）
红色浸染心灵　赓续传承成长
　　——红色文化与小学德育教学的融合初探………………（ 10 ）
新时代少先队红色故事育人的有效策略研究…………………（ 17 ）
红色教育筑牢少先队根基，为党培养"红孩子"………………（ 32 ）
用红色文化育人…………………………………………………（ 40 ）
厚植红色情怀，走文化育人路…………………………………（ 47 ）
走好红色育人路
　　——为小学生扣好人生"第一粒扣子"……………………（ 55 ）
幼儿园体验式德育教学实施策略的探索………………………（ 63 ）

第二篇　红色育人之课程构建

走好红色育人路…………………………………………………（ 71 ）
基于红色文化教育背景，浅谈幼儿园教育的价值与创新……（ 79 ）

001

房山区红色基因融入幼儿园课程路径的实践研究……………………（88）
中小学红色育人课程整合与实施策略探究……………………………（94）
沉浸式"1+4+5"实践育人模式中培养红色工匠……………………（107）
探究高中生涯规划课程对培养拔尖创新人才的意义…………………（115）

第三篇　红色育人之教学创新

思维型课堂视域下《读本》教学设计：内容要素与实践课
　　——以《伟大事业都始于梦想》一课为例 ……………………（125）
红色作品教学实践探究…………………………………………………（135）
红色文化在初中生物教学中的传承与实践……………………………（145）
走好红色育人路——小学数学教学中渗透红色文化的研究…………（152）
红色育人与小学数学教育教学相融合的探索与实践…………………（162）
红色育人理念在小学英语教学中的实践与探索………………………（171）
红色旋律在音乐教育中的传承与创新…………………………………（179）
红色育人：小学语文教育的使命与挑战………………………………（186）
基于大概念的红色育人单元设计与实施
　　——以"爱国主义"这一概念为例 ……………………………（194）
传承红色基因，贯彻立德树人的教育理念……………………………（206）
小学语文教学中开展红色育人的现状与对策…………………………（215）
新课程背景下小学数学教学中红色育人理念的融合与实践…………（227）
用好语文课堂平台，渗透红色文化教育………………………………（236）
《习近平新时代中国特色社会主义思想学生读本》
　　教学中红色育人的初步探索
　　——以三年级《我有一个梦想》为例 …………………………（246）
基于实践创新的小学数学"小先生制"课堂实践探索
　　——以徐特立教育思想为引导 …………………………………（255）

第四篇　红色育人之资源开发

基于古蔺红色文化基础上的育人实践探究……………………（265）

整合红色资源，构建实践育人共同体……………………………（273）

红色文化，铸魂育人………………………………………………（283）

浅谈红色文化育人促进和谐发展…………………………………（290）

小学红色教育的教学实践研究……………………………………（297）

扎根红色文化开展跨学科劳动教育………………………………（305）

走好红色育人路

　　——传承红色基因，培养时代新人……………………………（314）

第一篇

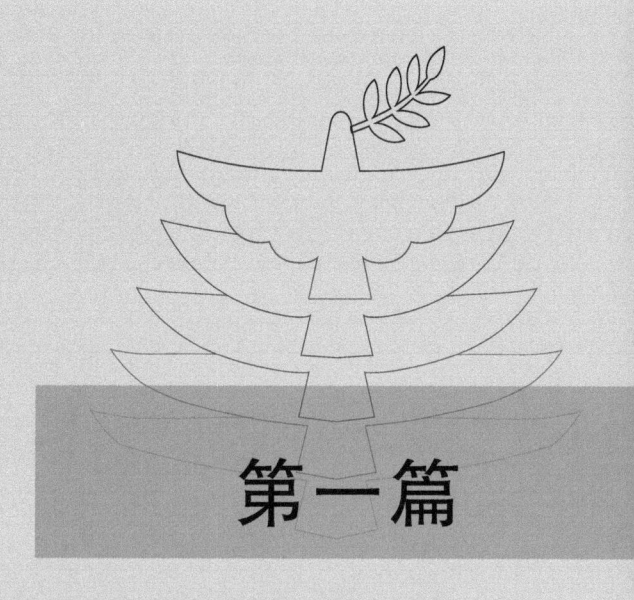

红色育人之学生培养

红色教育润童心　红色基因共传承
——浅谈小学红色教育有效途径和方法

井陉矿区第一小学　马　敏

摘　要：红色教育是一种以红色文化为载体，以时代精神内涵的象征——红色作为教育主题的教育方式。本文对红色教育的目的和影响、红色教育面临的问题进行分析，并探讨小学红色教育的路径和方法，指出"用红色基因熔铸理想信念""建红色阵地涵育时代新人""让红色精神浸润茁壮成长"三部曲，形成富有实效的制度文化。

关键词：小学；红色教育；红色资源；红色阵地；红色精神

一、引言

2014年，习近平总书记在视察南京军区机关时强调，"要把红色资源利用好、把红色传统发扬好、把红色基因传承好"。身处伟大新时代的少年儿童，既是实现第一个百年奋斗目标的经历者和见证者，又是实现第二个百年奋斗目标、建设社会主义现代化强国的生力军。因此，学校要通过开展红色教育，让学生走进历史，重温中国共产党的峥嵘岁月和艰难往事，引导他们听党话、跟党走，传承红色基因，努力成长为担当民族复兴的时代新人。

二、红色教育的目的和意义

红色教育是一种以红色文化为载体，以时代精神内涵的象征——红色作为教育主题的教育方式。红色教育不局限于抗日战争时期、解放时期，还包括我国历史上其他时期的先进事迹和时代精神，结合新时代的发展需求，深入教育教学工作中，为少年儿童扣好人生第一粒扣子。

首先，红色教育有助于增强德育教学的效果。红色文化是中华儿女在长期革命实践中创造的文化精髓，具备强烈的民族凝聚力和向心力，比如，抗日战争中与侵华日军的殊死抵抗，红军长征途中过雪山草地、飞夺泸定桥，毛主席率领中共中央机关"进京赶考"等。就我国当前小学德育内容和目标相脱离的情况看，小学德育需要基于本土红色资源积极地挖掘德育资源，并且采用多样化的教学方式开展教学，使革命教育优势有效地转变成为新的德育价值。

其次，红色教育能够帮助小学生树立正确的"三观"。小学生正处于形成正确"三观"的基础阶段、关键阶段。红色文化是非常宝贵的财富，因此，小学德育必须合理应用。实际上，很多英雄事迹就发生在离小学生不远的祖辈身上，他们在日常生活中也会或多或少地听到和了解到这些事迹。在学习中，学生能够真正认识到革命前辈的壮举，体会到他们的艰辛，从心灵上产生共鸣，形成正确的"三观"。

再次，红色教育能够净化校园文化环境。将红色文化合理地应用在小学德育教学中，就能够很好地减轻这些不良文化对学生的侵蚀，弥补小学德育教学的不足，为学生营造一个健康的学习和成长环境。

三、红色教育面临的问题

首先，部分学生对红色文化、革命精神的认知十分僵化。例如，有些学生在学习革命精神时，不能正确认识到现阶段革命精神的实质和价值，只把革命精神当作一个符号。

其次，有些教师讲解红色文化、革命精神时程序化、脸谱化，对学生的心理研究不足。有些教师没有真正了解和把握学生的心理，一味地进行说教，单纯从政治的角度进行宣传，语言和教育形式单调、乏味，这样做不仅不能让学生传承红色文化，还会使学生产生逆反心理。

四、面对这些问题，怎样才能让红色教育"入脑入心"

教师应根据学生的认知水平和能力特点，通过项目引领，积极探索有效提升学生社会主义核心价值观认同度的途径和方法，注重与课堂、课程、活动融合，开展不同梯度的革命文化教育主题活动，不断创新活动的形式、成果展示及相关评价，构建符合教育规律、体现新时代特征的红色传人培养体系，形成区域革命文化教育的航向标。

结合思政课堂教学内容进行课外拓展延伸，设计相应的课外实践活动，盘活红色资源，实施"融入传统节日、融入地方特色、融入文化建设"的策略，推动革命文化在学生心中生根发芽，将红色文化教育常态化、长效化、有效化。

（一）用红色基因熔铸理想信念

红色资源是鲜活的历史，也是红色教育最生动的教材。结合思政课堂教学，依托红色资源，进行红色教育，让红色文化"入脑入心"。近年来，我校坚持开展"大思政课堂"教学活动：让学生参加公益志愿服务，参观纪念馆，瞻仰党的革命旧址，了解家乡的峥嵘岁月，寻访革命前辈，参加红色课堂的学习……

井陉矿区拥有一段光荣、辉煌、璀璨的历史。井陉矿区在解放初期是全国十大煤矿之一，为中国的解放事业作出了不可磨灭的贡献。在井陉煤矿纪念馆中就有这样一组照片，它帮我们记载下了那段激情燃烧的岁月。"随着华北战场的不断扩大，前方急需大量的军火物资。为了加快军火生产，以适应解放战争的需要，晋察冀边区政府即决定将井陉矿部分机器设备和材料，运往平山县南冶、北冶兵工厂和汐汐水发电厂，以扩大军械制造能力。任务下达后，矿党组织立即通过工会，发动矿工踊跃报名，组成五百五十多人的运输队，不分昼夜突击运输。随后，一大批技术工人又背上工具，到兵工厂和汐汐水发电厂，制造机器，修理电机，以实际行动支援了前线。"

通过这一堂堂理论与情景相结合的教学，学生了解了可歌可泣的红色历史，认识了可亲可近的父辈，而那璀璨夺目的红色之魂也自然而然地永驻学生的心房。

（二）建红色阵地涵育时代新人

学校应当创设条件，积极营造红色教育氛围，创新开展红色教育活动，用丰富的形式构建红色教育阵地，充分发挥红色文化的育人功能，帮助学生传承红色基因，扣好人生第一粒扣子。

利用班会、队会等常规仪式活动及升旗、开学典礼等有意义的仪式活动开展"六个一"教育活动：读一读、唱一唱、演一演、画一画、讲一讲、写一写。"读一读"，诵读红色经典；"唱一唱"，演唱红色歌曲；"演一演"，演绎红色情景剧；"画一画"，画红色故事、红色物件、红色人物；"讲一讲"，讲述红色故事；"写一写"，书写红色故事、红色诗词、红色感悟。

红色经典作品是我们民族精神的瑰宝，是我国历史长河中的璀璨明珠。这些经典作品，蕴含着革命先烈的英勇事迹和崇高精神，是实现中华民族伟大复兴的重要精神财富，值得我们学习和传承。朗诵这些经典作品，少年儿童能够更加深入地了解红色历史，更加深刻地领悟革命精神，从而树立正确的价值观和人生观。我校开展了"共读红色经典""诵读红

色经典比赛"等一系列阅读活动。在学完《小萝卜头》一文后，我顺势而为，向学生推荐了《红岩》。出人意料，这书本在学生中间掀起了前所未有的"红色浪潮"。有位同学在日记中这样写道："国民党只能给他们肉体上的折磨，却动摇不了他们精神上的一分一毫。在他们面前，我深感愧疚。我只要遇到小小的挫折，就会想到放弃。读了《红岩》之后，我知道越是充满困难的路我们越要走，越是艰巨的任务，我们越要坚定不移。"一字一句、一段一篇，每一个静静的文字铿锵有力、掷地有声，不断激励着学生们昂首阔步、砥砺前行。

"唱一唱"最为学生喜闻乐见。红色经典歌曲可以真实且生动地反映出中国共产党的革命历程和伟大的精神，因此，我校采用红色歌曲激励学生、感染学生，让他们进一步感受红色文化的真谛。例如，《义勇军进行曲》《保卫黄河》等一首首脍炙人口的红色经典歌曲，贯穿了几代人的记忆，它们不仅是一种文化传承，对学生来说更是一种深情的呼唤，唤醒他们奋发图强，实现中华民族伟大复兴的中国梦。所以，学校要在课间时间通过校园广播来播放红色经典歌曲，或者在放学时间用红色歌曲代替下课铃声。音乐教师也可以把红色歌曲作为教学内容，带领学生更深入地学习红色经典歌曲，让他们了解歌曲背后的故事，从而使他们与革命者和作者产生情感上的共鸣，进而激发他们对理想和信念的执着追求，浸润红色革命精神，使他们成为优秀的社会主义建设者和接班人。

"演一演"，即学生以演员的身份走进书本，走进故事。每学期，开展一次红色课本剧表演比赛。舞台上，小演员们将机智勇敢的小英雄雨来和小嘎子，英勇无畏的刘胡兰，《丰碑》中舍己为人、恪尽职守的军需处长等鲜活可敬的英雄人物演绎得淋漓尽致，再现了革命先烈的英勇事迹，传递了永不磨灭的红色精神，树立了熠熠生辉的学习榜样。

"画一画"，即画红色故事、红色物件、红色人物。在每年的清明节，我校组织学生开展"清明时节忆先烈，童心画笔绘英雄"活动。学生们用手中彩色的画笔大胆构思、挥洒笔墨，用形式多样的艺术手法、童趣十足的画面打开了尘封已久的红色记忆。

"白洋淀边一个小水庄子里，有个聪明伶俐的孩子，叫张嘎。他热爱八路军，八路军叔叔也很喜欢他。住在庄上养伤、养病的八路军叔叔，常常讲英雄故事给他听。"教室里，学生们正在认真聆听小伙伴讲小兵张嘎的故事。"讲一讲"这一活动中，学生们通过动听的声音、丰富的表情和生动的动作，把红色故事娓娓道来。每个故事都在学生们心中燃起了一团红色火焰，让学生们明白今天的生活来之不易，在今后的日子里应该加倍珍惜美好生活，以实际行动传承红色精神。

"写一写"，即书写红色故事、红色诗词、红色感悟。其中，最应该鼓励学生们撰写关于红色故事、红色诗词的感悟，引导他们从个人角度思考红色文化的意义、红色文化的内涵，形成正确的世界观、人生观和价值观。在字里行间，一颗颗红色的种子在学生们的心间扎根发芽。

（三）让红色精神浸润茁壮成长

红色精神是红色教育之"魂"，它包括坚定信念、勇于担当的爱国情怀，不怕吃苦、不畏艰难的奋斗精神，团结人民、无私奉献的集体主义，实事求是、独立自主的创新胆略。红色精神是革命先烈们在艰苦卓绝的革命斗争中逐步凝聚而成的，无论是从嘉兴南湖红船到南昌起义，从井冈山到长征，还是从延安到北京，无不充满了先烈们的汗水和鲜血。从实践中来，到实践中去，正是坚持了这样的一条路，赶走了侵略者，打倒了反动派，建立了新中国，结出了"两弹一星"的硕果，实现了祖国的繁荣富强。事实证明，红色教育只有化在具体的行动中才能结出硕果，发挥其精神的引领作用。化红色精神于具体生活、学习之中，做到"知行合一"，让学生们在实践活动中践行红色精神和革命精神，例如，制作"实践卡""学党史、见行动、助春耕""手拉手义务劳动"等活动。

让红色精神引领学生解决生活中的难题，努力学习，茁壮成长，争当"热爱祖国、理想远大的好少年；勤奋学习、追求上进的好少年；品德优良、团结友爱的好少年；体魄强健、活泼开朗的好少年"。

少年强，则国强。少年儿童作为国家的未来，应继承和弘扬红色精神，这就要求学校积极引进红色文化，加强对学生的红色文化教育，并将其与德育教学紧密地结合起来，从而使学生更好地传承红色精神，努力成

为一名社会主义合格建设者和可靠接班人。

参 考 文 献

[1] 刘瑞宏，冯义平．利用地域红色资源，传承中华红色基因：普通高中红色文化的思考与实践［J］．江苏教育研究，2019（28）：23-26．

[2] 苗孟琦．红色基因促进小学生思想品质教育研究［D］．太原：山西财经大学，2019．

[3] 龙丽．红色文化引领学校文化［J］．人民教育，2018（11）：27-28．

[4] 高晓敏，罗燕翔．发挥红色资源优势，培育新时代红色传人：小学道德与法治教学中革命文化教育的实践［J］．新课程，2023（13）：7-9．

红色浸染心灵　赓续传承成长
——红色文化与小学德育教学的融合初探

井陉矿区第一小学　胡　剑

摘　要：本文探讨红色文化与小学德育教学的融合路径及实践策略。通过依托红色文化资源丰富德育内容，将革命故事、英雄事迹等融入课堂，结合多媒体教学及实践活动，增强学生的爱国情怀与道德认知；同时，创新学科教育模式，在语文、道德与法治等课程中渗透红色精神，引导学生感悟革命传统；延展教育范围至社会实践与校园活动，组织参观革命遗址、研学旅行等，深化文化体验；强调家校联合，通过家长参与课堂、红色研学及资源推送，巩固德育效果。研究表明，红色文化与德育的融合能有效提升学生的道德素养与历史使命感，为培养担当民族复兴大任的时代新人提供实践参考。

关键词：红色文化；小学德育；家校联合

一、引言

习近平总书记指出，"要教育引导全党大力发扬红色传统、传承红色基因，赓续共产党人精神血脉，始终保持革命者的大无畏奋斗精神，鼓起

迈进新征程、奋进新时代的精气神。"开展红色教育是落实立德树人根本任务，学习传承红色文化精神是新时代小学德育教学的重要内容和任务，对小学生开展红色文化教育是文化基因传承的重要体现。将红色文化与小学德育相融合，不仅能提升学生的德育水平，更能加深他们对红色文化的理解和热爱，培养他们的爱国情怀和民族精神。

二、依托优秀红色文化资源，丰富德育内容

在小学德育教学改革活动中，积极探索红色资源的多元化应用，可以更好地发挥红色资源的教育优势，对全面创新小学德育教学具有极其重要的价值，能有效促进德育教学工作的进步和优化。在小学阶段的德育教学工作中，为了最大限度发挥红色文化资源中蕴含的教育价值，根据小学生的身心特征对红色文化资源进行系统的分析和整理，构建分层次的红色文化资源体系，满足不同阶段学生的需求。教师可以尝试与社会其他文化部门相互配合，根据不同阶段的学生特征以及活动目标，分析和筛选红色资源内容，配合德育教学工作的开展，对学生思想道德素质的培养发挥积极的指导作用。

在依托优秀文化资源的过程中，为了丰富小学德育内容，学校需要将匹配的红色资源以多种形式融入学生的德育教学，吸引学生自主投入其中感受红色文化的内涵和魅力，从而以优秀的文化内容和革命精神影响学生。在德育教学中融入本土优秀的资源具有十分重要的教育价值和现实必要性。为了达到此目标，教师必须准确了解和分类红色资源，始终把握德育教学的组织目标，构建特色专题教育体系。例如在一次德育教学实践活动中，我设计融入与小学阶段学生相匹配的"红色精神"内容。在活动开始时，以《东方红》《没有共产党就没有新中国》等红色歌曲导入活动主题，嘹亮的歌声、铿锵的节奏，以及红旗飘飘等画面的展示，能够激发学生的兴趣、吸引他们的注意力。之后，给学生讲述红色故事、感悟红色精神以及通过视频观看红色遗迹。刘栋，一个平凡又不平凡的人，1949年9月参军入伍的他，跟随部队进驻新疆，参加过剿匪战斗、开荒造田、天山

放牧，当过文化教员，创办过学校，担任过校长。他的一生红心向党、不断付出，是我们的榜样。这种勇往直前、一心为国的革命精神鼓励着我们，熏陶着我们，而且其中蕴含的红色精神正是小学生成长过程中所需要的。在讲完故事后，我为学生播放了蕴含红色精神的动画片，学生的情绪高涨，在观看完动画片后，我向学生布置了这样的作业："说一说自己在这堂课中学到了什么，并结合自身的具体情况，想一想自己日后应该怎么做？"为了强化德育教学效果，完成德育教学目标，要求学生回到家和家长一起了解有关红色文化的故事、遗迹以及电影等，并在下一节课中与同学分享，并说一说自己学到了什么。有的学生说："先辈们的故事让我看到了现在幸福生活的来之不易，我们要珍惜这来之不易的幸福时代，好好学习！"这样的德育教学实践活动达到了不错的效果，不仅让学生对红色文化的理解更加透彻，感知其中蕴含的革命精神，而且丰富了德育的内容，将红色资源中的革命故事融入德育教学实践活动中，发挥优秀文化资源潜在的巨大教育价值，促进学生综合素质的全面发展。

三、优化创新学科教育，感悟红色文化内涵

在小学班级德育教学实践中，应当以课堂为主阵地，通过知识讲解和观念传输来培养学生正确的价值观，营造浓厚的红色基因学习传承氛围，实现红色文化与课程内容的深度融合。

在课程中增加红色文化内容，将红色文化教育融入道德与法治学科的学习中，通过讲述革命故事、英雄事迹，让学生从中学习革命精神，理解红色文化的内涵，既能够加强学生的主题教育认知，又能够加深学生对红色文化教育的理解，促使学生从小就养成法治意识，增强道德感。在讲解生活中的法律时，教师可以香港暴乱和疫情防控为例，开展案例分析教学，这既能够加深学生对相关法律法规的了解，而且也有助于帮助学生拓宽视野，及时掌握最新的新闻，培养学生对国家、对党、对社会的正确认知。在教学中，教师要敏锐地把握学生关心的问题，在充分结合班级德育

和学生学习成长等实际情况的前提下，设计独特新颖、喜闻乐见的活动主题，积极开展形式多样、内涵丰富的红色班集体创建活动，以此来实现培根铸魂、启智润心。

课堂中采用多媒体教学，利用视频、音频、图片等资源丰富教学内容，让学生更直观地感受红色文化的魅力。语文课中融入红色文化，引入红色诗歌、历史故事，部编版教材中，安排了很多红色文化的教育内容和阅读篇章。四年级的《为中华之崛起而读书》、五年级教材中《军神》以及六年级《狼牙山五壮士》《金色的鱼钩》《丰碑》等课文，都是"红色文化的重要组成部分"。这些文章表达了舍己为公、廉洁奉公、伟人胸怀、不怕牺牲、立志报国等革命情怀。《为中华之崛起而读书》是统编版语文四年级上册中的一篇文章，课文通过记叙少年周恩来经历了三件事，立下"为中华之崛起而读书"的誓言，表现了少年周恩来的远大志向，为青少年树起了一面鲜明的爱国旗帜。解读文本时，教师要"眼中有人"，确立学生视角，思考文章对学生成长有何价值。布置课前学习任务，让学生对周恩来及其生平事迹有简单的了解，引导学生或者上网查资料，或者询问父母、朋友，或者主动了解周邓纪念馆等相关知识，加深对课文以及人物的印象，提高阅读兴趣。教师在教学时，引导学生充分阅读、思考和感悟，例如引导学生思考"为什么小小年纪的周恩来有如此远大的志向？找出相关的词句，写写自己的理解和体会"。学生要从找关键词句的位置，想关键词句含义，再到关键词句的批注，领悟关键词句的意蕴，在一步步挖掘中深度品读，品出周恩来内心的变化，品出周恩来立志的原因，体会文本的语言特色以及人物感情。学生完成这一系列步骤之后，再读课文能更深刻理解文本，感受其中洋溢着的爱国主义情怀。文章中数次出现"为中华之崛起而读书"这句话，深悟文章内容之后进行这种角色体验，学习就不再止于浅层的朗读，而是在揣摩"言"的基础上领会"意"。通过朗读以及角色扮演的方式，使文章形象化、具体化，甚至打破时间和空间的限制，与文中人物形成心灵共振，加深对人物以及红色精神的理解，将红色精神根植于内心。

四、延展教育范围，培育红色文化底蕴

在对小学德育实践活动展开指导的过程中，适当开展社会实践活动，能够在德育引导过程中实现理论教育与实践教育的有机融合，可以进一步丰富学生的学习体验，使红色文化教育的质量得到提升，效能得到充分发挥，进而全方位提高德育教学指导的科学性。例如，开展内容生动、形式多样的实践活动，筑牢学生红色文化思想基础。课堂并非德育的唯一空间载体，校园也是红色文化教育重要渠道和载体。将红色文化教育融入日常教育教学中的每一个细节，以升国旗、唱国歌等活动为抓手，为学生提供喜闻乐见、寓教于乐的红色教育方式，确保学生在活动中实现红色文化入脑入心。

在活动中，充分调动学生学习红色文化的积极性和能动性，让他们在参与中增强认识体验，厚植红色文化底蕴。鼓励学生积极参加我校举办的"唱红歌，讲好红色故事"等主题活动，弘扬红色革命文化；利用每天的课前三分钟及每周的班队会时间，开展"红色故事宣讲"活动，让学生亲自讲述革命故事，对红色文化的理解和记忆将会更加深刻；利用周六日时间，组织学生参观万人坑纪念馆、段家楼等革命纪念馆，利用校园的优势资源组织开展教育实践活动，让学生接受浓厚的红色文化熏陶，促进学生在生活中感悟和践行红色文化精神，将其转化为高尚的道德品质。

为了加强学生的红色文化教育，我校安排师生前往西柏坡革命历史遗址参观学习，在参观过程中，学生不仅听取了讲解员对革命历史的详细介绍，还亲自体验了当年的艰苦生活。此外，我校还邀请了当地的老红军战士为学生讲述他们的亲身经历，让学生更加深入地了解了红色文化的内涵和精神。通过这次研学活动，学生对红色文化有了更加直观和深刻的认识，他们纷纷表示要珍惜现在的幸福生活，努力学习，为祖国的繁荣富强贡献自己的力量。同时，这次活动也促进了家校共育，家长们纷纷表示要支持学校开展更多的红色文化教育活动，共同培养孩子的爱国情怀和历史使命感。

为了将红色文化融入日常教学中，我校还特别开设了红色文化课程。在这门课程中，教师不仅讲解革命历史、英雄事迹等，还通过多种形式的教学活动，如角色扮演、故事讲述、情景模拟等，让学生更加深入地体验红色文化。在一次课堂上，教师组织学生们进行了一次模拟长征的活动。学生们分成小组，携带简单的行囊，沿着长征路线进行徒步穿越。在这个过程中，他们不仅要面对恶劣的自然环境，还要克服种种困难，体验红军长征的艰辛与不易。通过这次活动，学生们深刻感受到了红军长征的伟大精神和坚韧不拔的意志。

此外，我校还利用课余时间组织学生们观看红色电影、阅读红色书籍等，进一步丰富他们的红色文化知识。通过这些措施的实施，我校的红色文化教育工作取得了显著成效，学生对红色文化有了更加深入的了解和认识，他们的爱国情怀和历史使命感也得到了有效提升。丰富多彩、形式多样的研学实践活动，有效地将红色文化融入学生的日常学习和生活中，让学生在参与中感受红色文化的魅力，激发他们的爱国情怀和历史使命感。

五、家校联合，巩固红色文化与德育融合效果

红色文化与日常德育教学的融合，仅依靠学校和教师的力量是不行的，只有家长也积极参与到融合建设中来，才能畅通红色文化和德育融合的路径，让学生享受到更加广泛的红色文化教育。为了深化红色文化教育，加强学生的德育培养，我校积极推行家校联合教育策略，与家长紧密合作，共同开展了一系列红色文化与德育融合的活动。

一是邀请家长参与红色教育课堂，通过讲座、分享会等形式，让家长了解红色文化的内涵和价值，引导家长在家庭教育中融入红色文化元素。同时，我校还鼓励家长利用家庭资源，如红色书籍、影视资料等，与孩子一起开展红色文化学习。利用闲暇时间陪同孩子一起观看《闪闪的红星》《小英雄雨来》等比较热门的红色儿童经典，让孩子切身感悟到中华民族自古以来就具有的艰苦奋斗、无私奉献的高贵精神品格，鼓励孩子要向先辈学习，让孩子铭记历史，为实现中华民族伟大复兴而努力奋斗。

二是与家长共同组织红色文化实践活动。积极动员广大家长给予红色文化和德育融合建设的配合和支持，提升家长对红色文化教育重要性的认识，让家长能够切实负起责任。例如，我校组织学生进行红色研学旅行，前往革命遗址、纪念馆等地，实地感受红色文化的魅力。家长则担任志愿者，协助学校组织活动，提供安全保障。这些活动不仅让学生亲身感受到了红色文化的厚重历史，也增强了他们的爱国主义情感，提高了他们的道德素质。

三是利用家校沟通平台，定期向家长推送红色文化教育资源，包括文章、视频、图片等，让家长在日常生活中也能对孩子进行红色文化教育。同时，我校还鼓励家长分享家庭教育的经验和成果，促进家校之间的交流和互动。加强以弘扬"红色文化"为主题的家风教育，引导家长利用革命人物的先进事迹为素材，给孩子讲好红色故事。家长的言传身教，让红色基因和爱国主义精神牢固根植于学生的思想和行动中。

家校联合教育策略的实施，成功地将红色文化与德育融合起来，取得了显著的效果。学生的道德素质得到了提升，爱国主义情感更加深厚，同时也增强了家庭与学校之间的紧密联系。家校联合教育是一种有效的教育方式，能够巩固红色文化与德育融合效果，促进学生全面发展。在未来的教育实践中，我们可以进一步探索和完善这种教育模式，培养更多具有红色文化精神和良好道德品质的学生。

"雄关漫道真如铁，而今迈步从头越"，每一次对历史的回望，都是为了新的出发。红色文化是我们党和人民在艰苦奋斗中凝结的先进文化，它随着时代的发展不断丰盈壮大、历久弥新。现如今，国际局势风云跌宕，红色文化的教育影响也日益凸显，这就要求我们不能单做"教书匠"，而是要争做"大先生"。要把小学德育教学与红色文化教育有机融合，扎根教材，合理外延，与时俱进。引导学生懂历史、知来路、听党话、感党恩、跟党走，让红色基因融入学生的血脉，将爱国主义精神和家国情怀根植于学生心灵，促进学生形成积极向上的健康人格和优良的道德品质，真正将"立德树人"落到实处，真正将"为党育人、为国育才"落到实处，努力培养出能担当民族复兴大任的时代新人。

新时代少先队红色故事育人的有效策略研究

北京理工大学附属实验学校　马冬雪

摘　要：近年来，红色故事育人的优势受到广大少先队工作者（辅导员）的认可，但仍存在育人目标的可操作性不强、育人内容与少先队员需求不符、育人方式的融合创新不足、育人效果缺乏系统性评价等问题。因此，有必要采取一些行之有效的策略。首先，从宏观角度构建少先队红色故事育人的协同格局；其次，从微观角度探索少先队红色故事育人的有效途径、过程的评价标准，以明确育人目标。最后，通过加强人才队伍建设、推动育人载体开发、完善激励机制等措施，健全少先队红色故事育人的保障条件，为少先队红色故事育人提供源源不断的后备力量。

关键词：少先队；红色故事；红色故事育人

一、引言

红色故事作为红色文化的重要类型和表达方式，把抽象的、静态的红色文化，以可讲、可听、可绘、可演的多元状态呈现到大众面前，在红色文化教育中占据重要地位。因此，将红色故事融入少先队活动，是突显少先队政治属性、响应少先队红色文化教育工作要求、增强少先队活动生动性和实效性的重要途径。

二、少先队红色故事育人的功能探讨

（一）扩充少先队育人内容

红色故事以文本、动画、影视剧、舞台剧、广播剧等多种载体呈现在人民群众面前。每一个革命纪念馆、革命遗址、名人故居等都蕴藏着一段不可磨灭、不能忘记的红色记忆，都蕴含着中国共产党领导中国人民在革命救国、复兴民族的实践过程中形成的中华民族精神和优良传统，以及老一辈革命家的高尚品质和爱国情怀。红色故事种类繁多、哲理深刻、意义深远，丰富了少先队政治启蒙教育、爱国主义教育、民族团结进步教育等内容体系。红色故事之所以能够充实少先队育人内容，是因为以下三个方面：

（1）红色故事突显了少先队教育的核心内容。政治启蒙和价值观塑造是少先队教育的核心要义，决定着少先队活动课开展的内容和方向。少先队教育本身具备鲜明的儿童性和政治性，其任务是培养少年儿童成为合格的社会主义建设者和接班人，因此，必须坚持爱国爱党爱社会主义教育在少先队政治启蒙教育中的核心地位。红色故事贯穿了新民主主义革命时期、社会主义现代化革命和建设时期、改革开放时期和新时代产生的伟大历史成就和革命精神力量，不仅具有历史性和时代性，还同时具备了文化内涵和政治内涵，因此，利用红色故事育人，有利于强化政治引领，增强少先队员光荣感，坚定政治导向和树立正确价值观念，符合少先队教育的培养目标，突显少先队教育的核心内容。

（2）红色故事适用于少先队活动课的各类主题。少先队活动课的主题，可以从四个课程板块入手，分别是政治启蒙、组织认同、道德养成和全面发展。政治启蒙教育主要内容包括中国共产党带领各族人民为实现中华民族伟大复兴不懈奋斗的光辉历程和伟大成就，所以，英雄烈士流血牺牲的故事、革命军队战斗到底的故事都可以作为政治启蒙的素材。组织认同教育的主要内容是帮助少年儿童认识少先队组织、热爱少先队组织、维

护少先队组织的荣誉。因此，中国共产党、中国共产主义青年团、中国少年先锋队成立的故事；党、团、队的章程、徽章、旗帜、代表歌曲的确立故事；安源儿童团、劳动童子团、共产主义儿童团、抗日儿童团、解放战争时期儿童团以及中国少年先锋队创建的故事都是组织认同教育的可用素材。对于道德养成教育和全面发展教育来说，主要目标是培育和践行社会主义核心价值观、传承党的优良传统，学习新时代的奋斗精神、大国工匠精神。因此，充分运用革命历史中的先进人物故事和时代进程中的英雄楷模故事，可以把抽象的价值标准和道德规范转换成形象化、具体化的教育素材，并用于各种主题的少先队活动课中。

（3）红色故事独具的历史底蕴和时代特色，使少先队教育内容可以随着时代发展不断扩充。时代不断更迭，社会不断进步，少先队教育的内容也要与时俱进。红色故事能够在中国共产党的正确领导下以及社会的发展变化中守正出新，如科技兴国、戍边卫国、抗击疫情等红色精神。以史为鉴，不断创新，辅导员不仅要带领少先队员重温红色记忆，还要引导他们感悟时代的力量、发展的力量，打造具有政治高度和人文情怀的红色少先队活动课程。

（二）拓展少先队育人方式

红色故事在少先队中既能够被运用于个体教育方法中，也能够被运用于群体教育方法中，能够大幅提高少先队活动课程的趣味性，提高少先队员的参与度，拓展育人方式。

（1）红色故事能够有效运用于个体教育中。个体教育的方法包括个体展示、榜样示范和实践感悟等类型。首先，红色故事的个体展示主要就是通过对少先队员进行指导，引领他们搜集、编写关于革命英烈和英雄人物的先进事迹，最后通过宣讲的形式展现在活动形式中。个人展示的教育方法能够激发少先队员的自主性和积极性，强调少先队员的"小主人"角色。其次，榜样示范教育是通过讲述模范英烈的生平事迹，以榜样的力量打动人心,从榜样的事迹中感悟力量,引导少年儿童认识到今天的幸福生活是在党的领导下取得的,凝结着无数革命先辈的热血牺牲和全国各族人民的奋斗奉献。此外,实践感悟教育是指少先队员通过实地走访观察,从亲身实践中了解红色故事,感悟红色精神。少先队的实践教育是少先队工作社会化的重要一环,社会是丰富广阔的大课堂,实践是多才多艺的好老师,跳出少先队的"小视角",站在校内外统筹的"大视野",突出实践育人特色,推动新时代少先队社会化发展。

(2)红色故事能够有效运用于群体教育中。群体教育是指在辅导员的指导下,通过角色扮演、情境重现等多种教学手段,实现少先队员在组织内部的互动,在互动中促进彼此的知识构建和情感同化。群体教育方法包括小组互动、故事演绎、环境陶冶等方法。在少先队活动课程中,针对低年级的少先队员,可以设置小组游戏活动,例如"连连看"——将故事与故事的主人翁相连接,再与其对应的精神品质相连;针对高学段的少先队员,可以设置观点探讨、精神内涵剖析等任务,由辅导员解答他们在小组互动中提出的问题,亦可以采取辩论比赛等形式,激发他们的学习热情,增强他们对中国共产党以及少先队组织的荣誉感和归属感。通过故事演绎,辅导员和少先队员一起对红色故事的人物进行分配、对故事情节进行简化梳理,根据开头、经过、高潮、结尾的故事过程设计剧本,辅以旁白推进故事发展,加以背景音乐渲染演绎氛围,以达到育心育情的效果。

(三)营造少先队育人环境

环境本身是一种重要的教育力量,这种力量具有潜移默化、稳定持久的特点,影响着人的思想观念和行为方式。

(1)红色故事能够营造出兼备革命历史底蕴和时代人文气息的校园红色文化环境。学校可以通过竖立少年儿童耳熟能详的伟人或英雄人物的雕塑,建设红色故事长廊、红色历史博览室、图书室、红领巾广播站、红色文化宣传栏等校园建筑,将红色文化标语、著名革命烈士的生平事迹、红

色故事绘展、故事海报等校园标识上墙等，打造具有连续性、叙事性、文化性的校园红色文化环境，让少先队员仿佛置身于历史的长河中，时时刻刻感受文化哲理，助力他们的政治启蒙和价值观塑造。

（2）红色故事育人能够推动校内外联动创建符合少先队员发展和成长的校外红色教育基地环境。校外红色教育基地依托红色文化资源传扬红色基因，是少年儿童爱国主义教育的实践载体。开展红色故事育人，推动基地为少先队组织和少先队员参与"红领巾讲解员"实践体验活动提供支持。红色故事是任何一个红色革命遗址或者红色教育基地中的关键要素，聆听和了解感人故事，能够引导少先队员了解党的光辉历史，体会党的精神谱系，传承党的红色基因。

（3）利用红色故事打造网络红色文化传播的绿色生态环境。在大数据时代，可以充分利用红色文化、红色故事，促进红色文化与互联网的良好融合，构建文明绿色的网络环境。

三、少先队红色故事育人存在的问题及原因分析

近年来，少先队的红色文化教育逐渐受到全国各地中小学的重视，红色故事的应用也逐渐普及开来，红色故事育人取得了一定的成效。但是，当前少先队红色故事育人实践仍然存在一些较为明显的问题，找到问题并剖析具体原因是确保少先队红色故事育人活动的实践路线不偏移的必要条件。

（一）少先队红色故事育人存在的问题

1. 育人目标的可操作性不强

少先队员是整个少先队活动的主体，因此在育人目标的制定中，不仅要从社会对少年儿童的需要层面去设计，而且也必须从少先队员的需要出发。越是清晰明确的目标越容易完成，少先队员也能更加容易理解和适

应。辅导员虽然会将少先队员的需求作为确定红色故事育人目标的主要因素之一，但辅导员只是对少先队员的需求进行自我判断，并没有真正地做到因材施教，也没有遵循少年儿童的主体地位，导致育人目标并不能指导少先队员的学习和发展。例如大部分学校设计的争章卡也能侧面反映出活动目标，其中积极参与"寻找改革先锋"活动、积极参与"走进改革先锋活动"、积极参与"致敬改革先锋"活动的概念是模糊的，不能体现少先队员在这类活动课中应该掌握的知识和应该习得的精神内涵，可操作性不强。活动目标的设计应该从活动"能够生动地讲出完整的红色故事""了解一位英雄人物的精神品质""分享自己的感悟或者生活中的所见所闻"等方面来进行更为明确和细化的设计。然而，目前很多少先队红色故事育人目标的设计过于宏观。

2. 育人内容与少年儿童需求不符

育人内容是红色故事育人活动的关键要素，内容选择的好坏决定活动课的整体效果，也可以反映出当前红色故事育人的整体趋势。育人内容的契合可以实现红色故事精神与少年儿童思想意识教育的有效融合。要保证育人内容的契合，需要做到故事与时代发展的契合、故事与活动主题的契合、故事与少年儿童发展规律的契合。但是，当前的红色故事育人内容千篇一律，大多局限于革命英雄的故事，缺乏时代前瞻性和创新性，故事的选择要么不符合少年儿童的身心发展规律，要么随着年级的递增，内容的层次性和递进性不明显，严重阻碍了育人效果。在实际的红色故事育人活动中，由于辅导员的专业性不强且占据主导地位，在内容的选择上呈现两个趋势，一是趋于单调化，二是趋于功利性。

3. 育人方式的融合创新不足

红色故事育人方式在少先队活动中具有重要意义。教学方式是由教师引导学生探讨和掌握知识技能、获得身心共同发展的方法，方式的选择在活动中是动态的，是灵活多样的。少先队活动可以将红色故事的故事架构与少年儿童的思想特点有机融合，以培养少先队员自主学习的热情和能力

为目标。然而，部分辅导员将红色故事运用于少先队活动仅是为了完成学校安排的任务，并不注重少先队员的自主性和主动性，通常选择采用最简单便捷的方式去开展活动，重形式而轻实效，融合和创新力度都不足。

4. 育人效果缺乏系统性评价

对少先队红色故事育人的实践效果进行评价是完整的少先队活动的必要一环，关于红色故事育人的评价主要有四种形式：

（1）红领巾争章。红领巾争章是少先队活动规定的评价方式。红领巾争章又分为辅导员评价和少先队员自评两种形式，可以由辅导员对少先队员的表现进行评价，也可由少先队员自己进行评价，或者少先队员之间相互评价。这种评价方式规范性较高，但是需要准备争章卡，辅导员没有时间和精力去准备，因此在学校不做要求的前提下，辅导员在日常队课的开展中并不常使用。

（2）学校平时用的加分软件。这类加分软件是家校共通的，家长可以随时查看孩子在校的积分情况，学生可以通过积分向教师兑换学习用品，并且这类加分软件在学生心中地位比较高。辅导员习惯于采用加分的形式对活动的开展进行过程性评价，但是这种形式通常由辅导员进行操作，评价主体单一，少先队员的主体性难以体现。

（3）采用少先队员交流分享的形式。通过少先队员在课上对红色故事的复述或者向同学分享感悟，辅导员可以从中判断他们对红色故事精神的把握程度，了解本节队课的育人效果。但是少先队员分享没有做到全员覆盖，辅导员能观察到的仅仅是部分少先队员的发言和行为表现，育人效果评价带有强烈的主观性。

（4）将活动过程的照片、视频等材料整理好发送到学校德育处，由德育处判断育人开展的效果。

不论是哪种评价方式，在实际操作中都存在片面性、主观性和随意性，这主要归因于没有规范的、系统的评价体系，容易造成活动评价的缺位。

（二）少先队红色故事育人问题的原因分析

1. 辅导员层面：未具备专业化的红色故事育人能力

辅导员是整个少先队红色故事育人活动的发动者、组织者、引领者和承担者，因此，辅导员应该具备主动性、创造性、引领性等特点。由于长期缺乏顶层设计，辅导员对少先队红色故事育人存在认识不到位、理解片面化、知识体系薄弱的问题。很多辅导员虽然认可红色故事对少先队活动的开展具有积极作用，但在实际工作中部分辅导员认为红色故事育人活动只是为了完成学校下达的任务，缺乏主动性；对于红色故事育人的目标设计、内容选择等也只是随大流，缺乏创新性；辅导员自身的知识储备量不足，实践能力欠缺，缺乏引领性。归根结底在于辅导员队伍并未具备专业化的育人能力，表现在对红色故事的认识和理解不全面，以及对红色故事进行转化的能力不足两方面。

2. 少先队层面：未形成体系化的红色故事育人模式

搭建体系化的红色故事育人模式是实现红色故事融入少先队全程、全方位育人的基本保障和前提条件，是红色文化教育工作实行、组织、管理的基础。红色故事虽然在少先队红色教育中扮演着重要角色，但它的主体地位目前尚不明确，育人效果经常受到学校领导重视程度的影响，同时也影响着辅导员的工作方式和态度，这导致红色故事育人目标分散、内容老旧、方式单一。归根结底在于少先队组织未形成体系化的红色故事育人模式。

3. 学校层面：未配备科学系统的红色故事育人资源

坚实的物质基础是红色故事育人的保障，完备、鲜活的资源力量是学校确立育人目标、开展育人活动的必要条件。红色故事以革命年代为始，而现存的少先队红色故事育人资源大多较为陈旧，尚未在国家政策、国家发展的驱动下作出及时的调整和扩充，缺乏时代性和前瞻性。红色故事资

源的开发和利用频率低下，导致教育素材零散、不系统，红色故事的选择与活动课的融合度较低，使少先队的红色文化教育工作难以推进，在一定程度上无法满足新时代少年儿童的发展需求，不符合党中央对少先队组织发展的要求。

四、少先队红色故事育人的有效策略探究

少先队红色故事育人是一项时代性、系统性、协同性极强的工程。因此，必须充分把握"党团队一体化"的育人思路，构建少先队红色故事育人的协同格局，探索少先队红色故事育人的有效途径，健全少先队红色故事育人的保障条件，创新少先队红色故事育人模式。

（一）构建少先队红色故事育人的协同格局

1. 打造"全方位融入"的少先队红色故事育人布局

（1）融入少先队培养目标。建议将红色故事育人纳入少先队的培养目标，进一步在培养目标中明确红色故事育人的目标要求，坚持以红色故事中的精神品质育人，培养具备坚定信仰和优良品格的社会主义接班人。此外，将红色故事育人融入少先队培养目标，应遵循育人目标的客观性和可操作性原则，不仅要以少先队员为主体，明确少先队员在设置少先队培养目标中的主体地位，还要做到细化目标要求，为辅导员提供具体参考。

（2）融入少先队的活动课程。少先队应该将红色故事融入少先队活动课程，包括少先队队课、仪式教育、实践教育、协同教育等全过程，推进少先队红色故事育人的改革创新。通过挖掘红色故事育人素材，设计少先队红色故事育人活动用书，开展红色故事专题活动，组建红色故事宣讲团，构建校地、校外的红色故事育人活动课程体系，以充分发挥少先队活动课程"主渠道"作用，做好少先队红色故事育人工作。

（3）融入少先队组织建设。将红色故事全面融入少先队的组织机构建

设、组织文化建设、组织阵地建设等各项工作中，普及各个学校成立少先队大队委员会，以学生为主体，积极鼓励少先队员开展红色故事类少先队活动，以红色革命精神和爱国精神为核心建设组织文化，以故事育人为原则将少先队室打造为组织阵地，以是否践行红色精神作为组织考察少先队员的重要标准。

（4）融入校园环境建设。"蓬生麻中，不扶而直"。目前校园红色文化的氛围营造不足，应该把红色故事融入校园环境建设中，着力建设红色文化景观、红色历史展馆和红色故事绘长廊等，将红色故事融入队建之家、红领巾广播站、大队室等固定文化，以及黑板报、宣传栏等流动文化中，使红色故事育人氛围充满校园。

（5）融入少先队校外阵地建设。校外红色故事育人基地是实践教育的基本保障之一。建设校外红色教育基地，能够丰富教学题材，丰富育人内容，拓展教学形式。因此，应加强红色故事融入校外红色革命遗址、名人故居、红色博物馆、纪念馆等红色教育基地的建设，打造红色故事阅览室、电影馆、连环画展厅、动画播放厅等，利用现代技术打造红色体验式、互动式、沉浸式的 VR、AR 体验空间，推动红色教育基地的科技化和数字化建设进程。

2. 创新"故事化教学"的少先队红色故事育人模式

（1）推动少先队理论课程故事化。少先队活动课程包含理论课程和实践活动，理论课程的主要形式是队课。队课是少先队组织对少年儿童开展党、团、队的基本知识教育、时事教育、团前教育等的主要形式。在队课中，要明确少先队员的主体地位，以他们易于接受的形式教学，引导他们在活动情境中认识和学习。故事的运用能够结合讲义、讲动、讲践的方式，把握少年儿童的思想需求，契合他们的喜好，提升少先队活动的吸引力和感染力，增强学习基本理论知识的动力。因此，将理论课程故事化是少先队红色故事育人的重要模式，是少先队员理解和主动接受理论知识的重要途径。

（2）推动少先队实践活动故事化。在少先队的实践活动过程中，以红

色故事为主线，将活动主题安排在一个个立体的故事中，贯穿活动始终。一个人从一个熟悉的环境过渡到陌生的环境时，由于环境发生变化，必须学会适应，发展就会因此产生。实践活动故事化可以通过在活动中讲好故事，把讲述和体验相结合，把理论与实践相结合，带领少先队员摆脱课堂的束缚，引领他们在实践中感受活动的意义、在实践中感悟红色故事的真谛，在实践中传承红色基因。

（3）创新故事化教学的育人模式要注意突出少先队员的主体地位和实践体验特色，致力于提高少先队红色故事育人过程的亲和力和实效性。一是突出少先队员的主体地位，打造"小小红领巾讲解员"队伍，开展"红色故事我来讲"实践体验活动，对红领巾讲解员进行系统的培训，激发少先队员的学习热情，提高讲故事的能力，用同龄人的语言讲述红色故事，在少年儿童的心中播种下红色的种子，传承红色基因。二是提高红色故事育人的亲和力，保障少先队员在活动中深入学习贯彻红色故事精神。三是提高红色故事育人的实效性，确保少先队员在活动中传承和践行红色故事精神。通过讲述红色故事、讲解理论知识、开展实践活动等方式，有效回应少年儿童普遍关注的热点问题和遇到的思想困惑，以"小故事、大时代"为原则，增强故事育人的亲和力和实效性。

3. 整合"校内外共建"的少先队红色故事育人资源

（1）加强校内协作，强化组织协同育人。学校需要着眼于少先队员的长远发展，以培养队员的政治启蒙和价值观为目标，加强校内协作，强化党、团、队协同育人的作用，加强对少先队红色故事育人的领导、监督和管理，注重校内教学资源的协同性和管理的协同性。一是加强教学资源的协同性。指派学校中具备红色故事知识素养的优秀教师来担任少先队组织的辅导员，并指导和监督少先队红色故事育人工作的开展，实现师资共享；学校应主动开发少先队红色故事育人的文本教材、视听教材，建立教材研发小组，将红色故事资源开发纳入学校课程开发体系中，还可以在其他课程教材建设中融入红色故事，以点带面，形成全校协同，统筹开展红色故事育人的大局面。二是加强管理资源的协同性。加强校内各部门之间的协调，与少先队红色故事育人相关的工作部门包括办公室、政教处、教务处、教研处、团委、少工委、大队委等。在党委的统一领导下，分解少先队红色故事教育工作的具体任务，明确各部门在工作中的分工和具体职责，构建一体化的管理体系，促进少先队红色故事教育工作的协调发展。

（2）促进多方联合，搭建资源共享平台。少先队红色故事育人应高度重视少先队与政府机关、红色教育基地、青少年教育基地、中小学学生研学实践营地、博物馆、科技馆、青少年宫等单位的合作，加强校外资源的挖掘和利用，整合少先队红色故事育人资源。

（二）探索少先队红色故事育人的有效途径

1. 编写少先队活动课程用书，充实育人内容

少先队活动课程用书是指导少先队活动开展的工具，承载着少先队活动的主题和内容，既是少先队员的学习工具，也是辅导员的教学工具。因此，针对不同的主体，少先队活动课程用书包括少先队员用书和少先队工作用书。

2. 培养辅导员故事运用能力，丰富育人方式

2020年，习近平总书记在湖南考察调研时指出，"要用好这样的红色资源，讲好红色故事，搞好红色教育，让红色基因代代相传"。少先队红色故事育人最主要的途径是将红色故事运用于活动的全过程，辅导员将活动的主题通过讲故事的形式呈现出来，用故事讲精神、用故事讲道理、用故事讲理论。培养辅导员的故事运用能力，使辅导员充分掌握红色故事的运用方法，在活动中融会贯通，从而丰富和创新红色故事育人方式。

3. 制定少先队活动评价标准，明确育人目标

在少先队红色故事育人活动中，评价是为了促进少先队组织、辅导员和少先队员的不断发展。评价标准是度量少先队活动是否达标的工具，制

定评价标准是实现培养目标所必需的监督和调控措施，因此，学校需要配合各级少工委为少先队红色故事育人活动建立一套完整的评价标准，并在实践中不断地反思和完善评价标准的构成。少先队红色故事育人活动的评价标准应以育人目标为导向，贯穿于活动实施的整个过程，同时在评价标准的制定和完善过程中审视育人目标，逐步明确红色故事的育人目标，两者相辅相成，不断增强红色故事育人活动的效度和高度。

（三）健全少先队红色故事育人的保障条件

1. 加强少先队红色故事育人的队伍建设

（1）明确辅导员的工作职责和工作内容。少先队辅导员理应恪守爱国守法、敬业爱生、育人为本的职业守则。以少先队员为主体，关照和爱护他们；根据少先队员的成长规律进行思想启蒙，增强他们的政治认同，提升他们的道德品质和文化素养。

（2）推动红色故事育人的辅导员队伍专职化建设。保障少先队红色故事育人质量的关键是建设一支理论扎实、勇于实践、会讲故事的专职化辅导员队伍。

（3）开展定期、定量、定主题的辅导员培训。打造一支政治强、情怀深、思维新、视野广、自律严、人格正的红色故事育人队伍，是弘扬和传播红色文化的前提。

2. 推动少先队红色故事育人的载体开发

（1）动员各级各类教育机构，开发利用红色故事资源，整合建立红色故事资源库。

（2）聚焦少先队员发展规律，研发红色故事文化产品，激发网络载体活力。可以通过开设空中课堂、红色故事网校，用好信息化平台，分门别类地整理红色故事资源，扩大网络资源运用范围。

3. 完善少先队红色故事育人的激励机制

一是建立物质层面的激励体系；二是建立精神层面的激励体系。对于辅导员，每年进行红色故事先进个人的评选，将红色故事育人活动的开展情况与辅导员的年度考核、职称评审相挂钩；工作做得好的辅导员，应给予他们更多外出学习和培训的机会，提高育人实效；评选年度优秀少先队中队，选树典型案例。对于少先队员，要充分信任和尊重他们的想法，引导他们发挥主观能动性和创造性，对他们自主发起、实施的少先队活动给予肯定和表扬，这种精神激励能够提高他们的自我教育能力。

五、总结

红色故事作为红色文化的重要类型和表达形式，是少先队红色文化教育中不可或缺的资源。对于辅导员来说，一定要肩负起传播和弘扬红色文化的责任，不断探索新的理论和丰富新的实践经验。期望本文能为辅导员在研究和开展红色文化教育工作中提供一定的借鉴和启示。

参 考 文 献

[1] 张泰城. 论红色文化资源 [J]. 红色文化资源研究, 2015, 1 (1)：1-11.

[2] 何其鑫, 向国华, 余雪源. 红色文化资源在培育社会主义核心价值观中的应用 [J]. 江西社会科学, 2013, 33 (10)：235-239.

[3] 教育部关于全面深化课程改革落实立德树人根本任务的意见[EB/OL].[2014-04-08].http://www.moe.gov.cn/srcsite/A26/jcj_kcjcgh/201404/t20140408_167226.html.

[4] 胡杨, 汪勇. 略论红色文化资源融入高校思想政治教育的路径 [J]. 学校党建与思想教育, 2020 (8)：77-78.

[5] 刘建秀. 红色文化的教育价值及有效途径 [J]. 前沿, 2012 (12)：150-151.

[6] 马晓燕. 基于实践体验的红色文化资源育人功能探究 [J]. 思想理论

教育，2019（2）：107-111.

[7] 陈铭彬，王炜. 红色文化资源在高校思想政治教育中的实践路径［J］. 广西民族大学学报（哲学社会科学版），2020，42（4）：171-176.

[8] 李春华. 文化的"化人"与思政的"育人"［J］. 马克思主义研究，2012（9）：139.

[9] 胡杨. 高校红色文化资源育人研究［D］. 贵阳：贵州师范大学，2021.

红色教育筑牢少先队根基，为党培养"红孩子"

唐山市曹妃甸区第一实验小学　曹国花　孙婧媛

摘　要：少先队是中国共产党创立和领导的中国少年儿童的群众组织，是少年儿童学习中国特色社会主义和共产主义的学校，是建设中国特色社会主义和共产主义的预备队。少先队与共青团、共产党血脉相连，少先队工作首先承担着培养儿童爱党、爱社会主义、爱祖国朴素感情的责任。红色教育就是对少先队员进行爱国主义教育和革命传统教育。我们要审视当代红色教育缺失的现状，思考少先队红色育人路的实践策略，在活动之旅中体悟红色文化，从榜样人物身上认同红色文化，在日常生活中践行红色文化。挖掘红色教育载体，凸显红色教育特色，少先队主题教育活动要凸显红色教育特色。科学、高效、持久地培养少年儿童爱党、爱社会主义的朴素感情，需要少先队组织和少先队工作者依据科学发展观的要求，以高度的责任感，遵循科学规律、重视分层教育，注重儿童性、广泛性、实效性，真正落实少先队的主责主业。始终牢记习近平总书记的重要讲话："革命传统教育要从娃娃抓起，既注重知识灌输，又加强情感培育，使红色基因渗进血液、浸入心扉，引导广大青少年树立正确的世界观、人生观、价值观。"学校要深挖红色资源，充分利用本土革命先烈和英模的故事及精神，教育、引领学生，不断开拓进取，让红色基因渗透于学校思想政治工作中。

关键词：红色教育；红色文化；活动体验；生活践行

一、引言

少先队是学校的重要组成部分，少先队工作的开展是学校对少先队员进行思想道德建设的重要渠道。少先队是中国共产党创立和领导的中国少年儿童的群众组织，是少年儿童学习中国特色社会主义和共产主义的学校，是建设中国特色社会主义和共产主义的预备队。少先队与共青团、共产党血脉相连，少先队工作首先承担着对少年儿童进行爱党、爱社会主义、爱祖国朴素感情培养的责任。红色教育就是以红色作为时代精神内涵的象征，其切实的落点在于教育。教育重在红色文化的传承，这与少先队工作的政治性是一脉相承的。红色文化是中国特色社会主义核心价值观的具体体现，是中国共产党人和各民族人民共同创造的宝贵的精神文化财富。红色教育就是对少先队员进行爱国主义教育和革命传统教育。

二、当代红色教育缺失的现状

如今，小学生的群体从"90后"逐渐过渡到"00后"，"00后"的爸爸妈妈大多是"70后""80后"，都是生长在幸福阳光下的一代。战争、革命、流血、牺牲仿佛是很久很久以前的事。"七七事变""南京大屠杀""九一八事变""一二·九运动"这些重大历史事件，少先队员知之甚少。在网络、动漫充斥的高科技时代，知道哈利·波特的远比知道小兵张嘎、潘冬子的要多。来自小学语文课本的爱国主义的读本越来越少，"80后"在小学阶段就耳熟能详的刘胡兰、黄继光、董存瑞、邱少云、《草地夜行》中的老班长、《永远的丰碑》中的军需处长等，随着教材的改革，渐渐退出了课本的舞台，而这些名字也随之逐渐淡出了少年儿童的记忆。从儿童的课外读物上看，"80后"读《红岩》《革命烈士诗抄》等，现在的儿童读的大多是关于动漫、科幻方面的书籍；不可否认的是，时代不同了，社会环境不同了，价值观不同了，追求的自然也不一样了。所以，时代需要唤醒社会主义的核心价值观，而对公民个人层面的要求，首要的就是爱国。

少年儿童时期是一个人个性倾向和道德观念形成的萌芽时期，也是形成良好品德习惯的黄金时期。在这一关键时期，先入为主的情感、态度、价值观尤为重要。红色教育是引导少先队员增强爱国情感和民族精神的重要途径，唤醒社会主义的核心价值观，加强爱党、爱国、爱社会主义的红色教育要从娃娃抓起。

三、对新时代少先队红色教育的思考

（一）在活动之旅中体悟红色文化

红色文化为培养时代新人提供思想引领。少年儿童是国家的未来、民族的希望，中华民族伟大复兴的中国梦终将在一代代青年的接续奋斗中变为现实。红色文化是党的光荣传统和优良作风的真实写照，蕴含了崇高的理想信念、坚定的政治方向、深厚的人民情怀，是新时代青年汲取智慧、提振信心、增添力量的动力源泉。要让红色文化融入少先队工作，引导少先队员树立正确的世界观、人生观、价值观，增强做中国人的志气、骨气、底气，让红色血脉永续传承。

只有亲身体验，少先队员才能对红色文化有更深的感触，因此，举办红色文化月系列活动，有利于提高少先队员的素养。队员们在活动中，对每一时期的历史进程深刻了解，对革命先烈走过的光辉历程如数家珍。推动红色文化进校园，扬起学校励志教育的风帆，用德育促智育，成为开启学校少先队工作成功之门的钥匙。

（二）在榜样人物中认同红色文化

生活在当下的少年儿童，随着生活条件越来越优越，在吃苦耐劳、顽强攻克难题方面越来越欠缺。因此，榜样人物的作用便凸显出来。让少先队员了解、学习榜样人物，感知不同时代背景下英雄人物的生活及精神境界，有利于少先队员更好地学习英雄们热爱祖国、不怕牺牲、不怕吃苦、不怕困难、顽强学习、勇于斗争的革命精神。

红色文化承载着无数先烈和人民英雄浴血奋战、艰苦奋斗、勇于探索的历史，蕴含着深厚的家国情怀，具有鲜明的爱国主义标识，引领新时代少年儿童在多元文化碰撞交融中自觉保护国家之根、延续民族之魂。推动红色文化进校园、进课堂、进教材，引导少年儿童牢记红色政权是从哪里来的、新中国是怎么建立起来的，把爱国情、强国志、报国行融入民族复兴的奋斗之中。

（三）在日常生活中践行红色文化

回顾波澜壮阔的伟大复兴历程，党带领人民在革命、建设和改革的实践中创造、积累了先进的红色文化，这是我们宝贵的精神财富。如何把红色资源利用好、把红色传统发扬好、把红色基因传承好，将红色文化融入思政教育，引导广大少年儿童争做堪当民族复兴重任的时代新人，把红色江山世世代代传下去，是新时代少先队工作重要的理论和实践命题。

红色文化更要深深植根于少先队员的现实生活，使他们不忘生活的艰苦、心存高远的志向，更加深刻认识到今天的幸福生活来之不易，学会珍惜，改掉铺张浪费、不珍惜美好时光的坏习惯，以一名合格的少先队员的标准严格要求自己，在家做一个孝顺长辈的好孩子，在校做一名好学文明的好少年，在社会做一个有社会责任感的好公民，在奋斗中感受生活和学习的快乐幸福。

四、少先队红色育人路的实践策略探究

（一）挖掘红色教育载体，凸显红色教育特色

以红色文化为主要内容，教育者通过教育引导和英雄事迹的示范，使受教育者认识、体悟红色文化的精神内涵，汲取红色文化的养分，传承和弘扬红色文化精神，树立正确的世界观、人生观和价值观，进而激发他们为民族、为国家、为社会奋斗的决心和勇气。尤其在今天，在中小学中进行红色文化教育，更是具有重要的时代价值。文化自信，很大一部分源自

红色文化的传承。其中，红色基因作为一种红色文化精神的传承，是中国共产党人的精神内核，是中华民族的精神纽带。

1. 社会主义核心价值观的内在要求

爱国教育始终贯穿于当代教育体系，更是社会主义核心价值观的重要组成部分。对当代少先队员进行爱国教育，弘扬传统文化，让他们感受革命先烈的精神力量是学校教育工作的重点，更符合新时期国家对于教育工作的期许。

2. 少先队宣传阵地的建设要营造红色教育氛围

少先队独特的宣传阵地正是凝聚少年队员、激励少年队员健康快乐成长的重要力量，也是少先队教育的重要资源。少先队宣传阵地是少先队教育的物质依托，是少先队文化的生动载体，是少先队组织教育的重要特色。少先队宣传阵地就应该像磁场那样，使少先队员时时刻刻都能感受到少先队的存在。少先队宣传阵地的建设需要外显的表达方式，也需要实实在在的载体。少先队宣传阵地要有自己的特色，比如板报、专栏名字可以是"队旗风采""队旗飘飘跟党走""红领巾的风采""党是太阳我是花""红领巾心心向党"等。

3. 少先队活动课的落实要拓宽红色教育渠道

培养少先队员对党和社会主义祖国的朴素感情，不能把灌输作为一种手段，盲目地强行实施，必须分阶段、有目标、循序渐进。什么是爱党、爱社会主义祖国，这些概念就连我们成人也无法说清，在少先队员的头脑里更没有一个确切的概念。讲大道理枯燥乏味，少先队员自然不乐意听，更别说理解和热爱。怎么爱？没有具体的内容，空洞，也爱不起来，时间长了少先队员顶多是老和尚念经，思想情感上没有真正做到热爱。培养少年队员对党和社会主义祖国的朴素感情要从大处着眼、小处着手、全面推进。

少先队活动课作为少先队组织培育和践行社会主义核心价值观、系统性地开展意识形态教育最重要的阵地，将少先队活动课与少先队仪式教育、组织教育、理想信念教育、红领巾文化熏陶相结合，实现少先队思想教育目

标，培养共产主义和中国特色社会主义事业的接班人。少先队活动课所涉及的部分知识点与其他学科有所交叉，但教育的着眼点与侧重点却有明显差异，凸显着少先队教育特色，也把红色教育放在首要位置。

（二）少先队主题教育活动要凸显红色教育色彩

1. 利用好节日、纪念日教育活动，是传承传统文化的重要举措

中国是一个拥有上下五千年历史的国家，在这五千年中，诞生了不知多少有着红色基因，杀敌报国的将领和军事家、革命家，他们怀着赤诚的爱国之心，投身于伟大的革命事业。从1921年到2024年，百年的风雨苍黄，百年的风雨兼程，百年的奋蹄扬鞭，孕育了永放光芒的长征精神、延安精神，拓展了抗洪抢险精神、抗震救灾精神、北京奥运精神、载人航天精神，鼓舞着一代又一代中华儿女为了中华民族的伟大复兴而坚强自立、坚持梦想、勇往直前——这就是我们的红色文化基因，在现实生活中依然富有生命力。

现在虽然身处和平国度，我们仍然不能忘却那段历史，更应该继承革命先辈们的"红色品质"，传承他们的"红色事业"。以传统节日、重大的历史事件和纪念日为契机，开展教育活动。例如：结合清明节，举行李大钊、王翠兰烈士陵园扫墓活动；结合端午节，举行"读屈原，爱中华"的国学经典诵读活动；结合国庆节，举行"红歌经典大家唱"活动；结合"五四"青年节，"七七"事变纪念日，"九一八"事变纪念日，"一二·九"运动纪念日，南京大屠杀死难者国家公祭日，进行国旗下宣讲活动。还可以通过举办系列讲座、知识竞赛、征文、演讲比赛等活动，引导少先队员树立民族自尊心、自信心、自豪感和历史使命感，进一步激发少先队员的爱国之情、报国之志。

人无精神则不立，国无精神则不强。习近平总书记2021年在广西考察时强调，"学史增信，就是要增强信仰、信念、信心，这是我们战胜一切强敌、克服一切困难、夺取一切胜利的强大精神力量。"信仰在心，信念在肩，信心在怀，因为有这些精神力量的支撑，所以民族脊梁永在。

2. 校园红色主题月的实践路径

为了落实社会主义核心价值观中的"爱国",让少先队员进一步了解红色历史,做有爱国之心、有理想信念、有创新意识、有艰苦奋斗精神、有梦想的新时代好少年,少先队组织可着力策划,在3月开展以"弘扬英烈精神 做新时代好少年"为主题的红色文化主题活动。一面旗帜,一个英雄,就是一座丰碑。十月国庆主题月开展红色文化之旅"四个一"活动,即唱一首红色歌曲、看一部红色电影、讲一个红色故事、参观一个红色革命教育基地。

3. 建队纪念日主题活动

每年10月13日少先队建队纪念日,要抓住建队纪念日教育契机,组织全校范围的主题队日活动,规范队日活动仪式;出党旗、团旗、队旗,着重介绍少先队建队纪念日的由来,以及少先队和党、团的关系;重温入队誓词、呼号等。同时,结合当前形势,组织有意义、有意思的主题活动,寓教于乐,严肃而不失活泼。

4. 爱国主义影片观看活动

积极组织少先队员观看优秀教育影视片。优秀的影视片蕴藏着丰富的思想、艺术内涵,具有形象、生动、直观、感染力强的特点,是爱国主义教育的好形式。可以参照百部爱国主义教育影片推荐,如适合少年儿童观看的《小兵张嘎》《闪闪的红星》《狼牙山五壮士》《鸡毛信》《铁道游击队》《地道战》《地雷战》《平原游击队》《上甘岭》《英雄儿女》《雷锋》《聂耳》等。指导少先队员看后对影视片的历史背景、故事梗概、教育意义进行简要介绍,及时组织开展影评、征文、主题队会等活动,不仅有助于少先队员了解历史,提高思想政治觉悟,而且有助于少先队员开阔视野,接受爱国情感的熏陶。

5. 爱国主义体验教育活动

冀东烈士陵园、李大钊纪念馆、李大钊故居及周边地区红色文化的积淀,为少先队走出校园、开展红色教育提供了广阔的空间。利用研学实践契机,带领少先队员参观博物馆、革命纪念地,寻访名人故居,游览遗址公园,进行近代史、现代史、国情和爱国主义教育,让他们亲身感受历史的厚重。

还可以利用网络平台，发挥现代教育资源共享的优势，组织少先队员观看网上栏目，如《我的祖国——爱国主义教育基地网上展馆》、大型系列电视专题片《爱我中华——全国爱国主义教育示范基地巡礼》。这些示范基地重点反映了我们党和国家历史上的重大事件、重要革命纪念地和重要旧居旧址，具有广泛的代表性和影响力，展现了近代中国人民英勇奋斗的壮丽篇章，反映了中国共产党人的丰功伟绩和社会主义现代化建设的丰硕成果。

总之，少年儿童是祖国的未来和民族的希望，科学、高效、持久地培养少年儿童爱党、爱社会主义的朴素感情，是一项长期而艰巨的工作，需要少先队组织和少先队工作者以科学发展观为指导、以高度的责任感，遵循科学规律、重视分层教育，注重儿童性、广泛性、实效性，真正落实少先队的根本任务。始终牢记习近平总书记的重要讲话："革命传统教育要从娃娃抓起，既注重知识灌输，又加强情感培育，使红色基因渗进血液、浸入心扉，引导广大青少年树立正确的世界观、人生观、价值观。"学校深挖红色资源，充分利用本土革命先烈和英模的故事及精神来教育、引领少年儿童不断开拓进取，让红色基因渗透于学校的思想政治工作中。

少先队红色教育拥有鲜明的政治导向性，具有积极的教育意义，同时又兼具广泛的社会价值。当少先队红色文化的元素如同红色的种子播撒在辅导员和队员的心中时，当独特的少先队红色教育发挥它应有作用时，少先队组织就会更具吸引力、凝聚力和影响力。

参 考 文 献

[1] 王肖雅，等. 红船，红船 [M]. 南京：江苏凤凰少年儿童出版社，2021.

[2] 中共中央关于全面加强新时代少先队工作的意见 [EB/OL]. [2021-02-03]. https://zgsxd.k618.cn/zyzx/202102/t20210204_18130784.html.

[3] 关于深入贯彻落实党建带团建、队建加强少先队工作体制机制建设的意见 [EB/OL]. [2019-11-29]. https://mp.weixin.qq.com/s/qsgShOpBSUyImB2CUEfGpQ.htm.

用红色文化育人

井陉矿区第一小学　张雪荣

摘　要：红色文化以马克思列宁主义、毛泽东思想为指导，吸收了中国共产党在带领中国人民开展革命、建设、改革过程中所形成的一系列物质文化和非物质文化。红色文化作为中华优秀文化的重要部分，具有极为突出的历史底蕴和时代价值，将其纳入小学德育教学中，有利于引导学生树立正确的价值观、人生观、世界观，能够更好地发挥出教育效果。

关键词：红色文化；小学德育；育人方式

一、引言

红色文化是中国共产党领导中国人民在长期的革命和建设实践中创造、积淀、整合形成的一种特定的文化类型，是中华民族的宝贵精神财富。红色基因是中国共产党人的精神内核，也是中华民族的精神纽带，鼓舞着一代又一代人为实现伟大复兴的中国梦而坚强自立、勇往直前。发挥红色文化的教育作用既是传承红色基因，更是提升民族精神境界的重要举措，对于培养青少年的爱国情感，弘扬和培育民族精神，促进社会协调发展，具有重要的现实意义和深远的历史意义。

德育工作是一项长期的系统工程，是落实立德树人根本任务的关键步骤。但思想政治教育理论性强，对小学生而言，要准确理解其中包含的思想内涵有一定难度，这既影响学生的学习效果，也给教师的教学带来很多困难。红色文化作为一种看得见、可感知的教育素材，不仅能够诠释深刻道理，而且其育人目标与思政教育具有同一性。把红色资源应用在小学思政教育中，可以提高学生对红色文化的认同感，有效提升思政教育的质量。井陉矿区第一小学一直以来将学生的德育工作放在首位，并在长期以来的摸索实践中积极转变观念，统一思想，提高认识，传承优秀的革命文化。以红色文化培养具有社会主义核心价值观的小公民，以红色文化帮助学生树立正确的人生观。在新形势下不断探索，依托本地的红色文化资源，开展具有本校特色的德育工作，工作具有针对性、主动性、实效性，逐步形成了较为完善的红色文化育人新模式。在这个过程中，我校的广大教师通过教育实践，深入阐释、宣扬和践行中国共产党的光辉传统和优良作风，努力培养学生成为德智体美劳全面发展的社会主义建设者和接班人。

二、让红色环境育人

校园环境是师生赖以学习、工作、生活的外部条件，是校园内在精神的外化，体现了一所学校的文化内涵。红色校园环境建设，让学生耳濡目染，实现环境育人。

1. 创建校园红色宣传阵地

橱窗、宣传栏是校园文化建设的重要载体，我校进行了全新改造，使之成为学校红色教育宣传阵地的一个亮点。围绕"红色教育"这一主题，把活动中评比出来的优秀作品，定期展出，如手抄报、书画作品、摄影作品、优秀作文等。让每一道墙壁会说话，让每一道墙壁能育人，教学楼的墙壁布置成"红色画廊"，展示相关的英雄人物事迹，无声地述说革命故事。教室"红色"环境的营造，如：在教室定期刊出革命者英雄事迹的黑板报，图书角陈列红色书籍，引导学生学习革命历史，感悟革命精神。

2. 组建校园红色活动阵地

学生是受教育的主体，相关文献中曾指出："民族精神教育的培养应从促进学生的社会化入手，社会化是一种过程，通过学习群体文化，学生承担社会角色，逐渐充实自己，从而形成个性，融于社会，成为社会成员，这个过程就是社会化。"学校成立"红色文化"少科室，以学生为主体，研究矿区当地的红色文化，设立专题研究组，如解说员组、宣传组、故事组、采访组、时事报告组、好人好事组、网络负责小组。在校园网中开辟出"红色专栏"，由网络负责小组把活动中积累的材料发布出来，发动全校学生点击进入观看、交流。

3. 营造校园红色文娱阵地

有人曾说过："在现实生活中，长期接受优秀文艺作品熏陶的人，大多数都能追求真善美，远离假恶丑。潜移默化正是文艺活动主要的固有功能，它在促进人们形成正确的思想观念的过程中，具有其他形式不可替代的特殊作用。"为了营造校园红色文娱阵地，我校每学期都会开展红色主题活动。校红领巾广播站利用晨会和午间播放红色歌曲或讲述红色革命故事，每个班级学唱一首"红歌"，观看一场爱国主义题材动画片或电影。在此基础上，每学期组织一次"红色歌曲班班唱""红色小歌手"比赛，发挥文艺活动团结、鼓舞的作用，打开学校德育工作新局面。

此外，基于教学的一致性原则，学校除了要发挥自身的主导性作用，还要加强与家长的互动沟通，要充分践行家校合育的教育要求。教职工要对家长做好宣传，家长也要重视客观历史事件，不断提升自身的教育素养、综合素养，能够在家庭生活中以正确的政治立场引导孩子，能够为孩子的成长成才创设良好的家庭环境。在节假日，倡导家长带领孩子进行以红色文化为主题的旅游，带领孩子感悟红色经典，感受革命先烈的经历，帮助孩子更直观地认识和感知红色历史，体验红色文化的魅力与价值。小学生身心发育尚未成熟，家长才是他们最信任的人，家庭对他们的成长有

着直接且显著的影响。

三、让红色文化融入课程

众所周知，课堂教学是学校教育的主渠道。学校在传授知识、培养学生能力的同时，更加重视德育，对学生进行德育的渗透。《革命传统进中小学课程教材指南》明确指出，将革命传统全面融入课程教材，同时明确要求红色文化进课程教材需结合学科特点，注重有机融入。

基于此，我校在红色文化进校园的实践探索中，积极将红色文化融入学科课程，以语文、道德与法治为主，心理与艺术课程为辅，融合劳动、综合实践活动等各门学科特色，逐步形成了全科覆盖模式。例如在语文学科中，以《狼牙山五壮士》《青山处处埋忠骨》《董存瑞舍身炸暗堡》等课文为教学资料，结合党的发展史，通过信息技术使场景再现等多种手段，开展生动形象的讲解，实现历史与现实的充分对接。同时，充分融合音乐、美术等艺术形式，全方位、多层次地建设红色文化育人模式，积极开展道德品质、传统美德等系列主题教育。

此外，为了进一步提高小学课程红色育人的时效性，我校还以矿区特色为主要内容，整合了一系列地方特色校本活动。

1. 校本活动的开展

把活动融入课堂教学中，结合教材内容，召开主题班会，如"手拉手、心连心，我为烈士添光彩""清明时节忆先烈"等。除此以外，在道德与法治、语文等学科教材中都有蕴含民族精神教育内容的课文，教师要精心设计教学内容，把民族精神教育内容有目的、有意识地渗透给学生。

2. 校本活动的课外实践

社会实践是塑造个人品德的关键因素之一，我校变被动地接受社会影响为主动地利用社会实践对学生进行道德品质教育。因此，校本活动的实施，要与课外实践紧密结合。在各种节日、重大事件和历史人物的纪念日时，以活动为载体，吸引学生广泛参与，如：清明节开展"弘扬先烈精神，树立远大理想"的民族精神教育活动；在庆祝"七一"建党节时，开展以"老区儿童心向党"为主题的系列教育活动；建队节时开展"光荣入队，做革命接班人"活动。在学生参加完活动后，组织六年级学生开展"沿着红军的足迹，重走红军路"活动，进行一次全面的实践尝试，把课内学习与课外实践紧密结合起来。

四、让红色实践活动成为育人新途径

红色教育并非只有课堂教学，与之相关的社会实践也是行之有效的教育方式。正所谓百闻不如一见，理论教学远不如学生亲身经历有意义。红色文化的核心是爱国主义教育，教会学生学会爱、感受爱、奉献爱是学校红色实践的基点，更是学生培养目标之一。学生主动性发展的最高水平是能动、自觉地规划自身发展，成为自己发展的主人，这是学校教育成功的重要标志。我校从"讲—写—画"着手，把对学生的红色教育内化为学生的自觉行为，让学生成为自己发展的主人。

1. 我口述我事——小小故事家擂台赛

讲故事是孩子们喜闻乐见的形式，对弘扬革命精神、民族精神，促进未成年人思想道德建设起到了非常重要的作用。在举办讲红色故事擂台赛之前，要求学生在活动前做好充分准备，自行收集多元化红色资料，如组织学生阅读红色教育题材的课外读物中的短篇故事，或和学生家长一起开展亲子阅读红色教育题材书籍等。当然还可以让学生融入社会，亲自走访老红军，听老红军讲故事，多渠道、全方位地搜集红色故事。

从"班级红色故事家"擂台赛到"学校红色故事家"擂台赛，选出"小擂主、金奖、银奖"，这样的活动定期举行，给学生提供一个自我展示的平台，让学生通过讲红色故事感受民族精神。

2. 我手写我心——小小作家明星赛

我们广泛地收集到红色资源后，一定还要关注教育的实效性，看红色资源的教育作用是否发挥出来，看对学生的影响是否深刻。在教学实践

中，不能让红色故事只是一个故事，也不能让红色歌曲只是一首歌曲，更不能把参观红色遗迹当成旅游，应该注重这些红色资源的感染、启发和感召作用，让它们成为塑造学生品德修养的利器，如此才能让红色血液流淌进学生的心田。因此，我校在系列活动中加入了"我手写我心"的项目，目的是进一步挖掘红色资源的精神内涵，让学生通过对红色资源的了解，接受精神上的洗礼、实现思想上的塑造，进一步引发学生的崇敬之心。红色资源中最重要的资源是人，这些人为中国革命的胜利、新中国的建设和发展作出了不可磨灭的贡献，他们的行为和精神值得我们敬仰。有了崇敬之心，学生才愿意学习他们的精神品质，才乐于追随他们的足迹，为祖国的发展和繁荣贡献自己的力量。

基于此，小小作家明星赛便拉开了帷幕。由少科室的队员发布征文启事。征文可以在清明节扫墓结束后，或观看红色电影后，或听故事后开展，让学生写出自己的读后感或者观后感。我校挑选出其中的优秀作品并进行了表彰，再在学校橱窗里展示。我校发挥学生的智慧，在各班学生中广泛征集班级感恩格言，经筛选后统一制作成标牌，悬挂在各班教室门口，美化校园环境，优化班级文化，让爱国情怀潜移默化地根植在学生的内心深处。

3. 我手画我想——小小画家图片展

新中国是无数革命先烈用鲜血和生命铸就的，祖国的繁荣富强来之不易，社会的发展进步来之不易，人民的幸福生活来之不易，我们一定要对为民族的独立和解放，为祖国的建设和发展，牺牲或作出贡献的先烈和模范人物心怀崇敬和感恩。为了充分激发学生的崇敬和感恩之心，引领学生在情感上共鸣、在心灵上契合，我校举办了"民族精神代代传"宣传画册征集活动，让学生发挥奇思妙想，设计出自己心中的美妙图案。可以使用手绘素描，也可以是电脑绘画作品，画面内容围绕红军当年的战斗场景、国家未来发展方向和重大举措等主题。教师要鼓励学生勇于探索，培养学生的创新精神和实践能力，让学生在绘画中感受家乡的巨变，感受红色精神的力量，进而让学生学会感恩。

实践证明，学生的崇敬和感恩之心，是让红色精神入脑入心的前提。有了崇敬和感恩之心，学生才乐于接受红色文化，响应红色精神的感召，红色资源在思政教育中的实效性才能显现。

红色教育体现了中华民族艰苦奋斗、实事求是、无私奉献的伟大精神，也是广大小学开展德育工作的永恒源泉。将红色文化运用于学校教育，既是继承传统和开拓创新的统一，也是加强和改进学校德育工作的有效途径。我们要充分认识到红色教育在小学德育教学中的重要作用，充分利用环境条件，以学科教材为载体，以各种方式拓宽红色教育渠道，让红色教育真正扎根于小学教学之中。

参考文献

[1] 孙玉柱. 利用地方资源，建设小学红色基因课程［J］. 启迪与智慧（下），2020（6）：17.

[2] 章慧芳. 红色文化融入小学德育研究［D］. 南昌：江西农业大学，2020.

[3] 夏琴. 红色文化在小学德育中的价值及运用探析［J］. 甘肃教育，2020（11）：21.

[4] 孟祥伟，邵成栋. 红色文化与小学德育的融合发展路径探索［J］. 新课程教学（电子版），2020（9）：79-80.

[5] 陈辉香. 基于红色资源的小学班级文化建设思考［J］. 文理导航（下旬），2020（5）：86-87.

厚植红色情怀，走文化育人路

井陉矿区第一小学　杜　雪

摘　要：本文探讨了厚植红色情怀在文化育人中的重要意义和实施途径。通过阐述红色情怀的内涵与价值，分析当前文化育人面临的挑战，提出了一系列切实可行的策略，以实现红色文化的传承与创新，为培养具有高尚品德和社会责任感的新一代提供有力支持。

关键词：红色情怀；文化育人；创新实践

一、引言

红色文化，是一种深厚的民族精神，是一种崇高的革命理想，是一种坚定的信仰力量。在这个过程中，红色文化不仅仅是一种历史的传承，更是一种精神的弘扬，一种信念的传递。在新时代的背景下，我们要传承红色文化，让红色文化渗透在教育教学、校园文化、社会实践中，引导广大青少年树立正确的价值观，坚定理想信念，培养爱国主义情怀，帮助他们成长为有理想、有担当、有作为的新时代青年。

二、红色情怀的内涵与价值

（一）红色情怀的内涵

红色文化，作为中国革命历史的重要载体，承载着无数革命先烈的英勇事迹和崇高精神。它是中国人民在长期革命实践中形成的宝贵精神财富，是激发爱国主义精神的重要源泉。红色文化的传承与发扬，不仅是对历史的尊重与纪念，更是对爱国主义的深化与培养。通过学习和了解红色文化，我们能够更加深刻地认识到革命先烈的伟大事迹和崇高精神，从而激发我们的爱国之情。在红色文化的熏陶下，我们更加明白国家的独立和民族的解放是多么来之不易。革命先烈们为了民族的独立和人民的幸福，付出了巨大的牺牲和努力，他们的英勇事迹和崇高精神，永远是我们学习的榜样。红色文化还教会我们，爱国主义不仅仅是一种情感，更是一种责任和使命。作为新时代的青少年，我们应该继承和发扬红色文化，将其中的爱国主义精神转化为实际行动。我们要努力学习科学文化知识，提高自身素质，为国家的繁荣富强贡献自己的力量。同时，我们还应该积极参与社会实践，深入了解国情，关注国家大事，增强国家意识和民族自豪感。通过实际行动，我们要将爱国主义精神融入日常生活中，让爱国成为我们的一种生活方式。总之，红色文化是培养爱国主义精神的重要资源，我们应该珍惜这份宝贵的精神财富，将其传承下去，发扬光大。只有这样，我们才能更好地激发爱国之情，为祖国的繁荣富强贡献自己的力量。

（二）红色情怀的价值

红色文化，源于中国共产党的革命历史，蕴含着丰富的革命精神和道德理念，是中国人民的宝贵精神财富。红色文化所承载的价值观和人生观，对于我们每一个人来说，都具有重要的指导意义。

红色文化强调的集体主义精神，是我们塑造正确价值观的核心。在红色文化的熏陶下，我们学会了将个人利益融入集体利益之中，为了集体利益，

我们愿意付出个人的努力和牺牲。这种集体主义精神，正是我们现代社会所倡导的团队精神、合作精神的基础。只有当我们真正理解和践行集体主义精神，才能在社会中发挥自己的价值，实现自己的人生目标。

红色文化倡导的无私奉献精神，是我们塑造正确人生观的关键。在革命时期，无数革命先烈为了人民的利益，不惜付出生命的代价。他们的无私奉献精神，是我们今天学习的榜样。只有当我们具备了无私奉献的精神，才能在面对困难和挑战时，保持坚定的信念和决心，勇往直前。

红色文化还强调艰苦奋斗的精神。在革命时期，中国共产党领导人民进行了一场艰苦卓绝的斗争，最终取得了胜利。这种艰苦奋斗的精神，是我们今天面对困难和挑战时的动力源泉。只有当我们具备了艰苦奋斗的精神，才能在面对困难和挑战时，保持冷静和坚定，不断寻求突破和进步。

红色文化所蕴含的价值观和人生观，对于我们每一个人来说，都具有重要的指导意义。在今天这个快速发展的社会中，我们更应该深入学习和传承红色文化，将其融入我们的生活中，成为我们前进的动力和支撑。只有这样，我们才能在纷繁复杂的社会中，保持正确的价值观和人生观，为实现自己的人生目标而不懈努力。

三、当前文化育人面临的挑战

（一）多元文化冲击

21世纪的今天，我们生活在一个日益全球化的世界中，各种文化相互碰撞、交融，形成了前所未有的多元文化格局。这种多元文化的冲击，不仅深刻地影响着我们的生活方式、价值观念，还推动着社会的进步与发展。

多元文化冲击的表现之一是文化的交流与融合。随着国际交流的日益频繁，不同文化之间的界限逐渐模糊。例如，西方国家的圣诞节、情人节等节日在中国广受欢迎，而中国的春节、中秋节等传统节日也在西方国家受到越来越多的关注和喜爱。这种文化交融不仅丰富了人们的生活，还促进了不同文化之间的相互理解与尊重。

多元文化冲击还体现在人们的价值观念上。传统上，我们往往强调集体主义、尊重长辈等价值观；然而，在多元文化的冲击下，个人主义、自由平等、竞争等价值观念也逐渐深入人心。这种价值观的多元化，使得人们在处理人际关系、追求个人梦想等方面拥有了更多的选择。

（二）教育方式单一

在今日的教育环境中，我们面临着一个严峻的问题——教育方式的单一性。这个问题不仅影响了学生的学习效果，也限制了教育的发展和创新。教育方式单一性的含义通常指的是在教育过程中，教师采用一种固定、缺乏变化的教学方法，忽视了学生的个体差异和学习需求。这种教育方式往往以灌输知识为主，缺乏对学生思考能力和创新精神的培养。它可能抑制学生的学习兴趣和动力。当教学方法无法满足学生的学习需求时，他们可能会感到沮丧和失望，进而对学习产生抵触情绪。其次，单一的教育方式可能阻碍学生的思维发展。固定的教学方法往往限制了学生的思考空间，使他们难以形成独立的观点和见解。最后，单一的教育方式也可能影响教育公平。对于学习方式和学习速度不同的学生，一成不变的教学方法可能无法满足他们的需求，导致教育的不公平。

（三）社会环境影响

一些不良社会现象可能影响学生对红色情怀的认知和理解。社会环境的变化给红色文化的传承与发展带来了挑战。在当今社会，一些人对红色文化持怀疑甚至否定的态度，认为它已经过时、不再适用。这种思想倾向不仅影响了红色文化的传承和发展，也削弱了其在社会生活中的影响力。

四、厚植红色情怀，走文化育人路的策略

（一）深入挖掘红色资源

整理和研究红色历史事件、人物，开发相关课程和教材。在课堂上，

我们可以通过讲述革命先烈的英勇事迹，让学生了解他们的崇高品质。例如，我们可以讲述雷锋同志的无私奉献精神，让学生明白，只有把个人利益融入集体利益中，才能真正实现自己的价值。还可以讲述长征途中，红军战士们为了信仰和理想，克服重重困难，顽强拼搏的故事，让学生深刻理解这些品质的内涵，并在实际生活中去践行。通过这样的教育，不仅能够培养学生的社会责任感，让他们明白自己肩负着建设祖国、服务人民的重任；还能够培养学生的辩证思维能力，让他们明白，只有在实践中不断探索、不断创新，才能不断取得成功。这样的教育，才能让学生深刻理解红色文化的内涵，激发他们的爱国情怀，坚定他们为实现中华民族伟大复兴而努力奋斗的信心和决心，增强他们的民族自豪感。

（二）创新教育方式

运用多媒体、虚拟现实等技术，增强教育的趣味性和互动性。让学生通过完成实际项目来学习知识和技能；以问题为导向，引导学生自主探究和解决问题；通过实践、体验活动来加深学生对知识的理解；将学习内容融入游戏中，增加学习的趣味性；学生在课前通过线上学习，课堂上进行讨论和互动；打破学科界限，培养学生的综合素养；根据学生的特点和需求，提供定制化的学习方案；鼓励学生小组合作，共同完成学习任务；激发学生的好奇心，培养他们的探索精神；利用互联网技术，实现远程教学和学习；创设真实的情境，让学生在情境中学习和应用知识；采用创意教学法，运用艺术、设计等元素来激发学生的创造力。

（三）加强实践体验

将红色文化融入校园文化，是营造良好育人氛围的有效手段。校园文化是学校精神文化的重要载体，我们要将红色文化融入校园文化建设，使其成为校园文化的重要组成部分。通过参观红色教育基地、观看红色电影、聆听红色故事等形式的校园文化活动，让学生深刻领悟红色文化的内涵。这些活动不仅丰富了学生的课余生活，更让他们在潜移默化中接受红色文化的熏陶。红色校园文化活动的举办，使学校的红色文化氛围日益浓厚，学生更加珍惜现在的美好生活，更坚定了为实现中华民族伟大复兴而努力奋斗的决心。

（四）营造良好社会氛围

将红色文化融入社会实践，是培养学生社会责任感的重要途径。我们要引导学生走出校园，参与社会实践活动，通过实践体验，感受红色文化的力量。例如，组织学生参加红色旅游，让他们在游览革命遗址的过程中，深刻理解红色文化的历史意义；组织学生参加志愿服务活动，让他们在帮助他人的过程中，感受红色文化的温暖力量；还可以开展红色文化艺术创作活动，让学生在创作中传承红色文化的精神，为新时代的文化繁荣贡献自己的力量。通过社会实践活动，学生在实践中深化了对红色文化的理解，增强了他们的社会责任感。

五、实践意义与成果展望

（一）实践意义

1. 提高学生综合素质

红色文化中蕴含的高尚道德情操，可以激发学生对国家和民族的热爱与忠诚，帮助学生树立正确的世界观、人生观和价值观，培养他们坚定理想信念、勇于奉献等精神品质。要引导学生学习革命先辈的坚韧不拔和顽强奋斗精神，磨炼个人意志，丰富精神世界，促进个人在知识、情感、能力等方面的全面提升。

2. 推动社会进步

红色文化有助于培养具有社会责任感的公民，为社会发展贡献力量。

红色文化是共同的精神纽带，能促进社会成员形成共识，增强社会凝聚力，传播积极向上的价值观和精神力量，营造良好的社会风气，促进优秀传统文化和革命精神的传承与发展，为社会文化注入活力。

（二）成果展望

红色文化是精神文明的重要组成部分，对提升国民素质和社会文明程度有重要作用，能够增强人们对国家的认同感和归属感，促进国家的稳定与团结。红色文化中蕴含的革命精神能激励人们勇于创新、开拓进取，为国家建设提供动力。红色文化是国家文化的独特标识，有助于提升国家的文化影响力和竞争力。我们通过持续努力，形成具有特色的文化育人模式，从而取得更加显著的文化育人成效。

六、结论

红色文化源远流长，其内涵丰富，既包括革命历史的峥嵘岁月，也包括改革开放以来的辉煌成就。这些红色文化凝聚着一代代先烈的智慧与力量，为我们提供了丰富的精神食粮。

红色文化，是我们民族的宝贵财富，是我们民族的希望。我们要将红色文化融入社会实践，让红色文化的精神内核激发青少年的创新活力，为国家的发展培养更多的优秀人才。我们要以红色文化为引领，厚植红色情怀，走好文化育人路，为实现中华民族伟大复兴的中国梦贡献自己的力量。我们要以红色文化为引领，继续发扬革命先烈的优良传统，为实现中华民族的伟大复兴而努力奋斗。我们要以红色文化为纽带，将民族精神与时代精神相结合，推动中国特色社会主义事业不断发展。我们要以红色文化为动力，将红色基因传承给后代，为中华民族的繁荣昌盛贡献我们的力量。

红色文化在教育教学中的应用，不仅可以提高学生的认知水平，还可以培养学生的情感态度和价值观，进而推动他们全面发展。通过对红色文化的深入研究和有效整合，我们可以充分发挥红色文化的育人功能，为构建和谐校园和社会作出贡献。

在新时代的征程中，我们要传承红色文化，让红色文化渗透于德育教学，融入校园文化，贯穿社会实践，引导广大青少年坚定理想信念，培养爱国情怀。厚植红色情怀是文化育人的重要任务，我们应积极探索有效的途径和方法，让红色文化在新时代焕发出新的活力。通过红色文化育人，培养出更多有理想、有担当的新一代，为实现中华民族伟大复兴的中国梦奠定坚实基础。

走好红色育人路
——为小学生扣好人生"第一粒扣子"

唐山市曹妃甸区唐海镇新立小学　常　悦　张莉娜

摘　要：对中小学的德育来说，红色文化蕴含着丰厚的"营养"，是德育中天然的素材。在小学生的品德教育中渗透红色文化，是实施德育的有效举措。通过在校园内打造红色文化的第一课堂，开拓红色文化的第二课堂，营造健康的红色文化环境，并做到和家庭、社会的联动，就能让红色文化在学生心中生根发芽。走好红色育人路，稳步提升小学品德教育的实效性，就能为小学生扣好人生的"第一粒扣子"。

关键词：小学生；德育；红色文化；路径

一、引言

小学是每个孩子树立世界观、人生观的初始时期。把红色文化纳入小学的德育教学之中，在课堂内外营造红色文化环境，让孩子们深刻领会红色文化所传递的正面价值观和积极向上的理念，从而让他们更加热爱红色文化，更加自觉地去践行红色文化，成为品德更加优秀的小学生。

近年来，我校积极推进红色文化教育，以冀东红色文化为基础，不断探索创新，精心设计了多种形式的红色文化教育主题课程，并积极开辟多个红色文化教育第二课堂，同时以"向阳"品格教育为核心，汇集家庭和社会力量，全面拓展红色文化教育的范畴，走好红色育人路，帮助小学生扣好人生"第一粒扣子"。

二、走好红色育人路的意义

以马克思主义文化观为内涵而孕育的红色文化，滋润出中国共产党的伟大政治智慧和正确的理论策略，同时汇聚出中国共产党人先进且卓越的精神思想，培养出中国共产党人顽强不屈的革命意志，深刻体现了中国共产党人崇高且独特的红色文化。红色文化中红色人物的个性极其鲜明，每一种红色精神无不蕴含着马克思主义的理想信念，体现出强烈的爱国主义和优良的集体主义精神，同时又表现出严格的纪律观和优秀的道德品质，红色文化本身就蕴含着丰富的道德教育养分，是小学道德教育中的理想素材。

走好红色育人路，就是要以红色文化为主要内容，通过多种形式的教育活动，使广大小学生了解党的历史、革命传统和革命精神，增强爱国主义情感和民族自豪感。走好红色育人路，对小学生来说，就是通过红色文化的教育和浸染，帮助他们树立正确的人生观、世界观、价值观。

传承红色基因：红色文化教育是传承红色基因的重要途径。通过教育，后代可以铭记革命先烈的英勇事迹，继承和发扬他们的革命精神，为实现中华民族伟大复兴的中国梦贡献力量。

弘扬社会主义核心价值观：红色文化教育与社会主义核心价值观紧密相连。学习红色文化，可以引导小学生树立正确的价值观，增强社会责任感和使命感。

培养时代新人：在新时代背景下，培养担当民族复兴大任的时代新人是教育的重要任务。红色文化教育有助于激发小学生的爱国热情和创新精神，培养他们成为有理想、有道德、有文化、有纪律的社会主义新人。

应对意识形态挑战：随着全球化的发展和信息技术的普及，各种思潮

和价值观相互交织，意识形态领域面临严峻挑战。加强红色文化教育，有助于增强小学生的文化自觉和文化自信，抵御不良思想的侵蚀。

三、走好红色育人路的有效路径

（一）课堂教学：打造红色文化教育的主阵地

在小学阶段，课堂不仅是学生接受新知识的主要阵地，也是他们了解和学习红色文化的重要场所，是弘扬革命精神的重要载体。

为了更好地培养学生的品行，需要在课堂上认真贯彻道德教育。应当按照学生的年龄、兴趣爱好以及发展需求，认真设计道德教育活动，并采用适当的方法帮助他们树立正确的价值观。我们还要让学生在社会上树立良好的榜样，并且能够在日常的交往与互动中培养良好的品质。当前许多语文教科书都涉及了革命题材，例如《狼牙山五壮士》《为中华崛起而读书》等课文都极具代表性。音乐课上，我们还能够通过演奏革命题材的歌曲来弘扬革命精神，例如《没有共产党就没有新中国》和《我们是共产主义接班人》等。通过在课堂中对红色文化的宣讲和解读，就能够把红色文化精神纳入小学道德教学之中。通过研究和分析教科书上的这些红色主题作品，教师就可以更加全面地让学生了解这些主题。通过整合课程资源将红色文化融入各学科教学，挖掘教材中的红色元素，有助于增强课程的思想性、教育性和实践性。

在教学实践中，我校重视创新红色文化教育的课堂形式，重视全面加强红色基因对学生灵魂和文化精神的陶冶作用。

以语文科目红色文化主题结合课堂的"五段五融"教学模式为例，老师一般利用"查—讲—读—议—写"五大教学过程，深度发掘语文课中的红色教育资源，进行红色文化素质教育与课程的整合创新。

"查"：在课堂上，老师可以让学生翻阅与课文有关的红色资料，以便将课外知识与课堂教学有机结合，从而达到自我提升的目的。

"讲"：通过课堂上老师的讲授，学生不仅能够学习知识，还可以与同学分享自己在课下查阅的资料,从而更深刻地理解英雄的精神和情怀,将情感融入知识的学习中,从而更好地掌握知识。

"读":在课堂上,教师引导学生阅读红色文章,将思考和感受融入其中,利用多媒体工具,如配乐诵读、想象画面诵读、带着话题默读等,让学生在品味语言文字的学习过程中,获得红色文化基因的精神滋养和价值认知。

"议":在课堂上,学生以小组为单位,将历史与现实联系起来,进行深入的讨论和交流,从而让红色精神深入他们的心灵深处,使之成为一种有机的整体。

"写":通过写作加深对红色精神的理解,学生不仅可以查阅资料、讲述故事、品读人物,还可以将所获得的思想感悟外化表达出来,从而在"写"的创新中将红色文化传承下去。

(二)校园活动:开辟红色文化教育的第二课堂

在小学道德教学中,我们应该让红色文化成为一种重要的元素,并且渗透在学生的日常生活中。一般来说,我们把规定学习的课程叫作第一课堂,把除这些以外的校园活动叫作第二课堂。在小学阶段,德育重点在于培养学生的良好品格和责任感。虽然在第二课堂上并没有对学生直接地评价,但有效的活动开展,能让学生更好地理解和遵守社会规范,并且在日常的交往中,培养良好的品格和责任感。为了更好地培养学生的爱国主义情感,应当在校园内设立一系列的红色文化教育的第二课堂,旨在通过各种形式的活动,激发学生的爱国热情,培养学生的正确价值观念。

近年来,我校主要开展了以下丰富多彩的第二课堂活动:

一是推动共读共享的红色诵读课。

我们以诵读红色经典故事为抓手,进行"导读、推广、分享"三个课型的建构,引导学生在"整本书阅读"中增强对红色文化的感性认识。我校目前已经连续十二年举办了读书节活动,每年都把红色文化书籍的诵读作为重点,让每一个学生在读书活动中沐浴红色文化精神的恩泽,在体验阅读乐趣的同时,感受红色文化精髓的洗礼。

二是开展好红色升旗活动。

学校以"红色升旗仪式"为蓝本，结合历史事件、纪念日、重大节日等，以创新的方式进行故事宣讲，让师生和家长一起参与，让每一位师生都能够体会到红色文化的精神。每逢重大节日、纪念日等特殊时刻，还会举行例如"红色故事我来讲""如果信念有颜色，那一定是中国红"这样的爱国主义教育系列活动，通过学生与国旗合影、"我向祖国告白——三行诗献祖国"征集等形式，让学生用最真挚的话语，道出对祖国的美好祝福和深切热爱。

三是演好红色主题节目。

学校以"六一""七一""国庆"等重大节日为契机，组织全校师生开展文艺展演活动，让学生用文艺节目的形式，深情表达对党、对祖国的祝福和热爱之情。节目形式多种多样，精彩纷呈。歌曲《美丽中国》婉转动听；合唱《少年中国说》情韵悠扬、雄浑壮阔；演讲《祖国在我心中》《锦绣》《我爱祖国》《你要写中国》等昂扬向上、气势雄浑，掀起了一浪又一浪的高潮；合唱《少年中国梦》《我仰望五星红旗》《追梦小树苗》《中国少年》朝气蓬勃，活力四射；歌伴舞《如愿》表达了学生对祖国的热爱之情。

（三）校园环境：建设红色文化教育的隐性课程

将红色文化教育融入校园文化建设，是落实我国小学德育目标的一个重要举措。红色文化校园环境的构建应当从"硬件基础设施"和"软件文化建设"同步入手。硬件基础设施指的是为构建完善的红色文化环境提供的完善条件。例如：在校内比较明显的地方张贴标志性的红色文化海报；设置红色文化角，以此为依托普及红色文化知识；在校内的长廊进行红色革命事件展示；将班级黑板报办成红色专题，或是开展红色文化专题手抄报教学活动等。"软件文化建设"指的是利用红色影视剧、红色音乐以及红色艺术品等，让学生深刻地体会红色文化精神。例如：在课间播放红色歌曲，以这种方式对学生进行红色文化熏陶；定期为学生放映红色影视作品；成立红色图书角，让学生借阅。这些都是营造红色德育校园文化环境的方法。

在具体的工作中，我校注重汇聚多方合力，共建红色教育资源库。我校动员全体师生、家长、社会群众，从曹妃甸、唐山和冀东三个地域的历史文化中汲取精华，并运用文字、图像、实物、音像、视听、网络平台等方式，以此推进我校的红色文化环境建设。我校定期举办班级文化建设评比，通过设置红色主题，开展板报比赛、手抄报比赛、绘画比赛等，并将作品在校园专区进行展示，以此来激励全校师生热爱祖国，弘扬正气，传承红色文化。

此外，我校还积极推动红色教育软件建设，将优质的课堂教学、经典的剧目表演、精彩的宣讲活动、创新的研学成果等资源收集整理，在校园信息平台上向全体师生公开，让他们可以随时获取、学习这些资源，并参与相关活动。同时利用微博、学校微信公众号等社交媒体平台，发布红色文化内容，记录学校开展的各项红色文化教育活动，扩大红色文化在师生中的影响力。

（四）校园之外：挖掘红色文化教育的生动课堂

在小学期间，学生除了校园生活，更多的时间生活在自己的家里。这个年龄的孩子更需要亲密的家庭环境，因此，家庭环境对他们的影响比学校对他们的影响更加重要。父母既可以帮助他们取得进步，又可以提供宝贵的指引。对小学生而言，家庭氛围与教养方式至关重要。因此作为父母应该全力把握机遇，营造良好的家庭氛围，让自己的爱心、智慧、勤奋的品质、责任感等都能够深深地植根于孩子的心灵之中。在这个过程中，学校通过鼓励和号召学生的父母、长辈等，引导学生的家庭，将红色文化贯穿于家庭教育之中，更有利于培养出具有爱国主义精神等优秀品质的学生，帮助他们更好地走向未来。作为学校，有责任也有义务号召学生家长在家庭中传播正确的价值观念，更好地培养学生的爱国主义情感，树立社会主义、共产主义理想。我们可以建议和帮助家长采取一些措施来加强家庭教育中对红色文化的传承，同时，学校还可以利用本地的社会资源，在校园之外建立一些红色文化教育基地，通过实地

参观、研学等形式，让学生实地感受红色文化的力量，体会红色文化的内涵，更好地传播正确的价值观，培养学生的政治意识和激发学生的爱国热情。

为了推进红色文化的传承，我校在实际中努力获得各方的帮助，充分整合各种社会资源，弘扬正确的家庭教育价值观，以此构建起一个由学校、社会和家长三方联动的完善的红色文化教育体系。

为了更好地利用曹妃甸本地的社会资源，我校积极推进红色研学实践，联系了曹妃甸区王翠兰烈士纪念馆、孙家坨村党史村史纪念馆、冀东抗战展览馆等场馆，打造一个全新的、具有独特魅力的红色文化环境，为广大师生提供更加深入的红色文化体验。我校开辟多条以红色文化为主题的研学之旅，通过参观革命遗址，帮助学生更好地理解和感悟那段充满激情的峥嵘岁月。

同时，我们积极弘扬红色家风，为学生提供一个良好的家庭生活环境，让他们能够在潜移默化中接受和传承红色基因。我校注重打造"向阳"品格教育品牌，在师生中树立"感恩是一种美德"的观念，倡导学生向阳而生，心怀感恩。几年来，我们通过开展"感恩朗诵比赛""感恩父母，我为父母做顿饭""生于华夏、感恩祖国"等一系列活动，在家庭中强调了红色文化的重要性，鼓励学生和家长共同努力，弘扬红色家风，让红色精神渗透到每一位家庭成员的心中，从而创造出一个充满正能量的家庭教育环境。

四、结语

将红色文化教育纳入小学的德育课堂，通过教师、社会、家庭之间有效沟通，促进学生的成长，让他们树立科学的人生观，具有高尚的精神，激发他们对未来的憧憬，实现自己的理想。在小学教育中，通过校内外的红色文化教育，走好红色育人路，我们希望能够帮助学生树立起对于国家和民族的信心，从而培养出具有良好品质的未来接班人，为实现中华民族的伟大复兴作出积极贡献。

参 考 文 献

[1] 董春梅.基于红色文化的小学道德与法治教学研究[J].甘肃教育，2021（13）：34-36.

[2] 郭金玲.小学道德与法治教学中如何渗透红色文化教育[J].读写算，2021（14）：39-40.

[3] 张莉.审视与建构：立德树人导向的红色基因传承教育[J].上海教育科研，2021（5）：87-91.

[4] 王子宝.基于红色文化的小学道德与法治教学研究[J].科学咨询：教育科研，2020（8）：254.

幼儿园体验式德育教学实施策略的探索

北京理工大学附属实验幼儿园 侯 莉

摘 要：新时代背景下，全面贯彻党的教育方针，落实立德树人根本任务，是幼儿园教育的核心目标。《幼儿园教育指导纲要》指出，对幼儿实施德智体美劳诸方面全面发展的教育，突出强调道德教育是幼儿园系统教育整体中不可缺少的一部分。3~6岁幼儿具有极强的模仿性和可塑性，幼儿时期是其道德品质关键的养成期，幼儿园的道德教育将会对幼儿一生的成长产生深远的价值和影响。如何利用各种资源、创新德育教学途径，让德育教学活动更加贴近幼儿生活，对幼儿进行道德素质的熏陶培养，对于幼儿的全面发展有重要意义。本文首先对幼儿园德育教学现状进行简单分析，随后浅谈对幼儿园体验式德育教学实施策略的探索。

关键词：体验式德育；实施策略；探索

一、幼儿园德育教学存在的问题

幼儿园纷纷重视德育教学，一些幼儿园已取得一定的成果，但也存在诸多问题。部分教师对德育教学的重要性认识不够深入；组织德育教学形式化现象居多，浮于表面，使德育教学没有深入的开展，教育效果欠佳；

学前幼儿的思维意识尚不成熟，教师进行传统的说教灌输式的教学活动，幼儿被动地参与接受，主体性不够突出；家长重智轻德，教育导向片面，忽略幼儿道德发展的现实需求，家长平时工作繁忙，大部分幼儿养育交由老人代为照料，包办代替现象严重，对幼儿园德育教学的配合意识薄弱。

二、幼儿园德育教学实施策略保障

（一）健全德育工作保障机制，提升德育管理水平

加强德育工作机制建设。成立德育工作小组，以园长为组长，副园长为副组长，保教干部为组员，以德育常规教育为主线，加强德育常规管理工作，保证日常规范教育的有序开展，把德育渗透到常规教学活动之中。

（二）完善课程管理机制，落实德育课程再优化

在规范课程实施管理网络的基础上，进一步落实课程实施机制。将幼儿的生活经验与德育课堂紧密地结合起来，让课程资源回归生活，珍视幼儿的感知体验。在坚持"一日生活皆课程"的理念下，重构德育课程框架，不断更新教师教育理念，使教师更加珍视幼儿生活经验的获得，扣好人生的第一粒扣子。

三、幼儿园德育教学实施策略实践

（一）以三举措为实施路径，彰显德育内涵品质

1. 以德育教研为切入点，探索智慧德育模式

以传承红色基因为核心，确定园本教研专题，建构、实施红色基因启蒙课程。通过"研、疑、思、行"的教研模式，落实德育教研目标。通过参与体验、反思讨论、分享提升、现场践行，针对"如何创设环境和材

料，在过渡环节中促进幼儿自主、创造性发展"，提升教师在活动中的德育设计与组织水平，促进教师专业化发展。运用参与体验式学习方法开展教研活动，让大、中、小班年级组教师全部参与，通过创设问题情景、现场跟踪式反思学习、反思经验分享引领学习等方式，让教师在充分参与体验德育活动中，审视反思自身的教育理念及行为，分享有益的教育智慧及经验，梳理更新教育理念，梳理出了适宜小中大年龄段的红色儿歌80余首，红色故事100余个，德育特色活动方案108个，并对本学期的德育工作成果进行梳理。

2. 深挖园所内外教育资源，使红色传承亮底色

幼儿园课程是从幼儿身心发展特点和特定的社会文化背景出发，落实课程育人，把社会主义核心价值观体系融入学前教育阶段全过程。挖掘房山区红色教育基地、高校、社区等优质红色资源，巧妙地融入幼儿一日生活之中，加强幼儿以爱国主义为核心的民族精神和时代精神教育，培养幼儿团结互助、诚实守信、遵纪守法、艰苦奋斗的良好品质，加强幼儿主人翁意识，做合格小公民，既提高了课程深度，又擦亮了文化底色。

3. 巧以课题为依托，提升德育教研能力

以德育类课题为切入点，在课题成果过程性材料的收集与提炼的过程中，我园教师切实提升了教研能力，有效落实了学校德育工作的开展，促进了幼儿德智体美劳的全面发展。教师潜心研究德育问题，探索德育教学规律，形成问题意识，提高行动能力，在德育实践中增强把社会主义核心价值观融入的自觉性、能动性和创造性，使社会主义核心价值观在幼儿阶段真正做到内化于心、外化于行，从而推动园所德育工作向更广、更深、更高层次迈进。

（二）以"三融合"为抓手，创新德育教学实施新途径

1. 教学融合，注重领域渗透

通过幼儿园的日常五大领域教育活动开展德育教学。有组织、有目的地向幼儿传递爱党、爱国、爱家乡的有关内容，帮助幼儿树立科学的世界观、价值观和人生观。如在艺术领域教学活动中，学习红色歌曲《祖国祖国多美丽》等，让幼儿在歌声中感受祖国的壮丽山河，培养幼儿爱国情怀。在社会领域活动"环保小卫士"中，让幼儿参与垃圾分类实践，真正理解环境保护的重要意义。这种浸润式的教育模式，使幼儿在潜移默化中形成了深厚的爱国情怀和强烈的环保意识。通过红色基因的传承和绿色理念的培育，促进了幼儿高尚道德品质的养成，为其成长为有理想、有担当的新时代公民奠定坚实基础。

2. 活动融合，注重文化浸润

我园深入挖掘传统节庆活动内涵，取其精华，创新开展"文化浸润·立德树人"主题月活动，构建传统文化与现代教育相融合的德育体系。9月"国风雅韵·中秋传承"主题中，通过"探月计划"系列体验课程，让幼儿在科学探索、生活实践和艺术创作中理解文化内涵。10月"童心向党·强国有我"主题月，打造"三位一体"育人模式：园内举办"红色记忆"画展，家庭开展"亲子共绘中国梦"，社区组织"小小宣讲员"实践。"锦绣中华长卷"创意作品展通过幼儿视角展现祖国之美，让爱国情怀在幼小心灵生根发芽，培养文化自信，奠定思想基石。

3. 生活融合，注重自主成长

我园秉承"生活即教育"的理念，创新构建全息德育模式，将红色教育与道德培养有机融入一日生活。在入园、离园时段，精选10首红色歌曲循环播放，营造浓厚的爱国氛围；盥洗、餐点环节，播放红色经典故事音频，实现文化浸润；用餐环节创新"小小值日生"制度，通过值日服务和报菜谱实践，培养责任意识与服务精神。每周一举行"红旗飘扬·小白鸽讲堂"升旗仪式，开展国旗下的红色故事宣讲，激发爱国情怀。每月设置特色专题活动，如"文明小标兵""爱心小天使"等，培养幼儿的心灵美与行为美。这种重体验、全方位、多层次的德育模式，打破了传统说教局限，为幼儿构建了真实的道德实践场域。通过生活化的教育方式，不仅深化了幼儿的道德认知，更培养了幼儿的自主管理能力，实现了"教育无痕，成长有声"的育人效果。

（三）家园协同，共筑德育新生态

创新家园互动形式，提升家庭德育水平。幼儿园以丰富多样的亲子活动为载体，搭建家园共育平台。通过"我爱我的祖国·红色地标打卡""我帮爸妈做点事""讲述中国故事"等主题活动，引导幼儿树立文化自信，学会感恩、表达爱意，促进社会性发展。通过家长会、家长沙龙、成长手册及家园联系栏，向家长传递科学德育理念；借助"线下+线上"方式，邀请家长分享育儿经验，促进深度交流。实现家园协同无缝衔接，为幼儿道德成长提供坚实支持，达成"教育一个孩子，带动一个家庭，影响整个社会"的育人目标。

幼儿园道德教育是一项系统工程，通过体验式德育教学的实施策略，幼儿园德育教学在实践中不断探索与创新，逐步形成了系统化、生活化、多元化的德育模式。以体验式德育为核心，从健全德育工作机制到优化课程管理，从深挖红色教育资源到创新"三融合"实施路径，幼儿园德育教学不仅突破了传统说教模式的局限，更注重幼儿的主体性参与和情感体验，真正实现了德育的浸润式发展。家园协同共育优化了家庭教育环境，形成幼儿园、家庭、社会三位一体的德育合力，让幼儿在参与中感悟、在体验中成长，推动社会主义核心价值观内化于心、外化于行。今后，我们将继续深化体验式德育实践，丰富德育内涵，为幼儿的全面发展和终身成长提供更有力的支持。

参 考 文 献

［1］王恒. 基于立德树人背景的幼儿德育教育探究［J］. 科学咨询：教育科研，2019（3）：38.

第二篇

红色育人之课程构建

走好红色育人路

方山县大武小学　刘艳梅

摘　要：小学语文新课程标准提出：语文课程应为提高学生道德品质（思想道德素质）和科学文化素养，弘扬和培育民族精神，增强民族创造力和凝聚力，发挥积极的作用。由此可见，语文教学不应局限于给学生传授知识，对学生的道德品质的培养也同样重要。"学语文，就是学做人"，这是我国著名教育家叶圣陶先生的至理名言。

关键词：红色文化；小学语文；课程实施策略

一、什么是红色教育

红色教育是一种以红色文化为载体，旨在传承和弘扬革命传统、爱国主义精神，以及社会主义核心价值观的教育形式。红色教育主要通过革命历史事件、革命遗址、革命人物的纪念馆、博物馆等红色资源开展理想信念教育、爱国主义教育、革命传统教育和思想道德教育。这种教育方式不仅面向广大学生，还面向广大党员和干部，旨在培养具有高尚思想品德、热爱祖国、热爱党、热爱社会主义的社会主义建设者和接班人。

二、为什么要走红色育人路

走红色育人路的重要性在于其能够有效地传承和弘扬红色文化,这一文化是在中国革命、建设和改革过程中形成的宝贵精神财富。通过发扬红色文化,可以发挥其在教化育人、凝心聚力方面的重要作用,同时也有助于增进人们的爱国情怀,培养人们的高尚情操和创新精神,进一步加强党的先进性建设。

此外,走红色育人路有助于促进党的思想政治建设,充分发挥红色文化资源在群众路线教育实践活动中的思政育人作用,为党性修养教育提供良好的育人环境。这一路径还有利于继承和发扬老一辈革命家的精神,如立党为公、执政为民的革命情怀,以及谦虚谨慎、艰苦奋斗的优良作风,从而保持党的先进性和纯洁性。

在中国共产党的领导下,红色育人路彰显了中国特色。面向新时代,走好这条路,对于培养德智体美劳全面发展的社会主义建设者和接班人,建设教育强国具有重要意义。通过回顾中国共产党创办中国特色新型高校教育的光辉历程,我们可以总结出党开辟红色育人路的历史经验,探讨传承红色基因、扎根中国大地办好世界一流大学的中国方案和模式。

理想指引前行,信念支撑远航。要把理想信念作为照亮前路的灯、把准航向的舵。毛主席在八角楼微弱的灯光下撰写的革命文章《中国的红色政权为什么能够存在》,使弥漫在红军队伍中"红旗到底能打多久"的疑问得到解决,点燃了革命的火种,指明了前进的方向,极大地鼓舞了井冈山军民革命到底的信心。星星之火,足以燎原。面对敌众我寡、敌强我弱的形势,革命先烈始终信念坚定,不放过一丝希望,哪怕是黑暗中的零星灯火,也能亮出胜利的曙光,照耀着整个华夏大地。

功崇惟志,业广惟勤。实现中华民族伟大复兴的中国梦,是当代青少年应有的理想追求。坚定理想信念,传承红色基因,不能总是停留在思维当中,更要把红色革命传统与个人行为结合起来,清晰地认识到自己身上潜在的能量,增强自己克服困难、迎接挑战的信心与决心。井冈山是中国

革命的摇篮,从井冈山开始,星星之火燃遍神州大地;从井冈山开始,革命精神唤醒亿万民众;从井冈山开始,革命面貌焕然一新。

井冈山军民靠着自力更生、艰苦奋斗的创业精神,战胜重重困难,走出了一条符合当时国情的革命之路。革命先烈注重用革命的人生观教育鼓舞军民斗志,并以此克服各种困难。他们自力更生办起了被服厂、军械处、医院、造币厂等,为根据地的发展作出了重要贡献。党的十八届五中全会提出,坚持创新发展,必须把创新摆在国家发展全局的核心位置,让创新在全社会蔚然成风。

畅想未来,青少年们,迸发出你们的青春力量吧!不懂历史的人没有根,淡忘历史的民族没有魂。抗战精神的核心是爱国主义,"爱国"是社会主义核心价值观个人层面的第一要求。我们要发挥载体和阵地作用,打牢核心价值观基础,激发每个公民的爱国热情,弘扬民族精神,自觉把自己的命运与国家的命运联系在一起,为实现中国梦与个人梦共同努力。

让我们传承红色基因,彰显属于我们的青春力量吧!从革命历史中汲取力量,传承红色精神,是我们每一个中国人的责任。追寻红色记忆,倾听历史的故事,让我们心潮澎湃,铭记苦难辉煌,凝聚精神力量。一段段悲壮激越的历史故事,无数个舍生忘死的革命先烈,展现了红色精神的博大深厚。我们的党、国家、民族需要这种精神,需要一往无前、不怕牺牲的英勇奋斗的精神。

红色精神是我们党的优良传统和精神财富,它包含了坚定的理想信念、不屈的意志品质和为人民服务的崇高精神。这些精神和价值观,正是我们今天全面建成社会主义现代化强国,实现中华民族伟大复兴所必须秉持的理念和遵循的原则。

追寻红色记忆,不仅是重温历史,更是坚定信念、坚定立场的过程。我们不能忘记历史,更不能忘记为了追求人民幸福、民族解放而奋斗的革命先烈们。他们英勇奋斗、牺牲自我,是为了我们今天的幸福生活,是为了中华民族的伟大复兴。我们要铭记历史、感恩先烈,更加自觉地践行红色精神,为祖国的繁荣富强贡献自己的力量。

三、红色教育的主要内容

一是弘扬革命传统和爱国主义精神：通过讲述党的历史、革命故事、根据地故事、英雄和烈士的故事，加强革命传统教育和爱国主义教育，传承红色基因。

二是青少年思想道德教育：强调理想信念教育，通过专题研讨、红色经典学习、红色时政学习等活动，引导青少年树立远大的理想和抱负。

三是利用红色资源进行教育：包括学习红色经典、红色时政、红色英模的事迹等，通过学习党的建设过程中的艰辛与不易，强化红色记忆，践行使命担当。

四是创新红色教育形式：通过讲红色党课、看红色节目、追寻红色足迹等方式，增强红色教育的吸引力和互动性，让青少年亲身感受红色文化的魅力。

五是开展丰富多彩的红色教育活动：如"摸石过河""五彩连连""我是党的接班人""爱我中华"等，通过活动培养学生的团队协作精神和凝聚力，展现积极向上的风貌，树立远大的抱负，为建设革命老区而努力求学、成才、创业，同时为全社会缅怀历史、坚定信仰、学习老区精神、支援老区提供便利与服务。

综上所述，红色教育旨在培养具有高尚品德、社会责任感和奉献精神的新一代公民，特别是在青少年中传承和弘扬红色基因，确保红色江山永不变色。

四、如何走好红色育人路

作为小学语文教师，我们有责任将红色教育渗透到自己的教学实践中。习近平总书记在 2018 年 5 月 30 日给照金北梁红军小学学生回信中说："希望你们多了解中国革命、建设、改革的历史知识，多向英雄模范人物学习，热爱党、热爱祖国、热爱人民，用实际行动把红色基因一代代传下

去。"历经百年的生动实践和持续积淀，红色资源不断丰富，红色血脉代代相传，红色基因不断传承，红色精神不断弘扬，在中华大地上逐步形成了红色文化。红色文化是中华儿女在长期革命实践中创造的文化精髓，具有强烈的民族凝聚力和向心力。新时代的语文教师，必须深刻领会、全面贯彻党的教育方针，坚持社会主义办学方向，培育有理想、有担当、有本领的时代新人。

如何应用好统编版小学语文教材中的红色精神文本，在学生心中播撒红色种子，将红色基因传承下去？我们要以"红色精神文本在小学语文教学中有效实施策略的课例研究"为抓手，在教育教学中进行积极探索。我国著名教育家叶圣陶先生曾说过："学语文，就是学做人。"语文教学不仅仅是向学生传授知识，更重要的是培养学生的道德品质，教会学生做人的道理。小学语文教材中收录了许多有关红色传统教育和爱国主义的优秀文章，如人教版语文教材中的《雷锋叔叔，你在哪里》《延安，我把你追寻》《小英雄雨来》《狼牙山五壮士》《毛主席在花山》等。我们以这些文章为依托，开展了红色文化传承教育的实践与研究，经过实践探索，总结出一些红色文化教育融入小学语文教学的方法，具体归纳总结如下：

（一）阅读法

阅读法既是语文教学必用之法，也是红色文化教育融入语文教学中最常用的方法。统编版小学语文教材中，有一类中国革命传统教育题材的课文，教学中我们常常把这类课文称作"红色文化"类课文。在开展红色文化类文本的阅读教学时，教师要根据具体的红色文化文本与学生的认知特点来仔细研读教材文本，并进行有针对性的教学设计，以更好地发挥文本的教育价值。例如，在《卢沟桥烽火》这篇课文的教学时，教学设计中的教学目标应设定为激发学生爱国主义情感，教学方法选择情境教学法与小组讨论法，旨在让学生能主动探究与思考，使学生沉浸在红色文化阅读中，获取更多的红色文化知识，达到自主阅读的效果，从而培养学生红色文化精神，树立传承红色文化精神的意识。

（二）朗诵法

在教授红色文化内容的课文时，采用朗诵的方法，进一步学习红色文化知识，传承红色文化基因。如《延安，我把你追寻》这篇课文的教学中，教师利用多媒体教学设备，在学习课文知识内容的基础上，引入一些课外的红色文化教育资源，播放一些珍贵的历史影像资料，向学生介绍有关"延安"这一抗日革命根据地的相关故事。在学过课文后，采用朗诵的方式，让学生声情并茂地朗诵课文，并着重感受"啊！延安，我把你追寻"这样的情感表达。通过朗诵，让学生感受到，追寻延安追寻的是延安精神，延安精神是全心全意为人民服务的精神，是为崇高理想献身的精神，是革命队伍中互相关心、互相爱护的精神，是自力更生、艰苦奋斗的精神，从而真正从心里传承红色精神。

（三）表演法

在讲授红色文化内容的课文时，结合课文内容，用表演的方法巩固所学知识，传承红色精神。如讲授《小英雄雨来》时，可让学生扮演雨来。面对凶残的敌人，雨来面不改色。当鬼子"嗖"地抽出刀，瞪着眼睛，向雨来头上劈时，雨来毫不畏惧，从容应对。当鬼子用糖果和金戒指引诱时，雨来毫不动摇，既不接鬼子的糖果，也不回答鬼子的问话。当凶残的鬼子毒打雨来时，他仍然咬着牙说："没看见！"当鬼子在河边要枪毙他时，雨来突然跳到河里，从水里游走了。通过这些场面的表演，让学生看到机智、勇敢、不被鬼子引诱，不怕鬼子痛打，临危不惧，最后机智逃离的英雄形象。学生在表演的过程中，润物细无声地接受了红色教育，传承了红色精神，红色精神的种子被悄然播种。

（四）歌唱法

歌唱法就是通过唱红歌的方式学习红色文化。如在讲授《雷锋叔叔，你在哪里》一课时，可结合课文教唱《学习雷锋好榜样》。让学生在唱歌的过程中领悟到"哪里需要献出爱心，雷锋叔叔就出现在哪里"所蕴含的

雷锋精神，从而在歌唱中抒发豪情，进而积极向雷锋学习，主动帮助他人。

（五）书画法

书画法就是在讲授红色文化时，用书画的方式帮助学生了解教材内容，理解主要精神。教师根据授课内容，让学生用书法形式书写红色文化内容，或通过绘画画出教材描述的画面，促进学生钻研教材，加深学生对教材的理解，营造沉浸式红色文化教育体验氛围，在润物无声中给学生以心灵的激励和思想的启迪。

（六）板报法

板报法就是利用班级黑板报阵地，老师根据教学内容，组织学生撰写宣传红色文化、介绍英雄人物等文章，以及撰写阅读红色文化的体会，开展宣传红色文化阵地，补充课本知识。板报法既可提高学生写作能力，又可让学生多学习红色文化知识，在红色文化氛围熏陶下传承红色文化精神。

（七）演讲法

演讲法是语文教学中培养学生口才的重要方法。红色文化教育融入语文教学中，就可以用演讲的方法培养学生口才，传播红色文化。红色文化蕴含着广泛而深厚的民族精神，是时代精神不可或缺的重要组成部分，是今天中华民族的民族魂，是激励中国人民积极进取、奋发图强的精神动力，是中国人民精神力量和精神人格的总写照。牺牲自我、英勇捐躯的先辈，用自己的血泪书写了无数个感人事迹，学生书写出来，再演讲出来，可提高红色文化融入语文教学中的成效。

综上所述，红色文化融入小学语文教学是强化学生思想教育的最佳途径之一。作为教师，要充分认识到小学语文教学中融入红色文化的价值，采取多种有效教学方法，以语文教材为载体，通过多种途径拓展红色文化教育的渠道，让红色文化教育在小学语文教学中生根发芽。

传承红色精神,需要我们在日常工作和生活中不断践行。我们要始终保持对人民群众的赤子之心,时刻把人民的利益放在首位;我们要勇担历史重任,不畏艰难险阻,为实现中华民族伟大复兴的中国梦而奋斗;我们要不断提高自身素质,努力成为堪当大用、能担重任的栋梁之材;我们更要立志培育出能为实现中华民族伟大复兴的中国梦努力拼搏的优秀人才。让我们一起追寻红色记忆,传承红色精神,坚持走好红色育人路,为实现中华民族伟大复兴的中国梦而努力奋斗!

参 考 文 献

[1] 王付胜. 小学"红色文化课程"的开发与实施:以菏泽市东明县第三实验小学为例 [J]. 现代教育, 2018 (2): 27-28.

[2] 李守峰, 高明, 刘玉军. 基于红色文化教育的农村小学德育课程开发与实施:以沂南县马牧池乡中心小学为例 [J]. 现代教育, 2017 (11): 27-29.

[3] 王柏玉. 如何在小学语文教学中渗透传统文化 [J]. 教育现代化, 2017, 4 (19): 247-248.

基于红色文化教育背景，浅谈幼儿园教育的价值与创新

北京理工大学附属实验幼儿园　翟丽欣

摘　要：在幼儿园开展红色文化教育，对幼儿健康成长具有重要意义，是幼儿教师立德树人、践行社会主义核心价值观的重要途径。习近平总书记强调，革命传统教育要从娃娃抓起，这意味着走好红色育人之路是幼儿教师的重要使命。幼儿教师通过运用丰富的红色文化资源、遵循幼儿身心发展规律，以幼儿能够接受的方式加大红色文化教育的宣传力度，让红色革命传统教育与爱国主义精神教育贯穿学前教育始终，筑牢红色根基，传承红色基因，促进幼儿真正做到"扣好人生第一粒扣子"。本文基于红色文化教育背景，浅谈幼儿园课程中红色文化教育实践的价值与创新。

关键词：红色文化；幼儿园教育；教育价值；课程创新

一、引言

红色文化教育是指幼儿教师利用红色事迹、红色人物和红色景区作为活动内容载体，引导幼儿树立爱国意识、培养爱国情感，在实践中不断探索，进而树立正确的世界观、人生观和价值观。在幼儿园开展红色文化教育，幼儿教师应该从幼儿心理发展特点出发，激发幼儿的学习热情，贴合幼儿的情感特点，不断完善课程设计和区域游戏活动，以幼儿能够接受的方式开展红色文化教育，发挥红色文化教育的最大价值。

二、幼儿园开展红色文化教育的意义

幼儿园红色文化教育，是指幼儿教师在开展幼儿园教育活动中，通过添加红色文化的内容，对幼儿进行熏陶，向幼儿传递红色革命传统、爱国主义精神和社会主义核心价值观等内容，培养幼儿正确的"三观"，促进其身心全面发展。《幼儿园教育指导纲要》要求幼儿教师要以引导幼儿实际感受祖国文化的丰富与优秀为前提，激发幼儿热爱家乡、热爱祖国的情感。幼儿教师开展红色文化教育，就是要把爱国主义教育贯穿育人的全过程中。因此，幼儿教师走好红色育人路，做好幼儿的红色文化教育工作具有重要的意义和价值。

党的十八大以来，习近平总书记多次强调把红色基因传承好是教育的重要任务。在学前教育中，幼儿教师以红色文化教育为背景开展课程，能够促进幼儿深刻了解革命先烈的英勇事迹、了解建国的革命历史的需求，从而感受到如今美好生活的珍贵，更加珍惜身边的资源，保护身边的环境。此外，红色文化是我们中华民族宝贵的精神财富，幼儿教师在课堂上贯穿红色资源的教育，比如红色歌曲、红色故事和红色舞蹈等，能够带给幼儿全新的学习体验，激发他们的民族自豪感和个人责任感，帮助他们树立正确的"三观"，培养良好的品德。同时，幼儿教师在幼儿教育中加入红色元素，对幼儿进行文化熏陶，能够加深幼儿对社会主义核心价值观的理解，促进其德智体美劳全面发展，有助于后续的家园共育和社会教育。最后，将红色文化教育贯彻幼儿园教育体系，不仅激发幼儿的民族自豪感，强化家国情怀，培养其良好的品德和行为习惯，还能够帮助教育者完

善并落实幼儿园内各项教育政策，促进幼儿园规范化科学化发展。综合来看，走好红色育人路，不仅对幼儿的健康成长至关重要，而且完善了幼儿园的育人体系。

三、幼儿园开展红色文化教育的现状

随着时代的进步，社会对于爱国主义教育的重视程度越来越高，在学前教育阶段加入红色文化元素已经成为必要。在幼儿园的教育过程中加入红色文化教育，不仅能够完善幼儿园教育体系，也能促进幼儿的积极成长。谢琴玉在《红色文化渗入幼儿教育活动的实施策略》一文中指出，因为幼儿是祖国的花朵和民族的未来，所以幼儿教师要在幼儿日常的教育活动中落实渗透红色文化，做到从娃娃抓起，做好红色文化的传承与弘扬。她还提出为了更好地在幼儿教育中渗入红色文化的方法，幼儿教师们可以采用创设红色文化环境、开展多样化的游戏活动以及在集体活动中突出红色文化元素等方式，以此提高幼儿的综合素养，使幼儿的思想政治观念得到正确的指引。徐萍在《幼儿园红色教育的育人价值实践与创新》中强调，要让红色教育发挥出育人价值，必须从外界环境和幼儿兴趣两个角度入手，在落实红色教育的同时，构建有趣、科学的红色教育新模式。萨祺尔在《幼儿园红色文化教育主题活动现状调查研究》中指出，红色文化在中小学、大学里广泛传承，但在幼儿园相对薄弱。红色文化教育主题活动是促进幼儿园红色文化传承的有效途径。幼儿教师深入挖掘这一文化瑰宝，运用主题活动开展红色文化教育，既有益于传承与发扬红色文化，也有利于培养幼儿的爱国情怀，促进幼儿真善美美好品质的培养。从这些研究中得出，幼儿教师在幼儿教育中加入红色文化教育，必须借助学前教育多方面协同力量，才能为幼儿构建科学有效的红色文化教育模式。

在新时期背景下，幼儿园红色文化教育的重要价值不言而喻，但对于如何落实幼儿园的红色文化教育、站在幼儿的角度，如何开展红色文化教育等问题，文献期刊里并没有给出一个准确的答案，需要幼儿教师不断实践才能得到更好的经验。

四、幼儿园开展红色文化教育的创新形式

（一）理解红色文化育人价值

我国的红色文化底蕴深厚、内容丰富，对于后人的精神教育具有积极的引导作用。那些为国捐躯的革命烈士、无私奉献的无名英雄、勇于承担的"时代楷模"，为中华民族的繁荣作出不可替代的贡献，也为我们树立了可贵的榜样精神。在红色育人过程中，幼儿教师对幼儿开展红色文化教育，有利于幼儿了解这些英雄模范的光荣事迹，感受他们的高尚品格和爱国精神。但是从幼儿的心理年龄特点上分析，当前年龄段让他们认识并理解个人利益与国家利益的统一、个人梦想和民族梦想的融合是比较困难的，因此幼儿教师只能循序渐进地引导他们了解中国灿若星河的红色历史，英雄们奋发向上的豪迈气概、百折不挠的民族精神以及攻坚克难的坚韧品格，培养幼儿在日常生活中和学习过程中迎难而上、积极进取的精神，面对困难不放弃，让幼儿在红色文化的熏陶下不断完善性格、磨砺品格，更好地步入人生下一阶段。

（二）丰富红色文化呈现形式

红色文化包含的内容多样，广泛融入大众的日常生活中，包括文学作品、影视作品、经典戏剧、歌剧和芭蕾舞剧，以及歌曲、绘画、书法等艺术作品。幼儿教师在进行红色文化教育的时候，应该顺应幼儿身心发展特点，用好红色资源。借助不同艺术品的优势，将图片、音频、文字和视频等媒介资源进行有效利用，突出红色文化的精髓品格和价值内涵，刺激幼儿感官，加深他们对于红色文化的理解与记忆。丰富活动中红色文化的呈现形式，提高教育时效性，增强幼儿对红色文化的认同感，引导他们从小在心里树立红色理想，深化爱国主义、集体主义、社会主义教育，从而更好地促进他们健康成长，培育能担当责任的时代新人。

（三）创新红色文化育人载体

教学实践需要先进的教育理念作为先导，优秀的教育资源需要以育人载体为落脚点。幼儿园开展红色文化育人课堂，幼儿教师应该积极创新教育教学载体，不断提高课程质量和育人效率。比如园与园之间可以开展合作，整合红色文化资源，共同编写红色文化教学讲义、制作红色文化育人课件、设计红色文化区域活动，有效推动红色文化育人资源持续化、规范化共享利用，为幼儿营造良好的红色氛围，提供积极宽松的学习环境。幼儿教师要传承红色基因，发挥红色资源的作用，让红色文化融入幼儿的日常活动和学习过程中，让幼儿在不断的实践活动中感受到红色文化的魅力，逐渐成为红色文化的传承者和践行者，将革命者流血牺牲打下的江山守护好、建设好。

五、幼儿园开展红色文化教育的实践形式

（一）观红色电影，树立红色意识

幼儿教师通过组织幼儿观看红色电影片段，让他们更加地直观感受革命故事中的英雄人物事迹，加深对革命英雄无私奉献的认知，深化幼儿的爱国主义教育，激励他们传承英雄的爱国主义精神。在红色资源的选择上，幼儿教师可以选择符合幼儿身心发展特点的内容，比如《小英雄王小二》《鸡毛信》等红色电影片段。为了进一步激发幼儿的热情，幼儿教师可以在电影开始前鼓励幼儿自己设计电影票，在观影结束后组织幼儿一起玩游戏，并让幼儿根据自身感受表达观影后的所思所想，让他们对于那个战火纷飞的年代有更加深刻的了解和认识。

（二）看升旗仪式，坚定革命信仰

观看升旗仪式从幼儿园开始，能够让幼儿对庄严的升旗仪式有更加深刻的印象，激发爱国热情。在特定的日子幼儿园邀请特警战士仪仗队，在

升旗仪式上为幼儿留下铿锵庄严的印象,让幼儿跟随升旗仪式齐唱国歌,内心油然而生作为一名中国人的骄傲和自豪。在这一过程中,幼儿教师可以明显感受到幼儿沉浸在革命歌曲的庄严氛围中,接受着红色文化的熏陶,感受着属于红色文化教育的强大感染力。

(三)画英雄人物,激发报国情怀

幼儿在观看电影片段中,会认识许多革命英雄的形象,比如小兵张嘎、小英雄雨来和董存瑞等人物形象,这对于他们未来的人格塑造有着积极的榜样作用。幼儿教师可以设计一堂英雄印象绘画课,鼓励幼儿将自己心中的英雄模样画出来,并且讲述所画的代表含义,锻炼幼儿思维能力和动手能力。活动结束后,幼儿教师可以让幼儿投票选出自己最喜欢的作品,得票最高的作品将会展示在幼儿园的文化墙上,让家长和幼儿一起欣赏英雄的风采,感知精神力量,培养幼儿坚定信仰和报国情怀。

(四)在室内活动和室外活动中融入红色文化教育

(1)将区域游戏与红色文化教育结合起来,确保幼儿能在潜移默化中熏陶红色文化气息。区域游戏是幼儿教育的最早形式之一,游戏活动能够帮助幼儿更快地掌握知识,所以在幼儿教育阶段,许多教育活动都以游戏的形式展现出来。游戏活动伴随着幼儿成长,是人生教育中不可或缺的一部分。在教育过程中加入游戏活动能够让幼儿逐渐懂得自然的规律,学会与他人相处,对于身心发展都有极大的好处。所以,游戏教育绝不仅仅是一类简单的身体运动,而是幼儿教师用来促进幼儿学习的一种教育手段,游戏能使幼儿更好地理解课本上的知识和文字的意义。比如在一场以红色文化为背景的区域活动中,幼儿教师为幼儿创设了"红色小镇"的情境,让幼儿扮演小英雄,了解英雄的事迹,理解英雄的革命精神。在情境创设中,幼儿教师引导幼儿自主讨论小镇场景与游戏环境,让幼儿体验传统红色文化的氛围,帮助幼儿在以红色为主题的区域活动中不断成长。在区域游戏活动结束后,幼儿教师鼓励幼儿分享游戏心得,进一步加深他们对红色文化的印象,激发爱国主义情怀。为了进一步扩大幼儿的游戏体验,幼

儿教师可以联合全校师生，完成"走班区域"的游戏活动，通过为幼儿打造巨型游戏场所，增强他们的真实体验感，让幼儿在自主的游戏过程中充分感受红色文化的魅力。在全年级的区域活动中，幼儿扮演的角色会更加丰富，可以是英勇的革命战士，可以是后勤保障人员，也可以是人民群众。幼儿自主选择扮演人物，可以更好地满足幼儿能力发展需要，在情境活动中追寻红色的记忆，感知红色文化的魅力。

（2）在幼儿园里创设"红色文化"墙，让幼儿在浓浓的爱国氛围中形成积极向上的正直人格。幼儿教师通过策划"重走长征路"主题活动，开展环境创设主题教育活动，引导幼儿对长征历程进行积极的探索，激发爱国主义情感。幼儿教师可以采用播放视频、展示图片、做手工、听长征故事等活动形式，让幼儿学习或重温长征历史，感悟长征精神，在幼儿心中种下一棵热爱祖国、勇于奋斗、感恩奉献的种子。在绘画主题活动中，幼儿教师鼓励幼儿画出他们心中最深的长征印象，将一个个地点、一个个事件按照时间线排列在"红色文化"墙上，让幼儿在学习长征路的过程中学习革命精神，培养爱国情怀，塑造坚韧的品格。此外，可以在幼儿园里建立红色文化教育基地，在每个班级里组建"红色角落"，通过图片和连环画的方式让幼儿了解红色事迹，鼓励幼儿之间互相分享红色绘本读物、互相讲述红色故事。这样的过程既可以加深幼儿对红色历史的印象，也可以提高幼儿的口头表达能力和思维能力。

（3）在室外活动设计中融入红色文化教育，凸显红色品德教育的价值。幼儿教师可带领幼儿在"八一"建军节，国庆节等特殊节日组织"文明小卫士""环保小卫士"等活动，鼓励幼儿参与到幼儿园的日常管理中，让幼儿尝试维持园内的秩序和环境。幼儿在做幼儿园小主人的过程中，更能体会到责任的重要性。此外，幼儿教师还可以带领幼儿实地参观革命遗址、博物馆、纪念馆等具有红色历史的地方，让幼儿感受革命年代的艰难抗争。幼儿教师还可以联系幼儿家长，通过家校联合进行红色育人，要求家长在节假日带领幼儿进行红色之旅，培养幼儿爱国情感。

品德教育是时代的要求，必须从幼儿抓起。在红色文化教育的氛围中，幼儿的品德教育会更加深刻，从而让幼儿学会感恩、尊敬老师和父母、爱护朋友以及勇于承担自我责任，养成这些品德，让他们在之后遇到困难时，会更加乐观、坚强，学会勇于克服困难。

六、走好红色育人道路，创新红色育人价值

在红色育人路中，幼儿教师基于红色文化教育背景培育幼儿坚强勇敢、不怕困难、服从命令、团结协作的坚定信念和优良品质。幼儿园时期的幼儿还没有形成独立的人格和"三观"，将红色基因融入学前教育的过程中，能够帮助幼儿更好地塑造世界观、人生观和价值观。在学前教育中加入红色文化内容，能够为幼儿提供正确的教育内容、树立正确的学习榜样，借助室内和室外活动，指引幼儿向红军战士学习吃苦耐劳、勇于冒险的精神，形成自信乐观、遵守纪律、团队合作的良好品质。同时，幼儿教师能够在这个过程中也完善自我教学体系，从创新红色育人价值中获得成长。

参 考 文 献

［1］朱玉洁．新时代红色文化在幼儿园教育中的实践研究［J］．贵州教育，2023（13）：31-34.

［2］辛瑞．基于儿童视角的幼儿园红色文化教育开展策略研究［J］．智力，2024（6）：79-82.

［3］朱江萍．在幼儿园教育中渗透红色文化的研究［C］//北京青爱教育基金会．新时代青少年政治素养提升与跨学科课程融合研讨会论文集（三）．2023：5.

［4］谢琴玉．红色文化渗入幼儿教育活动的实施策略［J］．当代家庭教育，2022（19）：42-44.

［5］徐萍．幼儿园红色教育的育人价值实践与创新［J］．基础教育论坛，2022（12）：30-31.

［6］萨祺尔．幼儿园红色文化教育主题活动现状调查研究［D］．通辽：内

蒙古民族大学，2023.

［7］李莹，滕玉敏．红色文化资源在幼儿园德育中的实践研究［J］．吉林教育，2024（7）：94-96.

［8］茹荣芳，王晴晴，史彩霞．幼儿园红色文化主题教育活动的内涵、价值及实施路径［J］．河北教育（综合版），2024，62（1）：46-47.

［9］宋延梅．红色故事融入幼儿园教育活动的路径研究［J］．智力，2023（35）：184-187.

房山区红色基因融入幼儿园课程路径的实践研究

北京理工大学附属实验幼儿园　张雪梅

摘　要：本文聚焦于房山区红色基因融入幼儿园课程的实践路径，旨在通过红色文化教育培养幼儿的爱国主义情感与优良品格。本文基于习近平总书记关于传承红色基因的重要指示及《幼儿园教育指导纲要》《3~6岁儿童学习与发展指南》的要求，结合房山区丰富的红色资源（如红色背篓发源地、平西抗日战争纪念馆等），以北京理工大学附属实验幼儿园"小白鸽"课程体系为载体，探索多维度实施路径：营造红色教学"软"环境（如红色故事走廊、英雄人物照片展览、红色歌曲浸润）；以主题活动为载体开展差异化教育（小班认知启蒙、中班情感共鸣、大班深化体验）；通过材料投放丰富室内区域游戏（红色绘本、手工材料、搭建积木等）；设计户外混龄红色游戏（模拟革命场景，培养勇敢合作品质）；构建家园社共育机制（家庭引领、幼儿园主导、社区支持）。研究强调红色教育需遵循幼儿认知规律，融入一日生活，形成教育合力，为幼儿园红色文化课程建设提供实践参考。

关键词：红色基因；幼儿园课程；实践路径；家园社共育

一、引言

红色基因是中国人民特有的物质与精神财富，是中国共产党领导中国人民经历革命、建设、改革开放等历史时期，在实践升华和理论总结的基础上产生的一种经久不衰的精神和品质，是一种革命精神的传承，是中华民族伟大复兴的强大精神动力。习近平总书记强调，革命传统教育要从娃娃抓起，让红色基因代代相传，要从顶层设计，把传承红色基因上升到灵魂工程、固本工程，要延续红色血脉，将传承红色基因纳入文化强国战略的总体规划。幼儿园要切实做好红色文化教育课程实施工作，让幼儿从小接受以红色文化为底色的革命精神和爱国主义的熏陶，引导幼儿从小树立正确的人生观、世界观、价值观，让红色文化浸润幼儿心灵，让红色基因代代相传。

二、红色基因融入幼儿园课程路径的研究背景

2013年2月4日，习近平总书记在视察兰州军区时强调，西北地区红色资源丰富，是延安精神的发源地，要发扬红色资源优势，深入进行党史军史和优良传统教育，把红色基因一代代传下去。2014年10月，习近平总书记在新世纪第一次全军政治工作会议（古田会议）上指出，"要寻根溯源、正本清源，传承红色基因，不忘本、不迷途，从历史中汲取前进的智慧和营养。"2016年2月，在井冈山革命烈士陵园，习近平表示，要让广大党员干部知道现在的幸福生活来之不易，多接受红色基因教育。2019年11月，习近平总书记在河南考察调研时强调，"全党同志不能忘记红色政权是怎么来的、新中国是怎么来的、今天的幸福生活是怎么来的"。因此"传承红色基因、弘扬优良传统、锐意改革创新、让红色基因代代相传，确保红色江山永不变色"，是习近平总书记在新形势下提出的新要求和新命题。

将红色基因引入幼儿园已成为幼儿园发展的一种趋势，幼儿在学前阶

段接受红色教育有利于激发热爱祖国、热爱家乡的情感，培养幼儿的优良品格，传承和弘扬红色精神。目前，将红色基因融入幼儿园课程的研究还处于初级阶段，教育教学形式比较单一，缺乏科学性、合理性、趣味性以及与生活的对接。

《幼儿园教育指导纲要》明确指出："要充分利用社会资源，引导幼儿实际感受祖国文化的丰富与优秀，感受家乡的变化与发展，激发幼儿爱家乡、爱祖国的情感"。《3~6岁儿童学习与发展指南》也指出，"幼儿要具有初步的归属感，爱祖国、爱家乡，为自己是中国人感到自豪。"《幼儿园教育指导纲要》中也指出，"成人要和幼儿一起收集有关家乡、祖国各地的风景名胜、著名的建筑、独特产物的图片等，在观看和欣赏的过程中激发幼儿的自豪感和热爱之情"。

北京理工大学附属实验幼儿园在贯彻落实《幼儿园教育指导纲要》《3~4岁儿童学习与发展指南》精神的过程中，以幼儿发展为核心，传承北京理工大学"延安根 军工魂"的文化，构建"小白鸽"课程体系，在课程内容的选择上，观看红色影片、讲红色故事、唱红色歌曲等是我园开展爱家乡、爱祖国教育的方式之一。

三、房山区红色资源优势分析

房山区是著名的革命老区，拥有多个红色资源教育基地，蕴含着丰富的红色基因。黄山店，作为红色背篓发源地，践行着全心全意为人民服务的红色基因，也蕴含着吃苦耐劳、坚持不懈的奋斗精神；平西抗日战争纪念馆、多处烈士陵园、党史馆等，铭刻着平西人民不屈不挠、不受欺辱的爱国民族精神；霞云岭、堂上村是《没有共产党就没有新中国》这首红色歌曲唱响的地方……分布于全区境内多处的革命博物馆、纪念馆、民俗村，是我们身边丰富的红色教育资源，是理想信念的火种，是红色基因传承的沃土。将红色基因入心、入脑、入灵魂，是时代给予我们的重要使命。梳理整合房山区红色教育资源，并探索实施路径将其融入幼儿园课程，不仅是落实习近平总书记"革命传统教育要从娃娃抓起"的指示，更

是开创幼儿园思想道德教育的新举措。

四、红色基因融入幼儿园课程的有效路径

(一) 营造红色教学"软"环境

环境建设是幼儿园教育最重要的课程资源。在幼儿园的教育活动中，环境作为一种"隐性课程"，在开发幼儿智力，促进幼儿个性方面，起着十分重要的作用。《幼儿园教育指导纲要》也明确提出环境是重要的教育资源，应通过环境的创设和利用，有效促进幼儿的发展。重视幼儿成长和学习的环境，积极开发和利用环境因素对幼儿成长、发展的巨大潜力是当今幼儿教育的一大趋势，构建环境育人体系是促进幼儿全面发展的重要途径。

1. 建设红色故事走廊

红色故事长廊以抗日战争年代耳熟能详的儿童故事为主，通过形象生动的绘画、简洁的文字，为幼儿打造唤醒红色记忆、发扬红色传统、传承红色基因的重要阵地。如我们在一到三层的楼道，展示鸡毛信、英雄王二小、闪闪的红星等内容。在展示形式上，采用单幅故事图片、连续故事图片等多种形式，满足不同儿童需要。

2. 展览英雄人物照片

战争年代的英雄人物，他们身上蕴含着艰苦奋斗、顽强拼搏的革命精神，永远是我们学习的榜样。我们在园内展示舍身堵枪眼的黄继光、舍身炸碉堡的董存瑞、烈火中坚守的邱少云、宁死不降的抗日英雄杨靖宇等鲜明的图片，给幼儿以视觉冲击，在幼儿心中种下爱国的种子。

(二) 投放丰富开放的材料，开展融入红色教育的室内区域游戏

区域游戏是教师根据幼儿发展需要，有目的、有计划地投放各种材料，创设活动环境，让幼儿在宽松和谐的气氛中，按自己的能力和意愿，自主地选择学习内容和活动伙伴，主动进行探索与交往的场所。我们深入

挖掘红色教育的内涵，在区域中通过材料投放，鼓励幼儿与材料互动，实现幼儿的全面发展。

如在图书区投放红色故事书籍，让幼儿在自主阅读中，从画面、故事内容中感受红色故事的精神；投放英雄人物的图片并搭建小舞台，鼓励幼儿讲述英雄故事；投放红色故事图片，鼓励幼儿排图讲述；此外，还鼓励幼儿自制红色故事图书，通过分享、交流与阅读，感受红色故事所传达的红色精神。

将仿照革命战争年代样式的纳鞋底、织蓑衣的材料投放到美工区，通过创设墙饰，解决幼儿在操作过程遇到的相关问题；投放泥塑的材料，如超轻彩泥、陶泥等，鼓励幼儿创作英雄人物。

在积木区开展搭建堡垒、坦克等活动，让幼儿在合作搭建、解决问题的过程中提升综合能力。在交往区投放磨豆浆的材料，让幼儿感受民间游戏的快乐。

（三）开展红色元素的户外游戏活动

户外活动是指我们利用户外场地模拟建设了战争场面，例如两军对垒、地道战、上甘岭、战地救护等，让孩子亲身感受战争烽火场面。我们从全园角度设计混龄的游戏场景，由易到难，鼓励幼儿自主选择。每周三开展全园的红色游戏活动，全体教职工分工合作，准备材料、保障安全，给幼儿创设丰富的游戏场景。每天各班根据户外活动计划，开展班级小型的综合游戏，通过这些活动培养良好的意志品质。

（四）开展融入红色内容的教育教学活动

在学期计划制订中，收集符合幼儿年龄特点的红色歌曲、红色故事，将红色教育内容融入学期、月、周、日计划以及日常教育教学活动中，通过集体活动、小组活动等形式开展红色教育教学活动。通过每周国旗下的小白鸽讲堂，家长、教师、幼儿分享北京理工大学的故事，培育幼儿爱北理的情怀；每周开展20分钟红色教育活动，观看红色影片片段，对幼儿进行思想教育，同时邀请家长助教走进幼儿园，为幼儿讲述红色故事。多种

形式的活动，有效落实红色教育内容，传承红色基因。

（五）开展红色教育家园合作研究

组织相关的亲子课程、节日庆祝、参观革命展馆、寻访红色足迹等活动，激发家长参与热情，共同接受红色教育，形成良好氛围，拓展教学范围。孩子们在老师和家长的带领下，走进黄山店红色背篓发源地、参观平西抗日战争纪念馆，走进北京理工大学军工展览校区，寻找先烈的红色足迹。那一个个感人的革命故事，那一幅幅生动的战争场景，深深地触动孩子们幼小的心灵。红色文化亲子活动，让孩子们深刻地感受到今天的幸福生活来之不易，进一步激发了孩子们对家乡和祖国的热爱之情，让家长与幼儿接受革命的洗礼。

（六）开展特色活动

我们开展特色军训活动，对幼儿、家长、教师分别进行军训，提高全园素质；每年10月开展红色运动会活动，以《重温红色记忆、传承红色文化》为主题，弘扬民族精神，培养幼儿爱国主义情操；每年5月开展红歌会，孩子、教师以饱满的热情和嘹亮的歌声，唱响表达自己对祖国的热爱。

十年树木，百年树人。教育有其自身的规律与特点，是一个长期积累的过程。在长期的教育实践过程中，我园始终遵循由浅入深的原则，打牢红色知识基础，构建其知识体系，坚持"依托生活，回到生活，实践第一"为原则，让幼儿得到更好的发展。在实践研究中，将房山区红色基因与我园的"小白鸽"课程有机结合，通过生活化的实施，深度挖掘、整合运用房山区的红色基因资源，并进行有效渗透，真正发挥红色基因资源的价值，从而提高幼儿的爱国主义思想道德素质，丰富和完善我园课程的精神内涵和结构体系，使红色基因真正融入幼儿的一日生活。

中小学红色育人课程整合与实施策略探究

曹妃甸区实验学校 李红洁 李 颖 邓 悦

摘 要：在弘扬红色文化，深化中小学红色育人实践的过程中，本研究以中国特有的红色育人历史为基础，围绕当代中小学生育人目标，分析当前红色文化教育所面临的挑战。以教育理论为指导，设计一系列红色主题课程，并通过一定周期的实验，采集并分析数据，以评估红色育人的实际效果。整合校园红色资源，开展师资培训，并测试红色主题课程的教学效果。通过学生参与度与反馈数据的统计分析，评价了红色育人的影响，并对策略效果进行了对比研究。通过案例分析，深入探讨实验结果，提出了更适合当前中小学教育环境的红色育人策略。研究结合了教师与学生的不同视角，不仅解释了实验结果的意义，还就如何有效应对红色育人过程中遇到的问题提出了建设性的建议，为红色文化的传承与发展提供了理论与实践的支撑，具有重要的教育实践意义和创新价值。

关键词：红色育人理念；实践与创新；对策与建议

一、引言

在探讨中小学红色文化教育的现实意义与实践路径之初，我们不得不

回溯至红色文化本身的内涵及其历史定位。红色文化作为中华民族伟大精神的重要组成部分，源远流长，蕴含着丰富的革命精神与时代价值。自红色革命时期以来，无数英雄事迹及其背后的信仰与理想，已经渗透并转化为独特的育人资源，其在新时代背景下的教育价值和现实意义日益凸显。当前，红色文化已经成为中小学课程体系的重要组成部分，不仅在于传承历史记忆，更重要的是通过红色传统来熏陶学生的价值观，塑造其对于未来社会发展的责任感和使命感。

然而，红色文化教育并非一个简单的知识传递过程，而是需要在历史纵深与现实挑战之间建立起一座桥梁。红色文化教育的目标不仅是记忆历史，更在于如何在学生心中树立起革命先辈不屈不挠、奋发图强的意志品质。在现有教育体制下，如何将红色文化教育有机地融入学校课程，如何设计符合学生成长规律的红色主题活动，如何运用红色资源激发学生的爱国热情，成为当前红色文化教育研究中亟待解决的问题。其中，教育内容的选择、教育方式的创新以及教育效果的评估都是影响红色文化教育成效的关键因素。

从课程内容上看，红色文化教育不应仅限于传统的课堂讲授，而需要结合各类教学资源以多种形式展开。例如，结合地方红色遗址讲述红色故事，展示革命历史影像，设计红色主题社会实践活动，从而使得课程内容更为生动、更具感染力，能够更好地与学生的实际生活经验产生共鸣。同时，红色文化教育的实施过程也应注重学生主体性的发挥，引导学生以主动的态度参与，通过实践与反思，不断体验理解深化红色文化内涵。

在教师队伍建设方面，也应给予足够的重视。教师不仅是红色文化教育的实施者，更是学生理想信念的重要塑造者，他们在专业素养和思想觉悟上的提高，对红色文化教育的落地至关重要。需要通过专门的培训、研讨和反馈机制，让教师能够深入理解红色文化，掌握科学合理的红色文化教育理念，以更加自信和从容的姿态进行教育实践。

考虑到不同学龄阶段学生的认知特点以及心理发展规律，红色文化教育的设计必须基于学生的年龄特点和认知需要，进行合理分层和个性化教育设计。对于小学低年级学生,红色文化教育更多的可能是一种生活化、故事化的正面价值观引导;而对于高年级学生和中学生,则可以引入更有深度、更丰富的红色文化内容,以激发其深层次价值认同和历史使命感。

综上所述,红色文化在中小学教育中的引入和实施,是一个综合性的教育工程。除了坚定不移地传承红色基因,还要精心设计教育内容、创新教育方法、提升教师素质,并尊重学生个体差异,这样才能更好地让红色文化在当代中小学生中生根发芽,开花结果。

二、教育背景与挑战

(一)红色育人的历史沿革

红色育人的历史沿革源于中国共产党领导的革命历程,通过不断的战斗与努力,形成了一套具有中国特色的育人系统。从抗日战争与解放战争时期的革命传统教育,到和平建设时期对社会主义新人的塑造,再到改革开放以来对"四有"新人的培育,红色育人的内容与方式都在不断丰富与更新。从最初的口头讲述、壁报宣传、戏剧演出,到现在的教育课程化、项目化、体验化,每一步都深刻反映了红色育人的历史变迁与时代发展的脉络。

在抗日战争与解放战争时期,红色育人着重培养革命的接班人和革命英雄。通过组织学生参观革命历史纪念地,开展革命历史教育,学生深刻感觉到革命先烈的英勇斗争和伟大牺牲。这一时期,红色育人的核心是坚定理想信念,塑造为共产主义事业奋斗终身的坚强战士。然而,由于条件所限,这一时期的育人方式多局限于口头教学及简单的视觉传达,缺乏系统性与互动性。

进入和平建设时期,红色育人开始与时代发展相结合,着重培育具有社会主义责任感的新型人才。随着教育体系的建立,学校教育成为红色育人的主阵地,编撰教材、开展课外活动以及组织社会实践,使红色育人更加系统化与规范化。特别是在思想道德建设和历史教育中,学校通过安排

议题、开展烈士纪念日活动等方式，加强学生的国家认同与民族自豪感。

改革开放后，红色育人在坚持和发展中国特色社会主义的大背景下，更加注重青少年的综合素质培养。红色育人工作中引入了多元化的教育方式，如利用网络教育平台，开展沉浸式体验教学，以及开设专题研究课程。学校系统地规划红色教育内容，使其与时代相融合，不仅传授红色知识，更注重红色精神的传承与现代诠释。同时，开展红色主题社会实践活动，如红色旅游、红色故事大赛、课题研究等形式多样的活动，使学生能够在实践中领悟红色文化，增强爱国主义情感与社会主义责任感。

此外，红色育人还强调红色文化资源的开发与利用，各级政府与教育机构不断挖掘和整合本地红色资源，打造特色鲜明的红色教育基地，建设覆盖各学段的红色育人体系。这不但提高了教育资源的利用效率，也为学生提供了丰富多样的育人平台。红色育人所承载的精神内涵不仅是中国特色社会主义教育发展的一个缩影，更是中华民族的宝贵精神财富，为青少年成长提供了不竭的力量源泉。

（二）当代中小学育人目标

在当前社会，中小学育人目标的设置不仅要注重学生知识技能的培养，更应致力于学生全人格的发展。在这一过程中，爱国主义、集体主义和民族精神教育成为德育实践的关键内容。具体地说，中小学生应在培养独立学习和批判性思维能力的同时，也要逐步建立起对国家和民族的深厚感情，发展成为有责任感、有担当的公民。

在德育的实践过程中，如何将红色文化教育融入日常课程中变得至关重要。教育者需要在设计课程时，将红色历史故事、英雄人物和传统文化结合起来，使学生在学习语文、历史等学科的同时，能够自然而然地接受红色文化的熏陶。这要求教师在教学中不断创新方法，设计出既能触及学生心灵，又能契合学生年龄特点和认知水平的教育内容。

例如，在教学内容设计上，学校可以开展多样的校本课程，如"红色经典阅读班""红色影视欣赏会"等，从而使学生在潜移默化中感受到红色文化的力量，让这种力量在日常交流和行为举止中体现出来。同时，学校还可以举行红色文化的知识竞赛、诗歌朗诵比赛等活动，进一步激发学生的学习兴趣与爱国热情。

除了丰富课程和活动，还应该指导学生亲身感受红色文化。组织参观红色教育基地、开展红色故事演讲等形式，使学生在亲历历史的同时，深入理解并传承红色精神。此外，教师还应关注学生的个性化发展，鼓励学生积极参与课外实践活动，培养他们的社会实践能力与创新精神。

总之，当代中小学育人目标不应局限于传授书本知识，而是更多地着眼于学生身心的全面成长。红色文化教育，不仅能够提升学生的文化素养和道德水准，还能使他们建立起为国家和民族的未来贡献力量的信念和责任感，这对于培育新时代接班人，实现中华民族伟大复兴的中国梦发挥着不可替代的作用。在此过程中，学校、教师和社会各界都应共同努力，为学生营造一个充满爱国情怀与红色文化的优良教育环境。

（三）当前红色文化教育面临的问题

在分析当前中小学红色文化教育实践中面临的问题时，开展的多个研究已经揭示了教育过程中存在的多方面挑战。学校在传承红色文化及其价值理念方面，面临诸多实际困境，对红色文化的深刻认识不足是普遍存在的问题。在教学方法和手段上，依然受限于传统教学模式，缺乏创新，导致红色文化教育难以达到预期效果。此外，红色文化教育的目标和教育内容并不明确，且与各学段的育人目标关联性不紧密，这种不清晰的目标和内容设置，会进一步导致教育效果的不显著。

具体到教材体系的建设方面，新教材的缺失使教师在开展红色文化教育时失去了权威依据和参考，仅能依托自身的红色文化积淀和个人素养进行教学，这在某种程度上制约了教育的科学性和规范性。教学内容的侧重点不明显，不同学段红色文化教学的区分度不够，缺乏递进性，这给满足不同学段学生认知规律和思想道德发展的需求带来了难题。值得注意的是，教师在传授红色文化知识时过于依赖教材，忽略了学生学习的主动性和个性化需求，学生缺少实践学习机会，进一步削弱了学生的参与感与学习积极性。

显而易见，上述问题的存在不仅削弱了红色文化教育的传承效果，也削弱了红色育人的深远意义。因此，解决这些问题需要整体规划红色文化教育目标与内容，创新教育方式与手段，并建立一体化保障机制。通过上述分析，我们可以看到，在实施中小学红色文化教育的过程中，必须系统地审视和应对这些问题，以促进红色文化教育的有效传承和创新发展。对此，本研究提出一系列基于实证数据分析的红色文化育人策略，力图为提升红色文化教育质量，实现教育内容与育人目标的深度融合，提供切实可行的方法和方案。

三、教育理论支撑

红色文化育人策略在当代教育中的运用，需以马克思主义教育理论为基石，深化理论内涵，形成系统的红色教育体系。在此基础之上，构建以习近平新时代中国特色社会主义思想为核心的红色文化课程，配套红色教学方法论与红色育人模型，进而实现从理论到课堂，从课堂到实践的有机转化。通过对中华优秀传统文化中实践观念的继承与发展，本研究在原有的红色育人理论体系上，创新地加入了国家实践教育方针政策指导的最新成果，以期在教育实践中取得更佳的教学效果与学生反馈。

实证研究表明，红色文化的实践教育对提升学生的思想道德水平、爱国情感以及历史使命感具有不可替代的作用。由此，本研究依据这一理论基础，确立了以爱国主义为核心、个人品德教育为辅的红色育人目标。进一步深化红色文化的内涵，围绕立德树人这一根本任务，探索红色文化与中小学生日常学习、生活紧密结合的有效途径。

在探讨教育理论的支撑时，首要任务是厘清红色育人的价值定位与功能指向。对此，本研究采用了深度访谈与文本分析法，集中分析了马克思主义的实践观、党和国家的教育方针政策，以及中华优秀传统文化中的实践观念对红色育人的基础理论支撑作用。这种方法使研究能够准确把握红色育人的理论精髓，确保其在实践中的正确导向与实施路径。

具体地，本研究以脉络清晰的理论逻辑，从理论出发点、途径和结果三个维度体系化地梳理和完善了红色文化育人的理论模型。从结果上看，学生在参与红色主题课程学习后，不但在知识层面有所收获，更在情感、态度和价值观上得到了积极的培养与提升。在这一过程中，课堂教学与学生实践活动得到有效融合，帮助学生将红色文化的精神内涵融入具体的生活实践中，形成有益于社会主义建设的积极人生观和价值观。

在红色文化育人的教育理论支撑环节中，本研究注重教育内容与形式的创新，借鉴现代信息技术在教育领域的应用成果，设计出具有较高互动性和参与性的红色文化课程内容，同时推广多样化的教学手段。此外，研究通过大量样本分析，验证了红色文化育人理论与中小学生的适配性，确保了理论指导的科学性与实践的有效性。通过这样的理论支撑与实证检验，本研究所构建的红色文化育人模型不仅在学术上具有创新性，而且在应用层面上能够为中小学红色文化育人实践提供强有力的理论依据和方法论指导。

四、校园红色育人建设

（一）红色主题课程设置

红色主题课程是中小学红色育人实践的核心内容，本研究在深入分析校园红色资源的基础上，开发出一系列符合不同学段需求的红色主题课程。红色主题课程的设置，旨在通过具体的教育活动形式，让学生体验红色文化的历史内涵和时代价值，培养学生的历史责任感和使命担当。

课程内容涵盖了抗战胜利的重要战役、红色革命精神的传承，以及红色文化的现代转化和利用。设计了针对小学生的红色故事讲解和角色扮演环节，将红色英雄人物的故事以漫画、游戏等形式呈现，提高学生对历史事件的兴趣和参与感。针对中学生，课程围绕红色历史遗址、红色经典文献，通过研学、主题演讲比赛等活动形式，促进学生深刻理解红色文化的时代意义，并与个人成长紧密结合。

课程实施方面，依托先进的教育技术和多媒体工具，建立了与学生生

活密切相关的教学环境。如，通过 VR 技术重现历史场景，让学生沉浸式体验革命先辈的奋斗经历。同时，引入了评价反馈机制，针对学生在课程学习过程中的表现，对其感悟能力进行立体化评价。在教师教学方法上，重视师生互动，充分发挥学生主动探究的学习方式，教师更多地扮演引导和激励的角色。

为了保证课程设置的科学性和适应性，本研究团队通过对历史文献的深入挖掘，筛选出适合各个年龄段学生的红色教育素材。在此基础上，结合教育心理学原理和儿童发展规律，对课程内容和形式进行了创新设计，将红色元素以巧妙的寓教于乐的方式相结合，确保课程活动既有历史深度，又能激发学生的学习兴趣。

在教学资源方面，充分利用校内外的红色资源，如红色电影、展览、纪念馆等，将资源转化为有助于学生感知和体验的教学内容。此外，学校与地方红色文化机构开展合作，为学生提供红色教育的第一手资料和体验机会。

上述红色主题课程的设置，激发了学生对红色文化的热情，增强了对国家和民族历史的认同感，为红色育人实践提供了新的思路和方法。同时，课程体现了红色文化与时俱进的特性，为学生提供了理解红色文化在当代社会发展中的作用和意义的窗口。

（二）师资培训与教学测试

红色育人实践的重要环节之一是师资的培训与教学的实践检验。在本研究中，着重安排了一系列多层次、全方位的师资培训方案，并对教学过程进行了系统的测试与分析。首先，针对红色主题课程的需求进行了师资能力评估，确立了培训的目标和内容。其次，组织了由具有丰富革命历史知识的专家领衔的教学方法研讨会，对教师进行红色文化背景、红色传统与现代价值观念的传承等方面的培训。然后，通过模拟教学、情境再现等形式，进行了教学方案的灵活运用及现场教学演练，确保教师能够在课堂上有效实践红色教育理念。

此外，专项的红色教育技术使用培训也是计划中的重要环节，通过引入智能教学平台及多媒体设备，深化教师对当代科技教学工具的掌握能力。针对本研究特设的红色主题课程，进行了教学测试活动，以此检验教师培训成效与教学方法是否契合学生实际。在观摩课堂中，不仅着重考察教师对于课程内容的掌握程度，更关注学生参与互动的情况以及红色价值观是否得到有效传递。

在教学测试阶段，实施了面向不同年级和不同背景的学生群体的教学方案，涵盖了从小学至高中各个教育阶段。具体实施过程中，运用教学反思日志、学生问卷调查、课堂录像分析等方法，对教师的教学过程、学生的学习情感和行为改变进行了全面的跟踪与记录。通过学生的课堂表现和作业反馈，配合教师的自我评估报告，形成了立体的教学效果评价体系。

同时，在逐步深入的教学试验中，本研究优化了教学内容的结构，优化了与学生思维发展水平相对应的红色育人要素。根据中间阶段的教学测试结果，将教学活动与学生日常生活实际相结合，有效调动了学生对红色文化探索的兴趣。教学测试不仅考虑了学生认知结构的适应性，也充分把握了传递红色价值观念的有效路径。在后续的红色育人实践中，此次教学测试为师资培训与课堂实施提供了可借鉴的经验和宝贵的数据支持，进一步强化了红色文化传承在中小学教育中的核心地位。

五、红色育人路径建议

在红色育人实践中，构建适宜的育人路径是提高教育质量、培养学生红色文化认同和价值追求的重要手段。教育机构需不断探索和完善红色文化课程设置，使其与学生的年龄特性、认知水平和心理发展紧密相连。对于小学阶段，可以设计和编排以红色故事为核心的启蒙课程，通过富有吸引力的动画、漫画或戏剧作品，以及参观红色文化遗址等方式，激发学生的学习兴趣，形成初步的红色文化意识和情感。例如，结合《红色文化与小学德育的有机整合探究》中提到的，开设适龄的红色文化德育课程，通过实践活动培养学生的社会责任感和集体荣誉感。

在初中阶段，则需进一步通过课外活动和主题性实践等方式，如模拟

革命历史场景、参与红色题材的剧本创作,加深学生对红色文化内涵的理解和体验,提升其红色文化认知。高中和大学阶段,红色教育应更注重思想引导和深入讨论,强调理论与实践相结合,逐步引导学生形成自己的红色文化态度,并通过实践活动孕育学生的使命担当和行为能力。

加强教师队伍建设,必须加强师资力量,组建一支政治责任感强、教学水平高的红色文化师资队伍。通过专业培训与学术交流,提升教师的红色文化教育能力,使其在课程内容的传授和思想引领上能够起到表率作用。同时,应利用现有的红色文化资源,如利用红色档案馆、博物馆等场所开展现场教学,生动地再现历史场景,加深学生的历史体验,实现红色文化教育的生动化、实践化。

此外,学校应建立完善的红色文化教育反馈机制,通过课程评估、学生反馈和教学效果监测等方式,实时调整教育策略,确保红色文化教育工作的有效性。学校应及时关注并吸收学生、家长、教师与社会各界对红色育人工作的意见和建议,充分发挥各方面力量,共同推进红色育人实践。这些具体而深入的措施,可以持续推动红色育人路径的创新和完善,为传承红色文化、深化革命历史教育提供有力支持。

六、面临问题与应对策略

在实施红色育人过程中,无论是课程内容的选择,还是教学方法的应用,都面临多方面的问题与挑战。课程内容方面,教材中关于红色历史的内容相对固定,且现有的教学资源往往缺乏对学生个性化需求的考量,这在一定程度上忽略了学生对知识的主动探索以及实践能力的培养。为此,应开发和整合更多元化的教学资源和教学活动,如运用红色主题的案例教学、组织实地考察、开展网络平台互动等,以提升学生的学习兴趣和参与度。从教学方法上来看,当前的红色教育往往采用过于传统的教授式教学方法,缺乏足够的互动与反馈环节。因此,教师应运用现代教育技术手段,如多媒体演示、角色扮演、小组讨论等,这些方法能够强化学生的沉浸式学习体验,培养学生的批判性思维。

具体对策方面，首先应提高教师队伍的整体素质，加强教师对红色教育背景、内容和意义的理解，这是提升红色育人效果的前提。根据需要，组织专业培训或教学研讨会，不仅提升教师个人的授课技能与方法，还要促进教学理念的创新与进步。其次是制订切实可行的课程计划，在确保知识传递的基础上，加入更多互动性和探索性的活动，使课程生动饱满，既有利于学生认识红色文化，也有助于形成正确的价值观和人生观。同时，建立红色文化教育的评价体系，将学生的实际参与度和学习效果作为重要的考核指标，逐步完善红色育人的长效机制。此外，在学校红色文化建设中，不仅要依赖课内教学，还需要强化课外活动，如举办主题社团、参与红色故事演讲、创作红色文艺作品等多样化形式，充分发挥学生的主观能动性，并通过社会实践活动，让学生亲身感受红色文化的历史魅力与时代价值。

总之，针对红色教育在实施过程中遇到的挑战，需要在课程内容、教学方法、师资培训等多个层面提出解决对策，形成系统化的红色育人机制，通过不断的实践探索与教学创新，有效提升红色育人实践的整体质量和教育效果，实现红色基因在中小学生中的有机传承和教育目标的全面落实。

七、结论

红色文化教育在小学生人文素养提升中的影响与价值经过本研究的系统探讨和实践探索后显而易见。教育实践活动与课程设计的有机结合，证实了红色文化在小学生德育中的作用，即在促进红色文化传承与发展方面具有不可替代的价值。本研究依托理论框架与实践探索，整合校园红色资源，教师在教学过程中获得积极的反馈，这充分表明红色育人策略已逐渐深化并融入日常教学实践。

通过师资培训、红色主题课程的实施以及与学生互动的过程，本研究增强了学生的民族意识，展现出学生对红色文化的深度理解和认同，这有助于学生形成正确的历史观和价值观。实践探索显示，红色文化教育能够

有效提高学生的理性认识，培养他们的道德感与责任心，使他们具备一定判断力，不易受错误思想的影响。学生对课程内容的积极反响，尤其是对红色故事和历史人物的情感共鸣，进一步验证了红色文化融入教育的必要性与紧迫性。

红色文化教育的实践推广在帮助学生形成社会主义核心价值观方面发挥了显著作用，既传承了中华民族的优良传统，又促进了社会主义文化的繁荣发展。但是，红色文化教育的实践也面临着一定困境，如学段划分、资源不均、师资力量薄弱等问题。本研究对此进行了深入分析，并提出相应的对策，旨在最终实现大中小学一体化的红色文化教育体系，共同构建有利于红色文化育人的良好环境。

总体而言，本研究的理论与实践探索对如何进行有效的红色文化育人提供了重要参考。红色文化教育是小学阶段人文素养提升的重要一环，结合教育理论和具体实践的深入研究，本研究提出的教育策略和建议，为当前以及未来红色文化在小学教育中的深入浸润提供了科学的指导方针和操作模式。展望未来，红色文化教育的持续发展，将进一步凝聚民族精神，促进社会主义现代化教育的全面进步。

参考文献

[1] 暨翔. 幼儿园开展红色文化教育的创新探索［J］. 新教育，2023（17）：96-98.

[2] 尹焕晴，李新仓. 高校红色文化实践育人的价值功能与路径［J］. 江西电力职业技术学院学报，2023，36（3）：130-132.

[3] 刘建设，吴仁明. 红色基因融入中小学思政课堂及其路径探究［J］. 现代中小学教育，2022，38（7）：11-15.

[4] 王艺婷. 红色文化融入小学语文教学策略探究［D］. 喀什：喀什大学，2022.

[5] 樊静. 红色文化在小学教育中的发展探究［J］. 汉字文化，2021（22）：173-174.

[6] 杜向辉. 大中小学一体化红色文化教育的实践困境与对策[J]. 安顺学院学报, 2021, 23（5）：60-65.

[7] 张少欢. 红色文化融入基础教育路径研究[J]. 丝绸之路, 2021（3）：190-192.

[8] 陈浩. 新时代大中小学红色教育一体化的原则与对策[J]. 现代教育, 2021（8）：52-55.

[9] 安东妮. 红色文化融入小学德育的进展与研究[J]. 智力, 2021（23）：129-130.

[10] 谢彪, 游孙瑛. 将红色教育融入立德树人全过程[J]. 海峡通讯, 2021（7）：64-65.

[11] 何静, 李存生. 中小学课程设计中红色文化的定位与开发[J]. 教学与管理, 2021（19）：42-45.

[12] 薛宇. 挖掘红色教育资源 提升学校德育水平[J]. 陕西教育（教学版）, 2021（Z1）：109-110.

[13] 王延文. 依托红色文化教育资源推进学校德育工作[J]. 科普童话, 2020（12）：121.

[14] 赖雁群. 红色文化与小学德育教育的有机整合探究[J]. 好日子, 2021（17）：21.

沉浸式"1+4+5"实践育人模式中培养红色工匠

曹妃甸区职业技术教育中心　宋晓红

摘　要：红色教育融入教育教学已成为中职教育的重要组成部分。在实践教育中推动红色教育进课堂，可以从根本上提高民族凝聚力，培养中职学生的爱国主义精神，使其努力成长为理想信念坚定，具有较好的思想政治觉悟、较强的就业能力和持续发展能力的时代新人。以"1+4+5"德育实践项目为抓手，深度挖掘"实践育人"主体、对象、载体、内容、环境等育人要素，创新协同培养体系，构建实践育人模式，即"紧扣一条主线——红色文化引领，创新四类课堂——党团理论课堂、专业教学课堂、科创实践课堂、生涯发展课堂，深化五区联动——校区、社区、厂区、馆区、园区实践平台为一体"的实践育人共同体。

关键词：红色教育；课堂；实践；育人

一、引言

党的二十大报告提出，弘扬以伟大建党精神为源头的中国共产党人精神谱系，用好红色资源，深入开展社会主义核心价值观宣传教育，深化爱国主义、集体主义、社会主义教育，着力培养担当民族复兴大任的时代新人。但在中职学校中，存在着对红色文化教育重视度不高，红色文化专业教材数量很少，教法相对固定，专业教育体系形成困难等问题，以及传播渠道单调、教育方法缺乏创新、内容时代性不强、深入了解红色文化资源的主动性不高、未能结合时代特点和社会热点等现状，在一定程度上使部分学生在接受红色文化教育时存在着一定的阻力。同时，由于中职学生倾向于实践课，文化认知水平稍低，对红色文化理解不全面、不深入，所以学生在认知和情感上就很难产生共情，这也成为红色文化教育亟待解决的问题。

二、研究意义

（一）红色文化确保了中职生德育的正确方向

中职生是国家未来的有机组成部分，他们的主流意识是什么，思想状况如何，直接关系到我国现代化建设的方向。中国共产党作为一个执政党，为了维护其政治稳定，应当围绕社会主义核心价值体系，进行主流意识形态教育，培养中职生的马克思主义信仰，坚定中国特色社会主义共同理想，使其从心理上形成对中国共产党的政治认同，红色文化就是中国共产党政治认同、延续和扩充的最重要载体。红色文化是对学生进行爱国主义教育的宝贵资源，它着重讲述了中国人民在共产党的领导下实现独立自主的艰难过程，描述了共产党在与敌人斗争时所表现出的不畏牺牲的伟大精神。生活在和平盛世的学生，对战争和冲突了解不多，很难充分激发爱国主义的情感。社会的快速发展使我们的环境变得愈加复杂，特别是大量的外国思想涌入中国，文化多样性和包容性不断提高，但这影响了处在思想观念形成时期的中职学生。由于中职学生文化知识储备不足，认知有限，容易对历史产生曲解，因此，加强对中职学生的红色文化教育势在必行。

（二）帮助学生树立正确的"三观"

正确的世界观、人生观和价值观是不能自发形成的，需要通过教育并在实践的磨炼中培养。而红色教育恰恰具有这方面的优势。中国共产党的成立，使中国人民有了正确的奋斗方向，先烈们一步一个脚印地使中国富强起来，形成的革命精神成为现代教育的宝贵资源。但新时代的青年对先辈们所受的苦难缺乏了解，自身稍微遇到点挫折就不知所措、信念动摇，给个人的发展造成一定的障碍。因此，将红色文化融入中职教育，对学生进行思想熏陶，帮助学生坚定信念，树立正确的"三观"，成为中职教育的重要一环。

（三）培养学生自强不息的意志和艰苦奋斗的精神

生长在和平年代的学生，普遍缺少战争年代那样的磨炼。自强不息、艰苦奋斗、顽强拼搏的精神，在红色文化中随处可见。把革命先烈们在炮火中经历生与死考验，历经重重艰难险阻，带领中国人民走向繁荣的英雄事迹，在中职学生中进行广泛宣传教育，有助于他们形成良好的品格，也符合中国特色社会主义事业建设者和接班人的培养要求。教育者应按照新时代的发展需求，积极探索深受学生喜爱的更为科学生动的教育方法。

三、"1+4+5"实践育人模式概述

"1+4+5"实践育人模式即"紧扣一条主线——红色文化引领，创新四类课堂——党团理论课堂、专业教学课堂、科创实践课堂、生涯发展课堂，深化五区联动——校区、社区、厂区、馆区、园区实践平台为一体"的实践育人共同体。

（一）紧扣红色文化引领主线

文化是一个民族的根和魂，学校承担着文化传承与创新的崇高使命。传承红色文化、弘扬工匠精神是新时代赋予中职院校的神圣职责。建好一

支践行红色精神、传承红色文化的队伍是关键。我校以高质量党建引领学校高质量发展，把立德树人作为根本任务，以五育并举为导向，依托红色资源优势，以"创新四类课堂"为路径，以"深化五区联动"为载体，逐步构建起了具有本校特色的党建引领下的红色文化育人新体系。把红色文化融入思想道德教育、文化知识教育、社会实践教育等各个环节，注重创新性，加强能力锻炼，提升有效性，着力把红色资源利用好、把红色传统发扬好、把红色基因传承好。

（二）创新四类课堂，提升协同育人实效

1. 注入红色文化基因，"共鉴"党团理论课堂

（1）依托宝贵红色资源，唱响爱国教育主旋律。

红色土地繁衍红色故事，团队成员走进王翠兰烈士陵园、冀东烈士陵园、大钊公园、长城抗战烈士纪念馆等红色基地。在这些红色基地中，学生们认真研学，深刻感受到了历史的波涛汹涌，缅怀那段艰难且光荣的红色岁月。

参观结束后，学生们开展红色宣讲会，分享自己的感悟，反响热烈。

（2）访谈教育工作者和老党员，深挖红色教育内涵。

2024年2月初，学生们分别前往桑宪禄老师和朱玉衡爷爷家中拜访。桑宪禄老师奋斗在教育一线，也是一名优秀的共产党员。在采访过程中，

桑老师谈到他所任教的学校的建设，还提到他努力讲好党史故事，和当地一大批红色基地开展共建合作，引导广大未成年人在党史学习中不断汲取前进的力量。朱玉衡爷爷是一位拥有四十三年党龄的老党员，他深情地讲述了自己下乡的经历。朱爷爷话语缓慢而庄重，让人感受到那段历史的波澜壮阔。通过朱爷爷的叙述，学生们深刻理解了革命胜利离不开老一辈共产党人的艰苦奋斗，更离不开人民群众的团结一心。

（3）以点串线红色策划系列活动。

学生们期盼通过"融入学生组织、社团等活动""开展主题讲座""举行红色文化研学活动""举办红歌赛故事会"等方式开展红色教育。通过技能进社区服务活动，增强学生服务社会的责任感和职业认同感。党团课采用"理论教学、现场教学、访谈教学、体验教学"四维教学模式，创新性地以辩论赛、话剧小品、歌曲改编等形式传播红色文化，通俗易懂，有理有趣。同时，定期邀请先进党员开展"周末理论大讲堂"，学生与社区党员、居民一起上党课，学党史，话党情，进一步坚定理想信念，培育家国情怀。

（4）"红色文化融入学校党史学习教育情况"问卷分析。

为了更好地开展红色教育资源整合的调查研究，社会实践团队设计问卷题目，发放并回收，形成问卷分析。通过调查团队发现，所在社区通过积极开展党史宣传活动，参观党史类纪念馆、博物馆，在周边书店摆放红色书籍，在地铁、公交车站旁张贴红色标语/图片"等举措，为红色教育宣传拓展了更广阔的传播空间。

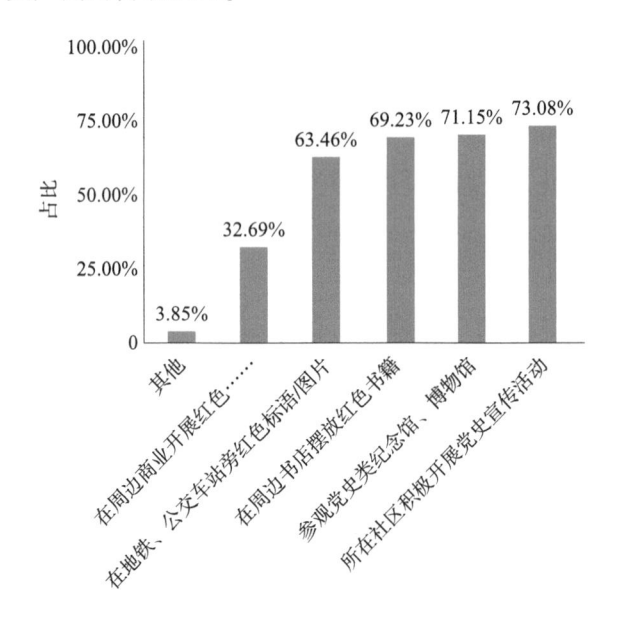

图中数据：
- 其他：3.85%
- 在周边商业开展红色……：32.69%
- 在地铁、公交车站旁红色标语/图片：63.46%
- 在周边书店摆放红色书籍：69.23%
- 参观党史类纪念馆、博物馆：71.15%
- 所在社区积极开展党史宣传活动：73.08%

2. 浸润红色文化内涵，"共健"专业教学课堂

为进一步夯实应用型学科专业基础，实践项目将各学科专业与红色文化相融合，延伸"共健"专业课堂，开展"智慧公开课""兴趣小组""红色论坛"等大型公益活动，通过分享交流，倡导推进旅游景区规范化、专业化管理。同时，依托各专业国家、省、市级技能比赛及创新工作室，打造以生命教育、美德教育、劳动教育、素质教育、传统文化教育为主体的教育成长计划。在专业课程教学过程中，围绕各章节具体内容，深入分析和挖掘其中蕴含的红色文化等元素，尽可能地从多方面将其融入教学中。一是爱国理念。如在专业课程中学习新技术、新技能、新工艺、新材料等内容时，引导学生学习五四精神，在专业领域勇于探索、敢于创新、解放思想，以实例培养学生的家国情怀，使他们热爱祖国，热爱专业，努力学习，争取成为专业领域的国家栋梁之材。二是延安精神。在专业技能学习过程中，引入延安精神中理论联系实际、不断创新的精神，以这种精神激励学生在实践过程中不断探索、创新，磨炼专业技能的同时培养学生自身意志力。可以举一些往届学生参与职业技能大赛，通过不断刻苦训练

取得良好成绩的实例，让学生知道，成功的案例就在身边，激励学生进步。

3. 根植红色文化沃土，"共践"科创实践课堂

统筹整合红色文化、志愿服务、创新创业、社会实践等实践育人资源，进一步根植红色文化沃土。近年来，累积红色实践成果，利用暑期社会实践机会，赴社区、企业、园区联合开展调研、文创推广等活动，共建"红色之旅"科创实践活动。共建红色网络平台，应用多平台多触点运营方式，用足用好线上线下各种校园媒体资源，参与、举办各级各类网络作品征集活动，推动建设学校红色资源共享专网，打造网络文化育人红色"立交桥"。升级校地合作模式，发挥网络文化育人工作队伍优势，为地方革命遗址等红色资源策划云直播、云展览，创作红色网络作品，助力地方红色资源网络化、数字化，共建校地云上红色教育空间，引领学生在学思践悟中深化爱国情怀、汲取奋进力量。

4. 汲取红色文化精髓，"共建"生涯发展课堂

为满足企业的社会需求，开展以"中职生志愿者信息与企业、社会开展双赢合作"为主题的调研。近年来，收集企业和社会的反馈建议，定位社会需求，开设了面向老幼、技能服务课程，开展环境清洁、普法、垃圾分类、天文探索等活动、艺术作品进社区等活动，完善心理辅导室、阅览室建设等。同时，突出"劳动教育"重点，组建"红色+社区+专业+朋辈"的生涯导师团队，引导低年级学生参与志愿活动、理论宣讲，高年级学生参与职业规划，突出专业发展，并联合企业安排一系列实习实践岗位，实现价值塑造、人格养成、能力培养、知识探究的目标，助力学生在生涯发展和职业探索中成长。通过志愿者主动参与社区、景区事务，引导学生积累职业经验，强化劳动精神、劳模精神、工匠精神，树立正确就业观。

（三）深化五区联动，挖掘平台育人资源

搭建校区、社区、厂区、馆区、园区等多元文化"五区一体"育人平台，不断深化实践平台协同联动，充分挖掘育人资源。多渠道、多层次、多方面地融入地方经济社会发展,通过有力、有序、有效的组织,构建"校企、校地、校所"联动育人机制。一是深化校区实践平台。利用学科优势和条件优势,重视学校及周边地区红色文化资源搜集整理工作,厘清红色文化历史脉络;用好重要时间节点,围绕重大事件、关键主题、节日假日等,借势将红色资源融入其中。开展红色主题线上活动赛事等营造氛围,形成热门话题和青年人关注的IP,放大宣传效果,让红色资源融入学生的日常生活。二是深化社区实践平台。以社区为共建基地,积极参与社区基层治理建设,充分调研社区居民需求,以专业化视角开展提高社区居民综合素养相关活动。三是深化厂区实践平台。与用工单位开展共同党建活动,打造一系列育人品牌活动。四是开发红色校史资源,利用好校史馆,发掘研究博物馆、档案馆、校史馆中的实物、人物、故事等红色资源,充分释放蕴藏其中的爱国情怀、强国志向、报国传统,引导学生饮水思源、爱校荣校、爱党爱国。五是推动"五区"平台、资源融合互通。探索实践育人创新模式,让不同育人主体之间形成合力,提高人才培养质量。

红色文化资源在中职生德育教学过程中起到了重要作用。通过深入了解和运用红色文化资源,可以培养学生正确的世界观、人生观和价值观,增强学生的爱国主义情怀和集体荣誉感,促进学生成为社会主义建设者和接班人。在今后的中职教育实践中,应该深化红色文化教育的内容,让学生深入了解红色文化,接受红色文化的熏陶和洗礼,成为具有红色文化精神的新时代青年。

参 考 文 献

[1] 谢缘."红"的视觉效应红色在当代视觉传达中的运用[J].新视觉艺术,2012(1):58-60.

[2] 王大治."红色"在中国文化中的特殊意义[J].美术观察,2011(8):113.

[3] 在纪念中国人民抗日战争暨世界反法西斯战争胜利69周年座谈会上的讲话[N].人民日报(海外版),2014-09-03(2).

探究高中生涯规划课程对培养拔尖创新人才的意义

北京理工大学附属实验学校 王 洋

摘 要："拔尖创新人才"一词的首次提出是在中国共产党的十六大报告中,在党的二十大报告中重申了"拔尖创新人才"的培养对国家及社会发展的重要性。本文以高中生涯规划课程对拔尖创新人才培养的作用为切入点展开阐述,从国家出台相关意见与政策的内容中分析生涯规划对高中生学习、生活的指导意义,对生涯规划课程在发展拔尖创新人才方面的概念进行了研究,发现高中生涯规划课程中目前存在的问题,并对问题提出思考与改进建议。

关键词：生涯规划发展；生涯规划课程；拔尖创新人才

一、引言

高中阶段的学生要完成繁重的高考学业任务,同时也要树立正确的世界观、价值观和人生观。在高中阶段,学生形成重要"三观"的过程中,其生涯规划课程起到了重要作用。虽然生涯规划课程对高中生的未来生活并没有起到决定性作用,但对高中生的学习规划、专业规划、职业规划乃至未来人生的规划起到了重要的作用。同时，生涯规划课程也是培养拔尖创新人才、奠定学生能力基础、培养与提升学生自主能力的重要途径。因此，高中学习阶段开设生涯规划课程，对于学生来说，不仅为了顺利考取大学后选专业，而且希望学生从课程学习与课程体验中找到对职业的兴趣，并能进行专业学习与深入研究，在日后的工作中真正体现自己的能力价值，为社会发展贡献力量。

二、研究背景

2014年9月，国务院印发《关于深化考试招生制度改革的实施意见》，提出"要坚持育人为本，遵循教育规律；着力完善规则，确保公平公正；体现科学高效，提高选拔水平；加强统筹谋划，积极稳妥推进"。可见，文件内容主要体现考试过程中招生评价的科学化，多元的招生模式更有利发现拔尖创新人才。招生制度的改革，意味着对学生的育人模式也要随之改变。

2019年6月，国务院印发《关于新时代推进普通高中育人方式改革的指导意见》，提出要"加强对学生理想、心理、学习、生活、生涯规划等方面指导，帮助学生树立正确理想信念，正确认识自我，更好地适应高中学习生活……提高选修课程、选考科目、报考专业和未来发展方向的自主选择能力"。这说明在学生普通高中的学习生活中，学校要从不同专业知识类型学习和经验习得方面为学生提供指导与帮助，除了帮助学生适应高中学习生活，还应培养学生高中毕业后对大学学业及职业生涯、社会生活等方面的自主规划能力。同年11月，教育部关于《对十三届全国人大二次会议第5836号建议的答复》中指出，要"构建高中生涯规划教育体系，出台《普通高中学生发展指导纲要》，加强对普通高中学生课程选择、生涯规划等方面的指导"，强调了高中生涯规划对高中学生的重要指导性。由此可见，高中生涯规划对学生目前及未来的学业、职业发展有着重要作用，是提升学生自主能力的关键，同时也是学生社会价值实现的体现。

在2022年全国两会期间，全国政协委员、湖南师范大学副校长谢资清

提交《关于加强基础教育阶段拔尖创新人才培养的提案》，被列为2023年度全国政协重点提案。培养拔尖创新人才，不能只在选拔考试中以学生成绩为标准，更多要关注学生的能力与兴趣，性格与人格的培养是否全面和完善，更多注重学生拔尖、创新能力的提升。党的二十大报告中提出，要坚持教育优先发展、科技自立自强、人才引领驱动，加快建设教育强国、科技强国、人才强国，坚持为党育人、为国育才，全面提高人才自主培养质量，着力造就拔尖创新人才，聚天下英才而用之。报告中再次强调拔尖创新人才重在人才质量的培养，这一重点内容与"唯分数论"观点大相径庭。因此，"教育"要改的是教育的本质，而不是教育的形式。

综上所述，在我国招生考试选拔中，要体现对高水平人才的综合性评价要求。这就要求高中生不能一味地追求分数来战胜高考，而是要注重个人多元发展。学校应提前引导学生做好个人生涯规划，注重个人能力的培养，重视高中生涯规划课程的实施，这有助于学生全面发展，也有助于国家培养拔尖创新人才。

三、概念研究

生涯规划是个体在生涯发展过程中，对自己的态度、特征及未来的职业与生活的规划，个体在规划过程中需要在社会环境和资源中研究与自己相匹配的规划内容。在规划过程中，个体需要设立目标、敢于实践，在实践过程中注意对自身进行评估与调整，再投入实践与调整，保持积极的态度并不断地完善自我。

生涯规划课程是结合教育学和心理学及生涯发展理论开展的，面向全体学生的，系统化、连续化、有目的、有计划的生涯规划教育活动。生涯规划课程可面向大、中、小不同年龄段的学生开设，但不同年龄段的学生所学知识内容的深浅度是按照学生的生理年龄特点设置的。一般来讲，生涯规划课程是结合理论知识与实践内容开展的课程。

生涯发展指导是帮助青少年管理他们的生涯发展过程，协助他们进行学业、职业和人生道路的选择，指导青少年反思他们的抱负、兴趣、志向、才能，并将自我认知与他们未来发展联系起来。联合国教科文组织等六个国家组织联合发布的《投资于生涯指导》指出：有效的生涯指导有助于个人发挥潜力，使经济变得更有效率，使社会变得更加公平；有效的生涯指导有助于人们对自己的生活作出明智的决定，是培养人才创新、创造力和竞争力的润滑剂。生涯发展指导是为了培养学生在青少年阶段规划与决策的能力，重点是让学生在一生中能够独立进行生涯规划，提升执行能力的培养。

20世纪60年代，苏联卫星上天使美国举国震惊，其民众普遍认为，国家对教育尤其是拔尖创新人才培养的忽视，是导致本国在科学技术上落后于苏联的原因。1958年，美国联邦政府颁布《国防教育法》（*National Defense Education Act*），提出增拨大量教育经费，加强对拔尖创新学生的培养，资助各州开发测试系统进行拔尖创新学生的识别，并为其提供特殊的指导咨询和教学服务。在我国，"拔尖创新人才"一词最早出现在党的十六大报告中：坚持教育创新，优化教育改革，优化教育结构，合理配置教育资源，提高教育质量和管理水平，全面推进素质教育，造就数以亿计的高素质劳动者、数以千万计的专门人才和一大批拔尖创新人才。那么，什么是拔尖创新人才？其含义体现在以下三个方面：第一，具备优秀的综合素质，包括健全人格、良好品德、厚实的知识积累、活跃的创造性思维、浓厚的合作精神以及冒险精神等。第二，注重个体对社会发展的贡献。第三，具备国际化的视野和竞争力。

四、问题研究

高中学段开设生涯规划课程，出现了以下问题，如课程是否开设、开课形式、课程内容及家长参与等。

（一）学校未开设生涯规划课程

近几年，省、市重点高中重视学生的生涯规划，陆续开设了生涯规划

课程，但还有部分普通高中没有开设高中生涯规划课程，其最重要原因是生涯规划课程不纳入高考，更多的学校宁愿把课时分给考试课程。有的学校举行一两次专家讲座，为家长和学生进行宣讲，以此替代每周一次的生涯规划课程，目的是为学生高二选科提供参考。多数家长比较焦虑的是，孩子对选科作出的选择只是一时无奈之举，却没有对孩子的大学学习生涯、大学专业选择和未来职业生涯作出详细规划。

（二）学校生涯规划课程重形式

虽然生涯规划课程不纳入考试课程，但是大多数普通高中为了响应国家号召，还是计划将该课程纳入常规课程教学体系中。但生涯规划课程在高中学段有名无实，或者被其他课程的任课教师占用，或者被班主任占用。有些学校还因缺乏专职的生涯规划教师，由其他学科的教师兼职，其目的是完成教学计划。

（三）学校生涯规划课程重理论

生涯规划课程不仅是由理论课程内容支撑，更多要注重学生的实践教学环节。部分高中的生涯规划课教师不是专职教师，仅仅参考一本生涯规划教材，或者结合教育学、心理学等知识内容，将生涯规划课程内容进行替换，完全以理论课为主。学生的实践环节以课堂上的情境案例为主，课下以纸质版作业和思维导图代替。这就失去了生涯规划课程对学生的实践教学的意义指导，对于学生而言，这种形式的课堂体验如同隔靴搔痒，总找不到真实的感觉。

（四）家长对学生选课的不信任

高中生到了高二（有的学校是高一下学期），开始走班制选课学习，但选课前需要学生自己作出选择。多数情况下，学生的决策离不开家长的建议或决定。由于学生在选课上缺乏专业的生涯规划经历，家长往往会因焦虑而对孩子自己的选择产生不信任。实际上，家长要帮助学生决定高考的考试方向，即选择文科还是选择理科，这样才能对学生的高考有利。

五、探索研究

高中生涯规划课程一定要得到学校及学校领导的重视，切实落实生涯规划课程的教学，注重生涯规划课程对学生一生的指导与帮助。

（一）重视高中生涯规划课程

学校要为学生创设机会，为培养学生自主能力提供更多可能，为培养拔尖创新人才贡献学校的智慧，发挥学校的教育职能。生涯规划课程，不注重学生的知识储备，而是注重培养学生的自我认知与探索规划能力。因此，学校要重视高中生涯规划课程的开发与落实，选拔优秀的专职教师担任生涯规划课程的教学，为学生创设真实有效的生涯规划与体验机会。

（二）生涯规划课程授课内容

生涯规划课程理论内容基于教育学、心理学等学科知识，但并不完全等于教育学与心理学，因为生涯规划课程的开设是为了给学生未来人生发展提供更多可能，所以授课内容应注重理论与实践相结合。理论课程内容的设计可考虑高中生不同年级阶段的特点，如高一树立学生的生涯概念、了解相关职业等，高二注重学生规划能力的培养，高三注重培养学生勇于规划并且实施的能力。世界职业规划与生涯教育大师舒伯在1953年提出"人生阶段论"，即成长期、探索期、建立期、维持期、衰弱期。正处于探索期的高中生需要在各种职业的体验与选择中不断发现自己的兴趣与特长，从而选择自己喜欢的专业和职业。例如，实践课可以安排在企事业单位开展，让学生亲身体验并了解不同岗位、不同职业所需要的专业技能，进而了解自己的兴趣，以便在后期的大学学习生活中发挥钻研的精神，在未来的职业岗位中发挥拔尖人才的优势。

（三）借力其他学科课程教学

每一门学科都具有生涯规划教育的价值与功能，它们是渗透融入生涯规划教育的主阵地。如在数学课程中，学生可以通过微积分学的知识让自己更深入地了解世界，对自身未知的潜能进行深度挖掘与规划；在语文学科中，通过学生对青春的解读与感悟等，培养他们对生命及生活的热爱，激发青春活力与潜能；思想政治课程的选择性必修3"逻辑与思维"课程中，可以更好地培养学生的科学思维，让学生运用辩证的思维能力去认知世界、探索世界；信息技术课程是学生搜索信息、探索知识技能的最好课程，学生不仅可以提升对信息技术的掌握能力，还能增强知识的搜索技能，更重要的是学生可以通过信息技术手段去及时了解大学、国家的相关政策，以便在未来的学习、求职、创业中发挥信息技能的高效率优势，助力自身的高效发展。综上所述，高中生涯规划课程不能抛开其他学科而单独授课，需要借助其他学科的教学内容，发挥自身学科的优势，共同培养学生的生涯规划意识。

（四）发挥家长资源优势

学生的学习不仅仅依靠学校和社会提供资源，还可以借助家长的资源去寻找生涯规划课程中学生实践的机会。每个班级按40名学生计算，40名学生就会有40个家庭，不同的家庭中算上所有的长辈，会存在至少一种职业及岗位，这为学生进行生涯规划课的实践环节提供了极大的帮助。借助家长的优势，挖掘更多可参观的行业和职业，为学生提供实践机会，进行观摩、了解和体验，让学生从中找到对某一职业领域的兴趣，以便更好地激发学生对专业、职业的深入探究，为培养拔尖创新人才提供可能。

六、结论

高中学段开设生涯规划课程，对学生的学业、未来大学专业的选择、社会职业的定位都有着奠定基础的作用，为培养学生的全面发展提供保障，为培养拔尖创新人才提供可能。因此，在高中阶段开设生涯规划课程要得到学校的重视，既重视课程内容与形式的设计，又要注重专职生涯规划教师所发挥的重要作用，注重课程实践环节对学生的影响，借助其他学科课程对生涯课程的帮助，以及发挥学生家长的岗位与职业优势等。总之，拔尖创新人才的培养离不开生涯规划课程的指导，在学生的高中学习生活中，务必重视生涯规划课程对学生自主能力培养的关键作用。

参考文献

［1］彭叮咛．如何培养中小学生拔尖创新人才［N/OL］．湘声报，2023-07-07（A02）．

［2］张翠翠，黄晓婷，王婧妍，等．高中生涯规划课程有关教学内容知识的探索与总结［J］．中小学心理健康教育，2023（17）：53-57．

［3］付艳萍．拔尖创新人才培养：美国州长高中的实践、成效与争议［J］．比较教育研究，2022（9）：92-100．

［4］毛嘉伟．高中拔尖创新人才培养研究［D］．上海：华东师范大学，2022．

［5］夏洁，刘念．普通高中生涯教育课程的现实困境与实践路径［J］．中小学心理健康教育，2023（24）：68-71．

［6］潘新华，张祝平．新高考模式下高中生涯规划教育实施策略［J］．浙江考试，2023（7）：56-59．

第三篇

红色育人之教学创新

思维型课堂视域下《读本》教学设计：
内容要素与实践课
——以《伟大事业都始于梦想》一课为例

北京理工大学附属实验学校　陈家旺

摘　要：学习习近平新时代中国特色社会主义思想，对党和国家事业发展、小学生成长成才意义重大。思维型课堂着眼于课堂教学中的思维活动，旨在提高课堂的教学质量。在思维型课堂的教学理念指导下，本文探讨了《习近平新时代中国特色社会主义思想学生读本（小学高年级）》（以下简称《读本》）的教学设计，分析了在教学中有机融入包括理论逻辑、价值彰显、史料供给和实践案例等内容要素的方法，使《读本》教学设计更好落实思维型课堂建设要求，提升育人实效。具体实践课例的展示，旨在培养学生的思维能力，加深对习近平新时代中国特色社会主义思想的理解，力求做到治国理政智慧与成人成才道理的融通，引导学生应该怎么看、怎么做，做到学以致用、知行合一，走好新时代红色育人路。

关键词：习近平新时代中国特色社会主义思想；《读本》教学；内容要素

一、引言

《读本》是专门为高年级小学生学习习近平新时代中国特色社会主义思想而编写的，应该采取什么样的形式使他们愿意去学并能学懂？学习理论之后应该如何具体行动？党和国家发展的"大道理"与个人成长成才的"小道理"是相通的，学懂"大道理"才能更好地弄通"小道理"。《读本》兼顾"大道理"与"小道理"，这让高年级小学生在党治国理政的理念、战略、举措中学习为人处世、成就一番事业的道理。中国共产党对伟大梦想的孜孜追求，对实现美好梦想的战略步骤的设计，可以让高年级小学生深刻懂得，只有在持之以恒的奋斗中、在先进理念的支撑下、在科学有效的规划中才能实现心中的梦想。在实际教学设计过程中，要注重在教材编排的基础上，从理论逻辑、价值彰显、史料供给、实践案例等四方面丰富教学内容，激发学生学习兴趣，真正做到用习近平新时代中国特色社会主义思想铸魂育人，给予学生成长成才方面以思想的启迪，保证他们学有所获、学有所成。

二、《读本》教学设计的内容要素及意蕴

在《读本》教学实施过程中，融入习近平总书记的重要论述、中国共产党人的精神谱系、"四史"学习教育，以及新时代国家改革发展传播的样态和创新实践的典型案例，具有深远而重要的意义。

首先，习近平总书记的重要论述为《读本》教学提供了根本的理论逻辑。习近平总书记的系列讲话和重要思想，不仅是对中国特色社会主义理论体系的丰富和发展，也为《读本》教学指明了方向。在教学中深入阐释这些论述，有助于学生深刻理解习近平新时代中国特色社会主义思想，坚定"四个自信"，即道路自信、理论自信、制度自信和文化自信，从而坚定不移地走中国特色社会主义道路。

其次，中国共产党人的精神谱系，是《读本》教学的有益补充。通过讲述中国共产党人在革命、建设、改革等各个历史时期形成的伟大精神，

如井冈山精神、长征精神、延安精神等，帮助学生了解党的光辉历程，感受党的奋斗精神和为民本色。这种精神谱系的传承，不仅能够激发学生的爱国情怀，还能引导他们树立正确的世界观、人生观和价值观。

再次，"四史"学习教育——党史、新中国史、改革开放史、社会主义发展史，为《读本》教学提供了丰富的史料供给。通过学习四史，学生更加清晰地认识到中国共产党领导下的中国人民是如何历经艰辛、战胜困难，最终取得今天的辉煌成就的。这种历史教育不仅能够增强学生的历史使命感，还能培养他们的历史思维能力和分析能力。

最后，引入新时代国家改革发展传播的样态和创新实践的典型案例，使《读本》教学更加贴近现实、贴近时代。通过分析这些案例，如精准扶贫、科技创新、生态文明建设等领域的成功实践，学生深刻感受到中国特色社会主义制度的优越性和国家发展的勃勃生机。这种实践案例教学不仅能够激发学生的学习兴趣，还能提升他们解决实际问题的能力。

综上所述，将习近平总书记的重要论述、中国共产党人的精神谱系、"四史"学习教育，以及新时代国家改革发展传播的样态和创新实践的典型案例融入《读本》教学，对于培养学生的理论素养、历史意识、实践能力和爱国情怀具有重要意义。这样的教学不仅丰富了《读本》的内容，还使其更加生动、有趣，从而更有效地培育学生的政治认同感。

三、《伟大事业都始于梦想》教学设计实践课例

本课例是房山区推进《读本》教学，改进教学方式，提升育人实效的研修活动的现场课。

笔者从习近平爷爷参加四川省芦山县龙门乡隆兴中心校小学生"感恩奋进，放飞梦想"主题班会的事例引入，通过同学们表达个人的梦想，引出梦想的话题。从"有梦想就会有创造""中国梦我的梦""实干才能梦想成真"三部分展开，帮助学生感受梦想的力量。在理论逻辑方面，加入习近平总书记关于中国梦的重要论述；在价值彰显上，选取改革开放和社会主义现代化建设新时期的中国共产党人的精神谱系——载人航天精神；在史料供给方面，给学生提供若干"中国百年前后对比照"；在典型案例方

面，介绍我国航天员王亚平的飞天梦。将这四个内容要素有机融合。通过小组合作探究学习，引导学生理解中国梦的内涵，进一步体会国家命运与个人命运息息相关，明确梦想和实干的关系，增强学生责任意识和实践能力。鼓励学生把"小我"融入"大我"，敢于有梦、勇于追梦、勤于圆梦，汇聚起实现中国梦的强大力量。

以下为教学设计。

教学设计	
课题	第1讲 伟大事业都始于梦想 设计者：陈家旺
课型	新授课☑ 章/单元复习课☐ 专题复习课☐ 习题/试卷讲评课☐ 学科实践活动课☐ 其他☐
1. 教学内容分析	

本课教学内容为《习近平新时代中国特色社会主义思想学生读本（小学高年级）》。

第1讲《伟大事业都始于梦想》。

本讲内容从习近平爷爷参加四川省芦山县龙门乡隆兴中心校小学生"感恩奋进，放飞梦想"主题班会的事例引入，通过同学们表达个人的梦想，引出梦想的话题。然后从"有梦想就会有创造""中国梦我的梦""实干才能梦想成真"三部分展开，帮助学生感受梦想的力量，通过合作探究理解中国梦的内涵，进一步体会国家命运与个人命运息息相关，明确梦想和实干的关系，增强学生责任意识和实践能力。

本课内容对接《义务教育道德与法治课程标准（2022版）》总目标的要求：能够以实现中华民族伟大复兴为己任，增强做中国人的志气、骨气、底气，不负时代，不负韶华，不负党和人民的殷切期望；关心时事，热爱和平，初步具有国际视野和人类命运共同体的意识。

在新课标"课程内容"部分，第三学段的"学业要求"也明确指出，"学生能够增强对伟大祖国、中华民族、中华文化、中国共产党、中国特色社会主义的认同，关心国家大事，为实现中华民族伟大复兴而努力学习。"

在核心素养的培育上，本讲主要引导学生能够结合社会发展和个人实际，并通过实际行动计划的制订，树立为中华民族伟大复兴而奋斗的理想，具有实现中华民族伟大复兴的使命感和责任感（政治认同、责任意识）；有效学习，能够主动适应社会环境，确立符合国家需要和自身实际的健康生活目标，热爱生活，积极进取，具有适应变化、不怕挫折、坚韧不拔的意志品质（健全人格）；弘扬民族精神和时代精神，维护国家利益和安全（道德修养）。

本讲通过引导学生思考和讨论，感悟梦想的力量，认识到中国梦是国家的梦，也是每一个中华儿女的梦，中国梦和我的梦息息相关，每个人都把人生理想融入国家和民族的伟大梦想之中，把"小我"融入"大我"，敢于有梦、勇于追梦、勤于圆梦，就会汇聚起实现中国梦的强大力量。

续表

2. 学习者分析	
学生年龄在 10~11 岁，他们已经开始对自己的未来有所规划，但对于梦想的力量还认识不深，对于个人梦想与祖国梦想的关联也体会不够。通过发布课前学习单，以"你的梦想是什么，为了实现这个梦想，你都做了什么，取得了哪些成果（成绩）"和"你知道哪些大国重器源于神话梦想"这两个问题，唤醒起学生对自己梦想的回忆，学生从神话故事和科幻小说中看见梦想，从大国重器中见证神话梦想的实现。完成深入认识梦想的作业，这为新知的学习打下一定的基础。	
3. 学习目标确定	
（1）通过"畅谈我的梦"以及见证神话故事和科幻小说的想象变为现实，认识梦想的巨大力量。 （2）通过"三把钥匙探究梦想"，以小组合作探究，了解中国梦的内涵。 （3）通过"梦想年代尺"，明确个人的梦想与祖国梦想息息相关。 （4）通过"我国航天员的飞天梦"，明确梦想和实干的关系，增强责任意识。	
4. 学习评价设计	
《道德与法治课程标准（2022 年版）》中"教学评价"提出重视表现性评价。围绕学生道德与法治课程学习实践性、体验性等特点，注重观察、记录学生在学习、实践、创作等活动中的典型行为和态度特征，运用成果展示、观点交流等形式，对学生的学习情况进行质性分析。 通过给学生提供若干"中国百年前后对比照"，以小组合作探究的形式，引导学生概括中国从哪些方面在逐步实现伟大复兴，一个小组进行汇报展示，其他小组进行补充，开展组间互评。教师巡视课堂，对学生的分享相机进行口头评价。	

续表

5. 学习活动设计

教师活动	学生活动
环节一：畅谈梦想	
教师活动1 导入：观看习近平爷爷参加四川省芦山县龙门乡隆兴中心校小学生"感恩奋进，放飞梦想"主题班会的新闻报道。 思考：听完新闻，请你说说，你听到了哪些信息？ 师：请你说一说你的梦想是什么？在追梦的路上你都做了什么？ 师：在习近平爷爷的话中，还提到了我国古代的神话故事《西游记》和法国著名科幻作家凡尔纳的作品，这些神话故事和科幻作家中又有哪些奇思妙想呢？如今他们都实现了吗？ 师：你们还知道哪些大国重器来源于神话故事中的梦想？ 小结：古今中外，从不缺少充满想象，并且追求梦想的人，这些在当时看似不能实现的梦想，现如今都实现了。从神话故事和科幻小说中看见梦想，从大国重器中见证神话梦想的实现。梦想，以它无穷的力量推动着社会的进步。	**学生活动1** 学生观看新闻报道，并思考。 学生回忆并畅谈自己的梦想，以及在追梦过程中取得的成绩。 生：腾云驾雾、千里眼、顺风耳、环游世界……如今都实现了。 学生思考并回答。

活动意图说明：

从习近平爷爷参加四川省芦山县龙门乡隆兴中心校小学生"感恩奋进，放飞梦想"主题班会的事例引入，通过同学们表达个人的梦想，引出梦想的话题。分享学生熟悉的神话和科幻小说，将梦想的实现与今天的科学技术进行对接，帮助学生认识梦想的重要性。

续表

环节二：三把钥匙探究梦想	
教师活动 2 师：我们每个人都有自己的梦想。我们的国家也有梦想。你知道我们国家的梦想是什么吗？ 师：是的，就是中国梦，2012 年 11 月 29 日，习爷爷第一次深情阐述了"中国梦"。让我们一起再重温一下。 【视频展示】 师：实现中华民族的伟大复兴，你觉得重点在哪个词上？ 师：从字面理解复兴的意思是什么？我们的中国梦要从哪些方面复兴呢？ 师：下面老师给大家准备了三把钥匙（即一把文字钥匙、一把视频钥匙、一把图片钥匙），一起来回答这道题。（一把一把地提供） 小结：【出示习语】 实现中华民族伟大复兴的中国梦，就是要实现国家富强、民族振兴、人民幸福。 ——2013 年 3 月 17 日，习近平在第十二届全国人民代表大会第一次会议上的讲话	**学生活动 2** 学生思考并回答。 预设："两个一百年"奋斗目标、中国梦。 生：观看视频。 生：复兴。 生：学生思考。 生：小组探究，总结概括，初探中国梦的内涵。

活动意图说明：

学生接收信息渠道较多，对于中国梦这个名词耳濡目染，对中国成就有所了解，但对其真正的内涵缺乏深刻理解，以图、文、视频结合的方式，提供学习支架，引导学生阐述中国梦的内涵。

续表

环节三：梦想年代尺

教师活动3	学生活动3
师：【出示梦想年代尺】 请大家思考一个问题：我有我的梦，国有国的梦，在实现中国梦的征程中，我们又发生着怎样的变化呢？ **梦想年代尺** 个人 梦想：你（ ）岁，踔厉奋志，少年当自强（2023）——你（ ）岁，成为建设国家的新鲜血液（2035）——你（ ）岁，成为建设国家的中流砥柱（2050）→共筑梦想 国家 梦想：走在全面建设社会主义现代化国家新征程之中——我国基本实现社会主义现代化——我国建成富强民主文明和谐美丽的社会主义现代化强国 师：通过梦想年代尺，你发现了什么？ 小结：把"小我"融入"大我"，敢于有梦、勇于追梦、勤于圆梦，就会汇聚起实现中国梦的强大力量。	学生填写并回答。 生：思考并回答。 预设：我的梦和国家的梦是息息相关的

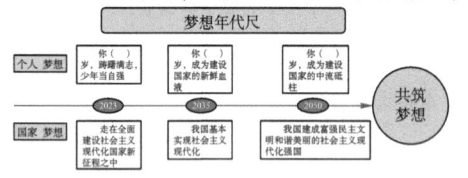

活动意图说明：
利用年代尺、时间轴的方式，引导学生将个人梦融入中国梦，帮助学生进一步体会国家命运和个人命运息息相关。

环节四：梦想扬帆

教师活动4	学生活动4
师：伟大梦想的实现不是等来的，喊来的，那是通过什么得来的呢？ 【出示航天员为实现中国梦辛苦训练的照片】 师：没错。天上不会掉馅饼，实干才能梦想成真。用习近平爷爷的话说就是：撸起袖子加油干！ 自中国共产党诞生之日起，党领导中国人民走过百年，取得的一切成绩，都离不开"实干"二字，下面我们通过一段视频，再次领略中国的成就。 【视频展示】 小结：希望同学们从小立志、有梦想，用新知识、新本领去适应和创造新生活。今天做祖国的好儿童，明天做祖国的建设者。让我们以实干为帆、学习为桨，让梦想之船扬帆远航，相信美好的生活属于我们，美丽的中国梦属于我们。	生：学生观察图片，思考并回答。 预设：是通过努力得来的，是通过勤奋得来的。 生：学生观看视频。

续表

活动意图说明： 梦想之船扬帆，用形象的方法调动学生向梦想奋进的激情。学生带着梦想，向着远方出发。将这节课所学内化于心、外化于行，习近平总记的话也在学生心中落地生根。
6. 板书设计 伟大事业都始于梦想 梦想 → 中国梦 → 成真 息息相关 梦想 → 我的梦 → 成真 实干 责任
7. 作业与拓展学习设计 请针对一个具体的梦想，列出实现它的具体计划和步骤，并说明你会如何通过实干来实现这个梦想。
8. 特色学习资源分析、技术手段应用说明 （1）运用信息技术营造教学情境，向学生展示相关图片、视频等可视信息，使学生获得大量生动而真实的信息，加深学生的印象和思考。 （2）通过文字、视频、图片，为学生合作探究提供学习支架，以多样化的教学资源，尽可能全面地传达教学信息，提高了学生的学习兴趣。教师可通过提问，进一步引导学生思考，深入了解中国梦的内涵，理解个人梦与中国梦之间的关系，懂得实干才能梦想成真。

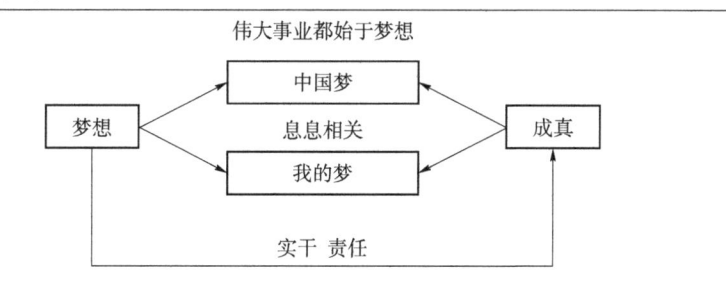

四、结语与反思

我们不仅要深入学习《读本》的思想精髓，还要深入分析其逻辑性和合理性，在此基础上进行科学运用，这样才能真正让人信服，达到以理服人的境界。《读本》的每一讲内容都与小学生的学习、生活密切相关，在教学设计中有机融入理论逻辑、价值彰显、史料供给和实践案例，是增强育人实效的有益补充。教育引导学生以英雄人物和"时代楷模"为榜样，弘扬中华优秀传统文化，继承优良作风，成长为担当民族复兴大任的时代新人。与此同时，要进一步提出具体实践要求，让思想成为实实在在的行动，做到知行合一，走好新时代红色育人路。

参 考 文 献

[1] 陈培永.《习近平新时代中国特色社会主义思想学生读本》（小学高年级）编写思路及主要内容［J］.课程·教材·教法，2021，41（9）：9-13.

[2] 韩玉茹.《习近平新时代中国特色社会主义思想学生读本》融入小学道德与法治课教学研究［D］.聊城：聊城大学，2023.

红色作品教学实践探究

北京十一学校一分校　陈　贺

摘　要：初中语文教材中的红色作品是传承革命文化、弘扬革命精神的重要载体。但由于时代的久远和特殊性，学生与红色作品存在一定"隔膜"。为了消除这种"隔膜"，让学生更深入理解红色作品的文化内涵，需要对现行初中语文教材中红色作品的选编现状进行分析，找准教学切入点，继而结合具体案例分析红色作品教学实践中的教学方法、手段。通过有效的教学实践，促进学生道德、文化素养的提升。

关键词：红色作品；"隔膜"；教学实践

一、引言

红色作品指那些以革命斗争、英雄事迹、民族精神为主题，具有积极向上、激励人心等价值的文学作品。红色作品在初中语文教材中占据着重要地位，其重要性体现在多个方面。

首先，红色作品是传承和弘扬民族文化和革命精神的重要载体。《义务教育语文课程标准（2022版）》中，把德育放在了重要位置。而这些教材中的红色作品向学生展示了英勇的事迹和崇高的精神，从而增强学生对祖国的热爱之情，培养学生正确的价值观和道德观，让学生形成健全的人格。

其次，红色作品在提升学生的学科素养，特别是阅读理解能力和审美素养方面具有重要作用。初中教材中的红色作品语言优美、表达深刻，学生可以通过欣赏这些作品，锻炼自身的阅读理解能力，提升语文学科素养。此外，红色作品中展现出来的英雄形象和革命精神，也能够激发学生的审美情感，提升审美素养。同时，红色作品也能拓宽学生视野，增强历史文化意识，通过深入了解中国革命历史文化传统，增强对国家和民族的认同感与归属感。

可以说，初中语文教材中选用适当的红色作品，对于促进青少年的全面发展具有重要意义。然而现阶段在红色作品的教学上，存在着诸多问题。一是教学资源不足问题严重。红色作品数量虽然充足，但作品之间往往是割裂的，导致教学资源并不丰富，无法为学生带来丰富多样的学习体验。二是教学内容的选择上存在一定偏差。一些教师在选择红色作品进行教学时，过于关注作品的表面价值，忽视其背后的深层次含义，无法体会丰富的革命精神和爱国情怀。三是教学方法运用上的问题。在红色作品的教学中，部分教师过于依赖传统的讲授方式，忽略多元教学方法的使用，无法激发学生的学习热情，更无法让他们沉浸式感知作品中的民族大义和家国情怀。因此，探究红色作品的教学实践就显得尤为重要。

二、红色作品在教材中的选编现状

严格意义上讲，我们所提到的红色作品并不是一个具有普遍意义的文学概念，而是在特定语境下产生的具有意识形态内涵的概念。我们可以把红色作品理解为革命作品，指中国共产党领导人民在中共筹备与建立时期、大革命时期、土地革命时期、抗日战争时期、解放战争时期，经过艰苦卓绝的斗争所铸就的新民主主义革命文化相关的作品。这些作品在部编版初中语文六册教材中均有体现，并占据着重要地位，如表1所示。

表1 部编版初中语文教材中红色作品分布

册目	篇目	作者和时代	类别
七上	《纪念白求恩》	毛泽东（1939）	议论文
	《天上的街市》	郭沫若（1921）	诗歌
七下	《邓稼先》	杨振宁（1993）	人物传记
	《说和做——纪闻一多先生言行片段》	臧克家（1980）	人物传记
	《黄河颂》	光未然（1939）	诗歌
	《老山界》	陆定一（1934）	叙事散文
	《谁是最可爱的人》	魏巍（1951）	新闻通讯
	《土地的誓言》	端木蕻良（1941）	抒情散文
	《驿路梨花》	彭荆风（1977）	小说
八上	《消息两则》	毛泽东（1949）	新闻消息
	《一着惊海天》	蔡年迟、蒲海洋（2012）	新闻通讯
	《国行公祭，为佑世界和平》	钟声（2017）	新闻评论
	《回忆我的母亲》	朱德（1941）	叙事散文
	《白杨礼赞》	矛盾（1941）	写景散文
	《人民英雄永垂不朽——瞻仰首都人民英雄纪念碑》	周定舫（1958）	事物说明文
八下	《回延安》	贺敬之（1956）	诗歌
	《灯笼》	吴伯箫（1931）	叙事散文
	《最后一次讲演》	闻一多（1946）	议论文（演讲稿）
九上	《沁园春·雪》	毛泽东（1936）	诗歌
	《周总理，你在哪里》	柯岩（1977）	诗歌
	《我爱这土地》	艾青（1938）	诗歌
	《中国人失掉自信力了吗》	鲁迅（1934）	议论文
九下	《祖国啊，我亲爱的祖国》	舒婷（1979）	诗歌
	《梅岭三章》	陈毅（1936）	诗歌
	《月夜》	沈尹默（1917）	诗歌
	《风雨吟》	芦荻（1941）	诗歌
	《屈原（节选）》	郭沫若（1942）	戏剧

通过表1我们可以发现，部编版初中语文教材所选择的红色作品呈现

出数量均衡、种类多样、主题丰富等特点。每一册均有红色作品分布，有的是整个单元都围绕着红色作品，也有的是单独存在于某个单元，类别上包含散文、诗歌、戏剧、演讲稿、新闻等各种文体。同时从主体上看，既有土地革命时期对光明的追求，也有抗日战争时期的血泪，还有抗美援朝时期的艰苦岁月，以及中华人民共和国成立后的奋斗和坚持，更有新时代的传承和发展。

除了单篇的课文，部编版初中语文教材在名著阅读中也把红色作品放在重要位置上。在八年级上册、八年级下册和九年级上册重点推荐了《红星照耀中国》《钢铁是怎样炼成的》和《艾青诗选》三本名著，并进行了名著导读。除此之外，还在自主阅读版块推荐了《白洋淀纪事》《红岩》《创业史》《长征》《飞向太空港》等名著。这些名著类的红色作品更具有完整性，同时也为课文的学习提供了大量的参考材料。

红色作品在语文教材中数量大、种类多、主题丰富，这也就对红色作品的使用以及教学实践提出了更高的要求。由于红色作品时代的特殊性和久远性，消除与学生的"隔膜"，让学生在学习红色作品中提升学科素养的同时，真正体会到红色作品背后的精神内核是尤为重要的。

三、红色作品教学实践案例分析

调查发现，流程式、传统化的教学思路，教师对红色作品的理解程度，跨媒介的刻板和单一性，加上学生与红色时代的隔膜和疏离，都是造成红色作品教学存在困难的重要原因。《义务教育语文课程标准（2022年版）》指出，设立学科主题学习活动，加强学科间的相互关联，带动课程综合化实施，强化实践性要求，强调语文教学须以语文实践活动为主线进行任务群学习的设计。根据课标要求，大单元教学在红色作品的教学实践中具有天然的优势，不仅可以提升教学的整体性和连贯性，激发学生的学习兴趣，更是提升学生跨学科思维和综合能力的有效方法。例如，在名著阅读《红星照耀中国》的学习中，利用大单元教学是十分有效的。教学案例如下：

《红星照耀中国》整本书阅读教学案例（节选）

一、单元学习目标

1. 了解《红星照耀中国》的制作过程、主要内容、意义及影响，学习阅读纪实作品的方法。

2. 阅读记录中国共产党及红军领袖的文字、阅读记录中国工农红军的章节，了解中国共产党及红军人物的特点，理解中国共产党及中国工农红军为争取民族独立而进行的艰苦卓绝的斗争情况。

3. 阅读《红星照耀中国》记录饥荒与军阀统治的文字，在阅读描写延安、长征等重要章节的内容时，理解中国共产党的追求与理念，概括中国共产党在革命的过程中遇到的困难，梳理克服困难的过程，总结取得的成果，理解红星精神的内涵。

二、单元大概念

纪实文学能够真实地展现历史，蕴含其中的精神可以跨越时代、催人奋进。

三、单元核心问题

为什么斯诺记录的"红星"能照耀中国？

四、单元核心任务

今年正值建党100周年，为了给党献礼，我们在八年级举办一场"红星精神"研讨会，研讨会的主角就是同学们。请同学们以小组为单位，从给出的三个问题中选择一个，作为研讨的主问题，深入阅读《红星照耀中国》，并可通过网上查阅资料，采访周围的同学、老师、家人等方式进行资料补充，资料收集完成后，我们将组织开展红星精神研讨会。研讨会后，我们还将依据同学们的精彩研讨与作品，在学科教室进行红星展。

子任务群	任务介绍	工具/脚手架
子任务一 （1课时）	引导学生了解《红星照耀中国》的写作背景，引导学生领会红星精神的时代意义	补充资料；会议记录表

续表

子任务群	任务介绍	工具/脚手架
子任务二 （1课时）	梳理《红星照耀中国》的采访时间、地点和人物，加深对全书结构和叙事脉络的认识，形成可视化的阅读成果	采访表格；思维导图示意图
子任务三 （2课时）	梳理《红星照耀中国》中的重要人物，明确人物的生平，品味人物的精神品质	人物档案卡片，评价量规
子任务四 （1课时）	关注《红星照耀中国》的细节，鼓励学生精读、细读，加深对书籍的理解	题目清单

【设计理念】

本单元紧紧抓住"红星精神"这一重要人文主题，对纪实文学进行了较为详细的介绍。本单元属于整本书阅读，因此在设计任务时非常注意学生的阅读体验，也希望学生在这一过程中有所得。采取发布会、绘制思维导图、研讨会等形式，让学生在读中思，在思中做，进一步提升学生的读写结合能力，加深对概念的理解，培养迁移运用的能力。

子任务一：斯诺答记者问

【任务时间】

1课时。

【任务内容】

1936年，我国正处于内忧外患的背景下。一方面，日本逐步侵略我国国土，国内暂未形成有效抵抗的统一战线，人民处于水深火热之中。另一方面，国民党对共产党实行严密的新闻封锁，使得外界对共产党产生了许多的疑惑和谣传。此时，有一位新闻记者打破了这种局面，他突破层层封锁，只身前来，准备向世界报道真实的红色中国，这位名叫斯诺的记者在出发前，参加了八年级举办的一场新闻发布会，回答同学们的一些疑问。请同学们以小组为单位，深入阅读《红星照耀中国》，查询相关资料，撰写答记者问发言稿，届时，每个小组选择一名代表上台扮演斯诺，回答其他小组同学扮演的记者们的提问。每个小组要做好会

议记录。

发布会问题
1. 你是什么时候来到中国的？在中国待了多久？
2. 当时中国正处于怎样一种社会背景之下？（国际背景和国内背景）
3. 外界对红军有什么误解？你在采访之前有这样的误解吗？
4. 你为什么要来到延安并写这些报道？
5. 你觉得在采访当中会遇到哪些困难？
6. 你觉得你的采访和将要创作的这部作品可能会带来什么影响？
7. 你的采访将遵守什么原则？你将会用什么方式呈现你的采访内容？

要求：

1. 答记者问时，发言人回答礼貌得体，符合作者身份。

2. 答记者问时，发言人回答有依据，能结合书中内容或史实史料。

3. 答记者问时，发言人表述清晰、有层次，肢体动作和谐自然。

4. 小组分工明确，参与度高，合作默契。

5. 记者会进行时做好会议记录。

发布会名称	
发布会时间	
发布会地点	
参会人员	
记录人员	
会议内容	

【补充材料】

材料一：

埃德加·斯诺（Edgar Snow，1905年7月19日—1972年2月15日）

生于美国密苏里州，美国著名记者，代表作是《红星照耀中国》。他于1928年来华，先后担任欧美几家报社驻华记者、通讯员。1933年4月至1935年6月，斯诺同时兼任北平燕京大学新闻系讲师。1936年6月斯诺访问陕甘宁边区，撰写了大量通讯报道，成为第一个采访红区的西方记者。抗日战争全面爆发后，他又担任《每日先驱报》和美国《星期六晚邮报》驻华战地记者。1942年去中亚和苏联前线采访，就此离开中国。

新中国成立后，他曾三次来华访问，并与毛泽东主席见面。1972年2月15日，斯诺因病在瑞士日内瓦逝世。后人遵照其遗愿，其一部分骨灰葬在中国，地点在北京大学未名湖畔。

材料二：

1937年卢沟桥事变前夕，斯诺完成了《西行漫记》的写作。10月《红星照耀中国》（又名《西行漫记》）在英国伦敦公开出版，该书在中外进步读者中引起极大轰动。1938年2月，中译本又在上海出版，让更多的人看到了中国共产党和红军的真正形象。

为了取得更详尽的第一手人物资料，斯诺夫人海伦·斯诺于1937年4月冲破国民党宪兵、特务的阻挠，经西安、云阳到延安访问，采访了大量八路军战士以及中国共产党高级领导人，写出了《红区内幕》（《续西行漫记》）、《中共杂记》等书。

以子任务一为例，它包含了资源、目标、内容、实施和评价等各个层面，既为学生提供了阅读的工具，也针对学生的阅读情况进行评价，从而实现教学目标。相较于传统教学模式，大单元的教学优势主要有以下几个方面：

一是情境驱动，让任务不再是知识的讲授和练习，而是更具探索性和挑战性，教学活动也更加丰富多样，有利于增进学生的学习兴趣。

二是转换学习视角，以本单元设计为例，子任务一中的"斯诺答记者问"环节实际上是让学生从读者视角转到作者视角，从源头上加深学生对名著内容的理解。

三是细化教学评价，有助于真正实现"教学评一体化"。每个子任务都有对应的量规，这些量规不仅可以收集数据、评价学习效果，其本身也

构成了一套比较完整的评价单元的评价系统，如图1所示。这个系统不仅可以获得数据并进行及时分析，也帮助我们及时进行教学调整，甚至学生可以依据量规进行自我评价，让评价主体更加多元。

图1 单元评价体系

四、结语

部编版语文教材中，红色作品数量的增加体现了国家意志以及对文化自信的要求。加强红色作品教学研究是十分有必要。红色作品教学面临的问题可以从三个方面梳理：一是作品本身的所处的时代特殊且久远，与学生之间存在着天然的"隔膜"；二是学生阅读重点难以把握，阅读思路不够清晰；三是教师对红色作品不够熟悉，难以从整体把握红色作品教学方向。因此，教师应为学生提供更多的链接材料和跨学科课程，拉进学生与红色作品的距离，与此同时，提供相应的阅读工具和方法，让学生抓住红色作品重点，深入理解作品的精神内涵。当然，最重要的是教师需要深入研读红色作品，在教学实践中不断调整和创新，不断优化教学设计，让学生在红色作品的学习中提升素养、领会精神。

参 考 文 献

[1] 李庆功."中国革命传统作品研习"任务群教学的困境与突破[J].中学语文，2023（26）：94-96.

[2] 逯慧.语文学科革命文化的精准界定及其现实意义[J].中学语文，2023（13）：58-62.

[3] 孙祎曼.部编本初中语文革命传统作品选编与教学研究[D].苏州：苏州大学，2023.

[4] 中华人民共和国教育部.义务教育语文课程标准（2022年版）[S].北京：人民教育出版社，2022.

红色文化在初中生物教学中的传承与实践

北京一〇一中学　李荣娟

摘　要：本文旨在探讨如何在初中生物教学中深入贯彻落实党的教育方针，弘扬红色文化，传承红色基因。首先分析了红色文化在教育中的重要性和初中生物教学的特点，接着提出了在初中生物教学中融入红色文化的具体措施，包括课堂教学内容的创新、教学方法的改革以及实践教学的拓展等。通过实施这些措施，不仅能够增强学生的生物学科素养，还能有效培养学生的爱国情怀和红色精神。本文还总结了实施过程中的经验与教训，并展望了未来的研究方向。

关键词：红色基因；初中生物教学；红色文化；教学方法；实践教学

一、引言

在当代中国教育的广阔天地中，红色基因的传承与实践被赋予了特殊的意义。红色基因作为中国共产党领导人民在革命、建设和改革过程中形成的宝贵精神财富，不仅承载着党的光辉历程和优良传统，更是新时代青少年成长道路上不可或缺的精神滋养。初中生物教学作为中学阶段的重要课程之一，其教学内容和方法直接关系到学生的学科素养和综合素质的培养。因此，如何在初中生物教学中有效传承红色基因，弘扬红色文化，成为当前教育领域亟待研究的问题。

本文旨在探讨红色基因在初中生物教学中的传承与实践。通过对红色基因内涵的深入挖掘，结合初中生物教学的特点与要求，分析红色基因在生物教学中的重要性和价值。

同时，结合具体的教学案例，探讨红色基因在初中生物教学中的有效传承策略与实践方法，旨在通过创新教学方法和内容，提升学生的生物学科素养，同时，培养学生的爱国情怀和红色精神。

二、课堂教学内容的创新

红色基因是中国共产党从革命战争中孕育形成的，并在不同的历史时期升华为不同的时代精神。新时代的红色基因是多元化的，既包含了战争年代的革命精神，也融入了和平年代在中国共产党领导下建设社会主义幸福生活的时代精神。红色基因内涵根植于共产党人的血脉之中，熔铸于中国革命、建设、改革的伟大实践之中，是中国共产党人永葆本色的精神支柱。红色基因是我党近百年以来宝贵的精神财富，传承和发扬红色基因是培养时代新人、实现民族复兴大任的核心要素。

将红色文化与生物学科知识相结合，设计专题课程，让学生在学习生物知识的同时，了解革命历史，感受红色精神，使以红色为基调的生物课程形式更加丰富多样。

一方面，充分营造红色文化环境，构建具有鲜明特色的红色文化氛围，能够进一步将红色资源融入初中生物教学。一是通过壁报宣传栏、电子显示屏、班级黑板报、微信公众号等方式，开展以"红色生物史话——生命长廊""生物科学与革命斗争——适应与进化"等为主题的多种形式的宣传活动，将红色文化、爱国主义精神入眼入心。二是借助生物史的红色故事，例如，在红色文化熏陶下成长起来的著名育种专家袁隆平，终生为改变中国人的温饱问题而默默奉献、不求回报的红色精神，让同学们感受到，正是因为前人传承红色精神，后人才得以享受安逸快乐的日子，从而为学生的发展成长指明努力的方向。学生在生物课上不仅学习到了生物学概念，更是让课堂得到升华，让知识得以延伸。

另一方面，在学校开展红色文化教育活动，主要以课堂教学为基础。教师可根据学科的教学目标和教学内容，把红色文化融入其中。例如，"生物技术的安全性和伦理性问题"中的"禁止生物武器"以及"生物科学与农业"中的"动物疫病的控制"，内容都与灾疫有关。在这两部分内容的教学过程中，教师在上课之前可以先播放抗日战争中的部分视频，如丧心病狂的"731"部队人体实验相关视频，用视频激发学生的爱国热情，使其专注课堂。然后教师要向学生阐述，生物武器、鼠疫等在战争中给我国带来了巨大伤害，让学生牢记历史，报效国家。再通过提问"你们知道生物武器是怎么产生的吗？鼠疫又存在什么危害"引出教学内容。生物课程融入红色文化，应与现实生活联系，融合历史背景和时代精神，结合传统教学手段和多媒体资源，从而获得良好的教学效果。

三、拓展生物实践领域

红色生物教学，旨在弘扬红色文化，传承红色基因，并将其融入生物教学，从而培养学生的爱国情怀和社会责任感。

为了不断创新和完善红色生物教学内容，学校应组织学生开展生物实践活动，如参观红色教育基地、进行生物多样性调查等，让学生在实践中感受红色文化魅力，增强他们的社会责任感和使命感。

选取具有代表性的红色生物案例，如生物技术在农业生产中的应用、生物科学在生态环境保护中的作用等，结合这些实际案例进行教学，帮助学生更好地理解生物学的实际应用价值和社会意义。

增加实践教学内容，如组织学生实地考察、实验操作、社会调查等，让学生亲身感受红色生物魅力。通过实践教学，不仅可以增强学生的实践能力，还能培养他们的团队协作与创新能力。

四、深化生物教学的深度

初中生物教学是培养学生科学素养和生命观念的关键途径，对学生形成健全人格至关重要。在教学中，不仅要注重知识传授与技能培养，更要关注学生的情感态度和价值观的塑造。特别是在当前时代背景下，传承红色基因显得尤为重要。

1. 传授生物学基础知识

初中生物教学，要让学生掌握细胞、遗传、生态等基本概念和原理，为后续的学习打下坚实基础。同时要弘扬红色基因，从生物学角度，介绍我国生物科学的发展历程和杰出贡献，使学生更加深入地理解红色基因的内涵和价值，增强民族自豪感和文化自信心。

2. 培养生物实验教学技能

实验教学活动，可以培养学生的观察、分析、归纳和实验操作能力，使他们初步掌握科学研究的基本方法。同时，要注重培养学生创新能力，鼓励学生参与科学探究，为我国生物科学发展培养后备人才。

3. 生物教学要培养学生对生命的敬畏和热爱

通过教学，引导学生认识生命的奇妙和珍贵，培养他们热爱生命、尊重生命的情感态度。

4. 培养学生的社会责任感和使命感

强调生物学知识与社会的紧密联系，引导学生关注社会热点，培养他们的社会责任感和使命感。

5. 生物学是一门自然科学，要注重科学方法教育

生物学的教学，让学生掌握科学研究的基本方法，培养他们的科学思维能力和解决问题的能力。注重培养科学精神，强调实事求是、探索创新等科学精神，使学生具备独立思考、勇于探索的良好品质。

五、红色基因与初中生物教学内容的契合点

在初中生物教学中，红色基因的传承与弘扬，不仅与学科知识紧密相连，而且与日常教学内容高度契合。

1. 基因遗传与红色精神

讲述基因遗传，可以结合我国革命先烈的英勇事迹，强调红色精神是如何一代代传承的。这种契合点既能够帮助学生深刻理解基因遗传原理，又能感受到红色精神的伟大力量。

2. 生物进化与革命历程

探讨生物进化，可以将生物进化理论与中国革命历程相结合。例如，以生物进化的过程来比喻中国革命的发展阶段，使学生在掌握生物进化理论的同时，也对我国革命历程有更深刻的认识。

3. 生物多样性与红色文化

介绍生物多样性，可以引入红色文化的元素。例如，不同地区的红色文化就像生物多样性一样丰富多彩，每一种文化都有其独特的价值和意义。这样的契合点既能够丰富教学内容，又能够加深学生对红色文化的理解。

4. 生物实验与红色实践

在生物实验教学中，可以借鉴红色实践精神。例如，强调实验操作的严谨性、团队合作的重要性以及面对困难的坚韧不拔等品质。

5. 生物伦理与红色道德

讲述生物伦理时，可以结合红色道德。例如，强调个人与集体的关系、社会的责任感以及为人民服务的精神等，这些都是红色道德和生物伦理所共同倡导的。

6. 生物健康与红色体魄

介绍生物健康知识时，可以强调强健体魄的重要性。例如，通过讲述革命先烈的艰苦斗争和顽强拼搏，引导学生理解健康的身体是实现理想和目标的基础。

7. 生物保护与红色传统

在生物保护的教学中，可融入红色传统元素。例如，强调生态环境保护和珍惜自然资源的重要性，这与红色传统中的勤俭节约、保护家园的理念是一致的。

8. 生物技术与红色创新

在介绍生物技术时，可以突出红色创新精神。例如，通过讲解我国生物技术领域的创新成果和突破，激发学生的创新精神和求知欲。

红色基因与初中生物教学内容紧密契合。深挖这些契合点并融入日常教学中，不仅能够提高学生的学习兴趣和效果，还有助于传承和弘扬红色基因，培养具有红色精神的新一代青少年。

六、红色基因传承与实践的挑战与对策

红色基因的传承与实践对于弘扬爱国主义精神、培养时代新人意义重大。然而在当下，红色基因的传承还面临着诸多挑战，需采取一系列对策。

1. 面临的挑战

一是传承意识淡化：随着时代的变迁，部分人对红色基因的意识逐渐淡化，缺乏对红色历史的深入了解和认识。

二是教育资源不足：在红色基因传承中，教育资源的不足成为一大制约因素，如教材、师资、实践基地等资源的不足。

三是多元化价值观冲击：全球化、网络化的发展使得各种思潮交织，给红色基因传承带来一定冲击。

四是社会环境变迁：社会经济结构的调整、城市化进程等导致社会环境变迁，对红色基因传承的土壤产生了一定的影响。

2. 应对策略

一是强化宣传教育：通过媒体、课堂、文化活动等多种途径，加强红色基因的宣传教育，提高公众的认知度和认同感。

二是整合教育资源：充分利用现有资源，采取教学教育实践基地建设等措施，为红色基因传承提供有力支持。

三是弘扬核心价值观：坚持以社会主义核心价值观为引领，将红色基

因与核心价值观相结合，赋予其新的时代内涵。

四是创新传承方式：结合现代科技手段，如数字化、网络化等，创新红色基因传承方式，使其更加贴近时代、贴近生活。

红色基因传承与实践是一项长期而艰巨的任务。面对挑战，我们需要坚定信心，采取切实有效的对策，推动红色基因的传承与创新，为培养具有爱国主义精神的新时代青年贡献力量。

参考文献

[1] 刘克静. 红色基因融入初中历史教学的途径研究 [J]. 中国报业, 2021 (4): 112-113.

[2] 朱红云. 红色教育在初中历史教学中的渗透 [J]. 文理导航（上旬）, 2020 (10): 57+73.

[3] 黄庆华. 红色文化资源在初中历史教学中的开发和运用初探 [J]. 初中教学参考, 2020 (1): 78-79.

走好红色育人路——小学数学教学中渗透红色文化的研究

方山县城内小学　李晶晶

摘　要：教育的根本任务是落实"立德树人"。在落实立德树人这一根本任务的过程中，红色文化作为形式独特、内容极其丰富的文化资源，成为一个合适的切入点。红色文化渗透在小学教学中，能够培养学生良好的道德修养，健全学生的人格。在数学教学中，我们如何在要求学生掌握知识技能、发展智力和能力的同时，结合数学学科特点对学生进行有效的红色教育呢？本文旨在探讨在小学数学教学中融入红色文化的实践与效果，包括三方面内容：一是薪火相传的理念，引导我们在小学数学教学中传承红色文化，以培养学生的家国情怀；二是文化拓新，深入挖掘小学数学中的红色元素，激发学生创新力；三是教学改革，在数学课堂中巧妙渗透红色文化，以提升学生的综合素养。研究发现，融入红色文化，不仅提高了学生对数学学科的兴趣与参与度，而且通过创新的教学手段，取得了积极的效果。本文可以为小学数学教学提供新的思路和实践经验，为培养更具创新力和家国情怀的学生提供有益借鉴。

关键词：红色文化；数学教学；小学；渗透路径；教学方法创新

一、引言

随着社会的不断发展和教育理念的不断演变，教学内容和方法也在不断地丰富和创新。小学数学教育作为培养学生基本数学能力的重要环节，其教学内容不仅仅关乎学科知识的传授，更承载着培养学生综合素养和社会责任感的重要任务。在这一背景下，如何通过教学内容的设计和教学方法的创新，引导学生形成正确的价值观和家国情怀，成为教育领域亟待解决的问题之一。

红色文化，作为中国特有的文化符号，承载着丰富的历史和文化内涵。将红色文化融入小学数学教学，不仅能够激发学生的爱国情怀，更有助于培养其积极向上的品质和责任担当。本文将从渗透路径、教学方法创新、跨学科整合等多个角度展开论述，希望为小学数学教学的红色文化融入提供有益的理论和实践参考。

二、薪火相传，在小学数学教学中传承红色文化

随着教育的不断发展和进步，我们越来越认识到，教育不仅仅是知识的传授，更是文化的传承和价值观的塑造。红色文化作为中国先进文化的重要组成部分，其传承具有重要意义。特别是在小学数学教学中，通过巧妙地融入红色文化，我们能够实现教育更深层次的目标，即培养学生的爱国情怀、社会责任感和全面发展的素质。

在小学数学教学中传承红色文化，是对家国情怀的弘扬和深化。红色文化承载着中国人民的英勇奋斗，这些精神财富是新时代学生应当继承和发扬的。在数学教学中融入红色文化，有助于提升数学教学的生动性和实际意义，实现跨学科整合，达成全面发展的教育目标。同时，能提高学生的个体素质，培养他们的社会责任感和爱国情怀，助力他们成为具有高尚品质的新时代公民。

总之，在小学数学教学中传承红色文化具有深远的意义，这不仅是对

红色文化的尊重和保护，更是对学生全面发展和社会责任培养的积极探索。因此，我们应当在小学数学教学中融入红色文化元素，使教育更加富有内涵和价值。

三、文化拓新，挖掘小学数学中的红色素材

红色文化起源于中国共产党的革命历程，是中国革命斗争和建设历史的重要组成部分。红色文化核心内容涵盖了革命英雄事迹、革命历史、社会主义思想等多个方面。红色文化是中国特有的文化符号，对于塑造国家认同感、民族自豪感具有重要作用。它在教育领域的应用能够激发学生的爱国情感、集体主义精神，并培养学生对社会主义核心价值观的认同。

小学数学教学旨在培养学生的数学素养、逻辑思维能力和解决问题的能力。除了传授基本的数学知识和技能，更重要的是培养学生的数学思维方式，使其具备运用数学知识解决实际问题的能力。

红色文化和小学数学教学这两者的有机结合，可以通过挖掘小学数学中的红色素材来实现。

1. 重视教材，挖掘数据

数学是一门科学，科学的数据是确凿的，它形象、直观，最有说服力和感染力。我们可以充分利用教材中的确凿数据作为红色教育的渗透点。如在教学数的读法中，书上有这样一组数据：1999 年，我国钢产量为 124 260 000 吨。我先让学生读出这组数据，然后又出示了以下几组数据：我国 1949 年钢产量只有 160 000 吨，居世界第 26 位。1996 年产钢 101 240 000 吨，居世界第一位；2003 年又突破 2 亿吨，达到 222 330 000 吨，是全球钢产量唯一超过 2 亿吨的国家。通过数据对比，学生既巩固了知识，又充分感受到我们祖国的发展变化和日益繁荣昌盛，增强了学生的爱国情感。

2. 从数学史中去领会渗透

我国有悠久的数学历史和辉煌成就，这是对学生进行红色教育的优质教材。如在教授五年级下册教材"圆"的内容时，我适时向学生介绍，祖冲之是我国伟大的数学家和天文学家，他在约 1 500 年前就将圆周率精确计算到

3.141 592 6 和 3.141 592 7 之间，成为世界上首位把圆周率值精确到 7 位小数的人。他的辉煌成就比欧洲至少要早 1 000 年。又如在教学"计算器"时，我适时地向学生介绍，算盘被誉作中国贡献于世界的第五大发明，约在明代初年，算盘逐渐流行，到 15 世纪中叶已经广泛使用。由于珠算口诀便于记忆，运算方便，不仅在我国普遍应用，也陆续传播到日本、朝鲜、印度、美国、东南亚等国家，受到广泛欢迎。通过这些数学史的介绍，增强了学生的自尊心和民族自信心，激发了学生的爱国之情。

3. 利用数学情境根植红色文化

以四年级上册"卫星运行时间"这一课为例，教材提供了我国发射第一颗人造卫星的素材。我结合国情，补充介绍"天宫一号""中国探月工程"等内容，让学生感受到我们国家的科技进步之快，增强学生的民族自信。在学生为国家的科学技术发展而欢呼的时候，我问学生："这些成就的取得，都是一帆风顺的吗？"让学生认识到，中国人民经过无数次的失败，一代又一代人的努力乃至生命，才获得这样的成绩。在此基础上，我在课堂上展示我国在军事、医疗、经济等各个方面与西方发达国家的现实状况，并进行分析和比较。只有这样，学生才能意识到，要使自己的国家立足于世界，还需要他们的继续努力。

红色文化的基本理论构建了中国独特的文化传承，而小学数学教学理论则以培养学生的数学素养和思维能力为核心，将这两者结合，可以为学生提供更丰富、更具有国家特色和文化认同感的数学学习体验，同时也有助于培养学生的综合素质和爱国情怀。

四、教学改革，在数学教学中渗透红色文化

1. 课程内容的融合

在数学课程中融入红色文化元素的关键在于深入挖掘数学与时代故事的交汇点，并精准选择红色文化元素。可以通过将时代故事引入数学问题，让学生通过解决问题了解时代故事。

例如，通过探讨社会民生问题，培养学生的家国情怀。每一个公民都应该热爱自己的国家，也都有义务关心国家大事及社会民生，因此小学生当然应该关心社会民生问题，这不仅能培养他们的爱国之心，还能培养他们的家国情怀。

如，民以食为天，食以粮为源。对于国家来说，粮食富足是关乎国计民生的大事；对于世界来说，粮食富足是实现和谐世界的保证。在学习"折线统计图"这一课，我通过数据，让学生见证了中国稻谷近年来的增长历程，这与世界杂交水稻之父袁隆平院士的付出密不可分。通过微视频，直观地让学生感受到袁爷爷的爱国、科研以及奉献精神。学生无不动容，再一次缅怀袁爷爷——水稻之"魂"，感谢他为中国水稻作出的贡献

再如，新冠病毒疫情成为全国重点关注事件，在四年级上册"认识更大的数"这一课，我把握当下的社会民生热点，以新冠病毒疫情为切入点，通过认识计数单位、数位顺序表等，学习比"亿"大的数。通过数据之大，感受病毒之可怕，哪有什么岁月静好，只是有人替你负重前行，使学生在认识大数的同时感恩最美逆行者，珍惜当下美好生活。

可见，一个又一个合乎学生年龄特点的教学活动，深深激发了学生学习的热情，还能对社会的民生问题进行探讨，感受学习数学的现实价值，感受中国共产党始终把人民的利益放在首位，全国人民上下一心。学生在学习中自然而然就会建立制度自信，数学课也就达到了培养家国情怀的育人目标。

2. 情景式教学设计

在教材的编排中，确保红色文化元素与数学知识的融合是至关重要的，这要求巧妙地将两者融为一体，既保持数学知识的传递，又能激发学生对学科的浓厚兴趣。为了实现这一目标，我们可以采用情景式的教学设计，设置一个大情景，将数学知识巧妙嵌入红色文化元素中，通过编排故事化的数学题目，将历史背景自然融入题目情境中。

例如，在数学习题中进行红色文化的传承。"1927年10月，毛泽东率领的秋收起义部队向井冈山进发，在进军的过程中在一块'雷打石'上宣

布了三项纪律，这块雷打石长约 30 分米，宽约 20 分米，雷打石的面积是多少呢？"在此习题中，教师可以简单介绍名字的来历和三项纪律的情况，引导学生明确三项纪律，让学生认识到行动听指挥的纪律是要求学生在学校里遵守校纪校规，打土豪筹款子要交公的纪律是要求学生具有班集体的意识，不拿老百姓一个红薯的纪律是要求学生捡到别人东西应归还等，促使红色基因在不知不觉中得到传承。

再如，在教学"年、月、日"时，可以依据学生的年龄特征让学生了解一些重大的节日，了解近代以来中华民族的深重灾难和中国人民的英勇斗争。如创设情境让学生了解国庆节、建军节、共产党的生日、南京大屠杀死难者国家公祭日都在几月几日，或者设计如下题目："黄洋界哨口在 1928 年修建，1929 年失守，1961 年成为全国首批重点文物保护单位，黄洋界哨口从修建到成为保护单位中间间隔了（　　）年，从失守到成为保护单位隔了（　　）年，从修建到失守隔了（　　）年。"在题目讲解时，可以简单介绍井冈山斗争时期黄洋界哨口的历史故事和黄洋界保卫战等方面的情况，从修建到失守隔了仅仅一年不免让人觉得惋惜，学生可以感受到黄洋界哨口失守对红军来说造成了巨大损失，但是红军并没有气馁，而是在困难面前绝不低头，终究取得了黄洋界保卫战的胜利。教师可以引导学生在失败面前不怕失败、永不放弃，促使红色基因在潜移默化中得到了传承，既让学生能够学习年月日的知识，也能够记住这些有纪念意义的日子，进行了爱国主义教育和民族精神的教育。

通过巧妙的情景编排，学生能够在解决实际问题的过程中，自然地学到数学知识。这样的情景化设计不仅有助于提高学生对数学的兴趣，还能引发他们对历史和红色文化的思考，实现跨学科的综合性学习。这种综合性的设计有助于培养学生全面发展的素养，使他们在数学学科中获得更为深刻和丰富的学习体验。

3. 教学方法的创新

创新教学方法，能够激发学生主动探索和学习的热情。在教学中要关注历史情境下的数学问题，设计问题情境，这种问题情境能激发学生的求知欲和解决问题的兴趣。

例如，在璀璨的中华文明里，算盘于 2013 年 12 月 4 日被正式列入人类非物质文化遗产代表作名录，被誉为中国的第五大发明。"从结绳计数说起"这一课，是了解古人计数的发展史，我首先以谜语的形式引出算盘，应用算盘教学生拨数、识数、读数、写数。最后与学生分享我国古代历史的计数发展到算盘出现的过程，体现我国劳动人民的聪慧，作为中国人我们应该保护和传承这一伟大瑰宝！

又如，在学完长方体、圆柱和圆锥的体积后，我带着学生回顾历史，感受中国数学家们从古至今都在影响着世界，体现出中华民族卓越的智慧和创造力。在《九章算术中体积的计算公式》，我们感受到古人的数学智慧：早在 2 100 多年前，古人就已经把长方体、圆柱和圆锥的体积公式总结出来了。通过古今对比，让学生体会到中国古人和近代人对数学的巨大贡献。最后以"科学没有国界，科学家有祖国"结束教学。

4. 红色文化活动与实践

红色文化的传承不应局限于课堂之中，还应积极与课外实践活动有机结合，可通过开展一些数学实践活动和主题活动进行红色教育。

（1）开展红色文化数学知识活动。如开展红色数学文化知识竞赛，运用数学知识、数学符号、数学语言讲述红色文化故事，学习革命英雄的奋斗精神、总结现代改革成果，积极营造红色文化的学习氛围，将红色文化理念更好地植入每一位学生的心中，培养学生的爱国情感和优秀品质，引导学生走向正确的人生道路，实现自己的人生价值。

（2）开展红色教育数学课外拓展活动。如开展"重走长征路"的素质拓展（开展徒步参观李来平红色文化庭院、坐公交车去参观于成龙故居等研学活动），开展红色运动会，并在活动中渗透数学知识，引导学生发现实践活动中蕴含的数学知识，寓教于乐中彰显红色文化精神。精心设计和组织开展形式新颖、吸引力强、丰富多彩的"数学实践活动"，既能学习

数学知识，也能够培养学生的远大理想，进行革命再教育，从而播撒红色种子，培育他们爱党、爱国、崇尚英雄的品格，将红色传统、红色记忆、红色基因深深种在每个学生的心田。

（3）开展学习性的实践活动。学习性的实践体验是一种注重与实践结合、与实际经历结合，并从中获得认识或知识，形成一定行为品质和态度的学习性活动。

例如，在五年级的"家庭开支统计"活动中，我提前两天布置学生课前调查收集最近一个月家庭的收入及各项开支情况，并以统计图的形式绘制。学生课前调查收集材料，课堂上相互交流设计方案，解决数学问题。学生通过对家庭的收入的统计，了解了自己家的收入及家长挣钱的不容易。通过数学学习与生活实践相结合，学生感觉到了数学知识的价值所在，从而增强学好数学的信心，学会用数学的眼光去看周围的事物，想身边的事情，拓展数学学习的领域。

其实，小学数学课本蕴含着许多的思想教育素材，因此，数学教师要将丰富的教学资源，加以有效、正确地应用。在课前必须认真挖掘教材的人文性、科学性、道德化，精心设计课堂教学方案，让红色教育和数学学科知识自然的结合。除此之外，还要积极搞好"转化"教育。

例如，在教学"统计表和条形统计图"一课时，可以先让学生了解"统计"一词的概念，之后为他们播放长征路上革命战士冒着艰险、勇往直前的场景。然后向学生提出问题：长征路上有这么多战士，各个年龄段大概有多少人呢？哪个年龄段占比最大呢？占比最大的比占比最少的多了多少人呢？这些问题的提出，能够让学生深入探究长征背后战士们的艰苦，深刻体会他们的坚持不懈精神。而且，在这一过程之中，学生对于"统计表与统计图"的相关概念也有了很深刻的理解，双管齐下，有助于数学思维与文化学习的双重学习。

总之，在教学中教师应厚植数学文化，致力于将红色教育融入课堂，为学生创造有趣、有灵魂、有韵味的数学课，让他们感受到数学之美，全方位地培养具有社会主义核心价值观的人才。

五、总结与展望

本文从"薪火相传,在小学数学教学中传承红色文化;文化拓新,挖掘小学数学中的红色素材;教学改革,在数学教学中渗透红色文化"三个方面,对小学数学教学中渗透"红色文化"进行了深入探究分析。

红色文化是我国社会主义先进文明的内核,是中华民族团结与新时代社会主义建设的力量之源。在小学阶段,继承与传扬红色文化,是文化教育事业中不可缺少的内容。所以,作为小学数学教师,应将红色文化与数学教学的联系根植于心,培养学生的爱国主义思想,促使学生形成正确的世界观、价值观和人生观,提高学生应用数学知识解决问题的能力,提升数学素养。

参 考 文 献

[1] 刘晓萃,陈艳.融入红色文化的小学数学命题案例研究[J].辽宁教育,2023(21):17-20.

[2] 吕振华.基于地方红色资源开展小学数学主题式学习[J].辽宁教育,2023(21):21-24.

[3] 代钦.小学数学教育的红色记忆:以陕甘宁革命根据地版画为例[J].小学教学(数学版),2023(9):78-79.

[4] 刘学活.优化小学数学课堂作业设计与实施的探索[C]//广东省教师继续教育学会.广东省教师继续教育学会《教育与创新融合》研讨会论文集(三).2023:5.

[5] 寇随心.小学数学课堂中问题导学教学的路径分析[J].成才,2023(1):72-73.

[6] 陈春梅,王圣玮.基于数学思维的小学地方红色研学旅行课程设计研究:以泉州惠安革命历史纪念馆为例[J].黑龙江教师发展学院学报,2022,41(11):95-98.

［7］赵樱．让"德育之花"在小学数学课堂上"绽放"［J］．知识文库，2022（21）：37-39．

［8］杨颖．数学实验在小学数学教学中的应用研究［J］．智力，2022（29）：104-107．

［9］伊晓美．小学数学教科书中结构不良问题教学研究［D］．济南：山东师范大学，2022．

［10］朱曙光．数说长征：传承红色基因的小学数学项目化学习［J］．小学教学参考，2022（2）：5-8．

红色育人与小学数学教育教学相融合的探索与实践

北京理工大学附属小学　刘　铭

摘　要：本文探讨了红色育人与小学数学教育的融合，强调了红色育人在培养学生全面发展中的重要性与必要性；提出了红色育人在数学教学中的实践方法，结合小学数学教材内容给出了融合的具体场景；指出了红色育人与数学融合面临的挑战与对策，为红色育人与小学数学教育教学融合的探索与实践提供参考。

关键词：红色育人；教学创新；小学数学；教学融合

一、引言

红色文化作为中华民族宝贵的精神财富，承载着革命先辈的崇高理想，是激励后人不断前进的强大精神动力。在新时代背景下，教育系统承载着传承红色基因、培养社会主义建设者和接班人的重要使命。特别是在小学阶段，将红色育人与数学教育教学相融合，不仅是一项挑战，更是一种责任与机遇。

二、红色育人对学生成长的重要性

革命先烈的英勇事迹，是培养学生民族自豪感和爱国主义精神的重要

源泉。在红色文化教育中,学生学会了坚韧不拔和勇于担当,这些都是他们面对困难和挑战时勇往直前的内在保障。

学生在深入了解国家历史和文化的过程中,增强对中国特色社会主义道路的自信和文化自信。红色育人通过道德典范和行为规范的示范作用,帮助学生形成良好的道德品质和社会责任感。鼓励学生发扬艰苦奋斗精神,以革命历史中的创新实践作为学习素材,激发学生在学习和生活中勇于创新和实践。法治意识的培养也是红色育人的目标之一,让学生通过学习革命历史中的法治实践,增强学生的法治意识,使他们理解法律的重要性。

红色育人的最终目的是帮助学生树立远大理想和坚定信念,指导他们规划人生目标和职业发展,培养他们成为有理想、有道德、有文化、有纪律的社会主义建设者和接班人。红色育人塑造着学生的品格和价值观,为他们的全面发展奠定思想基础。

三、红色育人与数学教学相融合的必要性

(一)爱国主义与价值观塑造

通过学习革命先辈的英勇事迹和崇高精神,学生能够深刻理解国家的发展历程,感受民族的自豪和自信,激发爱国情感,从而将崇高的价值理念内化为行动准则。革命先辈们为了理想和信念前赴后继的大无畏精神,对学生形成积极向上的人生态度,激发为实现中华民族伟大复兴的中国梦而努力奋斗具有重要意义。

(二)综合素质教育与道德教育

红色育人与数学教学相结合,形成了一种强有力的教育模式,旨在提高学生的综合素养和道德品质。通过将红色文化中的道德教育资源融入数学教学,学生在掌握数学知识和思维方法的同时,也在解决问题的过程中培养了道德规范和行为准则。这种融合教育模式可以培养学生的批判性思

维和社会责任感，为学生在知识、情感、态度和价值观等多个维度的全面发展提供了支持。

（三）教育改革与社会适应

在全球化和信息化的大背景下，学生需要具备适应社会快速变革的综合素质。红色育人的历史视角和道德熏陶，结合数学教学的逻辑训练和问题解决技能，能够共同提升学生分析问题和解决问题的能力。此外，这种教育模式鼓励学生将个人学习与国家发展和社会进步紧密联系起来，从而培养出既有专业素养又深谙社会责任的人才。通过参与红色文化学习，学生可以更好地理解数学思想方法在解决现实社会问题中的应用，这种理解可以帮助他们作出更合理的职业生涯规划，并适应社会的快速变革。

（四）红色育人促进教学创新

1. 整合教学资源

将红色文化融入数学问题，让学生在解决问题的同时了解国家历史。创设以红色历史为背景的教学情境，激发学生兴趣，让学生体验数学在历史事件中的作用。讲述数学家与国家发展相关的故事，激发学生爱国情怀，同时，凸显数学知识的社会价值。

2. 学习方式多样化

在数学教学中，通过设置与红色历史相关的内容来实施项目式学习或实践型活动。如设计一个关于革命根据地物资分配的数学模型，让学生通过收集数据、建立数学模型、解决实际问题的过程，深入理解数学知识的应用价值；通过组织学生参观革命历史博物馆，让学生直观地了解历史，促使学生思考如何将数学知识应用于历史研究和社会实践中，从而增强他们的社会责任感和历史使命感。

3. 跨学科融合

跨学科学习，可以使学生更全面地理解红色文化，认识到数学不仅是科学的语言，也是理解社会和文化的重要工具。在研究历史事件时，学生

可以运用数学知识进行数据分析,探索历史发展的规律;在文学创作中,数学的比例、对称等概念可以帮助学生更好地理解和欣赏文学作品的结构美。跨学科融合不仅能够深化学生对红色文化的理解,还能够培养他们的综合思维能力和创新能力。

4. 现代教育技术的运用

人工智能、多媒体、互联网等现代教育手段为红色育人提供了新的途径。运用这些技术,教师可以设计更加生动、直观的教学活动,提高教学的趣味性和吸引力。利用多媒体技术展示历史事件的模拟场景,让学生在视觉和听觉上获得直观感受;使用互联网资源,让学生在线访问红色育人基地,进行虚拟实地考察;运用人工智能技术,为学生提供个性化学习建议和辅导。这些技术的应用不仅能够提高教学效率,还能使红色育人理念更加深入人心。

5. 评价体系的建立与完善

建立一个全面的评价体系对于红色育人的实施至关重要。评价体系不仅可以评价学生的数学素养,还能评价他们的情感态度、价值观和社会实践能力。这样,教师可以更准确地了解学生的学习进展和个性特点,从而提供更有针对性的教学指导。同时,评价体系也能够帮助学生自我反思,促进自身全面发展。

6. 教师的专业成长

教师应当不断学习红色文化知识,提升自己的教学能力和素养,包括对红色历史事件的深入了解,对红色文化精神的准确把握,以及将这些知识融入数学教学的创新方法。教师应当具备反思和自我评估的能力,不断改进教学方法,提高教学效果。通过专业成长,教师可以更好地引导学生,使红色育人理念在数学教学中发挥更大的作用。

四、红色育人理念在数学教学中的实践

(一)红色育人理念在小学数学教学中的应用

红色育人理念的渗透可以结合教材的不同领域进行。下面是教学中可

以与红色育人理念深度结合的部分场景。

1. 确定位置

在北师大版小学数学教材中,有关"确定位置"的系列课,着重培养学生的空间观念。教师可以将红色历史事件的发生地融入数学问题,结合红色育人基地的布局,设计寻宝游戏等活动,让学生在实践中培养空间观念,增强对红色文化的认知。引导学生思考"确定位置"在现代社会的重要性,及其在国家发展和科技进步中的作用,激发爱国情感和责任感。

2. 数据表示和分析

在教授"数据表示和分析"一课时,学生可以绘制反映我国重要历史时刻或英雄事迹的统计图。在实践活动中,学生收集与红色历史相关的数据,如革命根据地的人口增长、重要战役的物资供应量等,然后利用条形统计图或折线统计图来展示这些数据的变化和趋势。学生在分析数据的过程中,可以更深刻地感受到革命先辈们的无私奉献和吃苦耐劳精神,从而激发他们的爱国情感和社会责任感。比较不同历史时期的数据,学生能够理解到国家的发展和人民生活水平的提高,这些都是中国共产党领导下的建设成果。可以引导学生讨论如何利用统计图表来制定合理决策,如在革命战争年代如何根据统计数据优化物资分配,在和平建设时期如何根据人口统计规划社会资源等。这样的讨论有助于学生认识到数据分析在解决实际问题中的重要性,同时也培养了他们的逻辑思维和决策能力。将红色育人理念融入数据的表示和分析课程,不仅丰富了统计部分的教学内容,也使学生接受了爱国主义教育,增强了他们的社会责任感和历史使命感。

3. 图形的运动

在教授"图形的运动"一课时,教师可以设计一系列与红色文化相关的教学活动。如以五角星为基本图形,利用平移与旋转,轴对称设计爱国主题的图案。在设计过程中,教师可以讲述相关的历史故事,如红军如何在艰苦的条件下进行战略转移,以及五角星在中国共产党历史中的重要意义。在操作过程中,学生不仅能够掌握图形运动的方法,还能够体会到红色文化的力量和美感。

五、红色育人与数学融合的挑战与对策

(一) 面临挑战

1. 内容融合

将红色育人理念和数学教学有机结合,教师不仅要有扎实的数学专业知识,还需具备一定的历史文化素养和跨学科整合能力。这对教师提出了更高的要求,需要教师在教学设计上深入思考。

2. 适度与合理

在实施融合的过程中,教师要确保教学内容的平衡,避免过度强调红色育人而影响数学知识的传授。要有效管理课堂,确保讨论在尊重和理性的氛围中进行。要合理安排教学时间,保证数学教学目标的实现。同时要顾及家长和社会对教育内容和方式的接受程度。这要求教师在教学设计和实施中既有深度的专业知识,又有广度的教育理念和从他人角度出发的同理心。

3. 教学资源开发

现有的教学资源可能不足以支撑红色育人与数学教学的深度结合,因此,教师可能面临开发或改编教材、自己设计教学用具等情形。这不仅需要时间和精力,还需要教师具备一定的创新能力和技术能力。

4. 教学评价体系

传统的教学评价体系可能无法全面评价学生在红色育人理念融入数学教学中的学习成效,因此,建立一个多元化、综合性的评价体系显得尤为重要。

5. 教师专业发展

教师需要不断提升自己的专业知识和教学技能,以适应红色育人与数学结合的教学模式。这要求教师进行持续的专业学习,不断对教学进行调整和改进，不断优化教学策略。

（二）有效对策

1. 持续学习

为了有效地结合红色育人和数学教学，教师首先应该持续学习，不断反思自身的教育教学过程。其次参加专业培训，包括对红色文化历史的深入讲解、数学教学法的创新，以及将红色文化融入数学教学的实践技巧。培训应注重互动性和实践性，通过工作坊、案例分析、教学观摩等方式，使教师能够真正掌握融合教学的方法和尺度。

2. 跨学科合作的扩展

跨学科合作是打破学科壁垒、促进知识整合的有效途径。鼓励不同学科教师进行合作，不仅可以共享教学资源，还能够通过集体智慧解决教学难题。也可以建立校内外的教学共同体，定期举办跨学科教学研讨会，促进教师之间的交流与合作。

3. 创新教学方法

教学方法的创新是提高教学效果的重要手段。除了故事讲述、情境模拟、项目式学习等方法，还可以引入角色扮演、反转课堂、在线互动等多样化的教学手段。这些方法能够激发学生的学习兴趣，提高他们的参与度，使红色文化教育更加生动和有效。

4. 丰富教学资源

教学资源是有效开展教学活动的基础。学校或教育部门应提供丰富多样的教学资源，包括教案、课件、实践活动指南、红色教育视频、历史文献等。这些资源应涵盖不同年龄段和不同学习需求，满足教师和学生的多样化教学和学习需求。

5. 细化评价体系

评价体系应细致化，不仅评价学生的数学知识和技能，还应评价他们对红色文化的理解、情感态度、价值观、社会实践能力等。可以通过观察

记录、自我评价、同伴评价、教师评价等多种评价方式，全面了解学生的学习情况。可以综合人工智能技术，记录学生成长轨迹，结合家庭背景、班级情况等多方面给予系统性评价。

6. 家校社深度合作

与家长和社会机构的深入合作，可以营造更加有利于红色育人和数学素养提升的大环境。学校或教师可以邀请家长参与学校的教育教学活动，与社会机构合作开展社会实践活动等，使红色育人和数学学习更加贴近学生的生活实际。

六、结语

红色育人与小学数学教学的融合是一项富有挑战性但意义深远的教育实践。这种融合不仅可以提升学生的数学素养，还能培养他们的爱国情怀、社会责任感和道德品质，为培养德才兼备的社会主义建设者和接班人作出贡献。面对实施过程中的重重挑战，教育者应持续学习，不断创新，采取有效策略，促进红色育人与数学教学的深度融合，为学生全面发展助力，为国家培养拔尖创新人才贡献力量。

参 考 文 献

［1］季伟峰，包丽颖．新时代高等教育"红色育人路"的探索与实践——以北京理工大学为例［J］．思想教育研究，2023（2）：140-143.

［2］张元婕．红色文化的育人价值与实现路径研究［D］．武汉：武汉理工大学，2024.

［3］陈春梅，王圣玮．基于数学思维的小学地方红色研学旅行课程设计研究：以泉州惠安革命历史纪念馆为例［J］．黑龙江教师发展学院学报，2022，41（11）：95-98.

［4］杨惠娟．透过数据，阅读大中国一节"红色"数学阅读课教学实录

[J]．小学教学：数学版，2021（12）：3．

[5] 杨敬淇．小学数学跨学科整合的课堂实践研究[J]．教育艺术，2024（5）：11．

[6] 黄路阳，姚娜．小学跨学科融合教育教师职前培养：意义，问题与对策[J]．当代教师教育，2021，14（4）：6．

红色育人理念在小学英语教学中的实践与探索

唐山市曹妃甸区柳赞镇大庄河小学　李新宇　刘　颖

摘　要：英语新课程标准强调培养学生的核心素养，学生文化意识是核心素养中的重要内容。当今时代，将红色文化传承与知识教学相融合是一项重要任务。本文首先分析了红色育人发展现状及理念内涵；接着从小学英语教育与红色育人教育的契合点、从现行英语教材中挖掘红色元素两方面出发，论证红色育人理念在小学英语教育中的可行性；最后提出了一系列实施策略，使红色育人思想有效地融入小学英语教学当中。

关键词：红色育人；现状与内涵；可行性；实施策略

一、红色育人现状与内涵

（一）红色育人发展现状

我国基础教育阶段积极践行红色育人理念，旨在让广大青少年深刻理解红色文化内涵，传承和发扬其所承载的民族精神与理想信念，为国家培养出理想、本领、担当兼具的社会主义建设者和接班人。随着我国教育体系深入改革，国家和地方教育部门在制定教育方针政策时，明确提出要高度重视红色文化教育，把红色文化教育作为各学校立德树人的重要内容，将红色文化教育渗透在教学工作中，引导青少年树立正确的世界观、人生观和价值观。

随着我国经济社会的不断发展，人民的生活水平逐步提高，现代中小学生的生活比以往更加富足，在和平的时代背景下，他们对于和平的来之不易了解甚少，甚至不清楚中国的革命历程及红色文化，这也导致他们对于现在安稳富足的生活不够珍惜。英语是一门非母语课程，在学习过程中，难免涉及国外文化的渗透。在全球化背景影响下，应引导学生学会以正确的世界观、人生观和价值观看待世界，看待世界的文化。所以在小学英语教学过程中，应将红色文化理念巧妙地融入小学英语课堂中，旨在培养学生的跨文化交流能力，增强他们的国家认同感和民族自豪感。

（二）红色育人理念内涵

自 1921 年以来，在中国共产党的领导下，全国各族人民经过长期的革命斗争和生产建设，形成了一系列伟大的革命精神及载体，这就是红色文化。红色文化具有两种形态，即精神形态和物质形态。精神形态包括中国从革命战争时期到现在新时代中国特色社会主义时期的历史长河中所形成的中华民族伟大精神，它体现了社会发展进步的要求，反映了国家的政治经济水平，对于人们树立正确的世界观、人生观和价值观，规范思想道德起到了重要作用。红色文化的核心内涵是其所蕴含的精神力量，红色文化用自己的力量为整个社会的价值体系奠定了道德基础，以独特的方式和内容影响着人们的想法，指明了整个社会前进的道德方向。

红色文化具有多样化的理想主义教育内涵，包括不怕困难的信仰和团结协作信仰，勇于自我牺牲、无畏艰难的信仰，坚定崇高的共产主义信仰和理想，以及吃苦耐劳的革命乐观主义信仰。当人们理解理想和信仰的价值时，就可以实现从"知"到"行"的转变。红色文化作为形式独特、内容极其丰富的文化资源，值得好好利用，通过渗透红色文化理念进行德育教学，是一个非常合适且富有价值的方法。

二、红色育人理念在小学英语教育中的可行性

（一）小学英语教育与红色文化教育的契合点

为了使小学英语教学与红色文化教育有效地结合，在教学中，可以采取多种方式让学生感知与体验红色文化。比如，可以让学生利用课余时间或假期时间，去博物馆或革命根据地实地走访探寻，参观那个时期留下来的旧物件，了解那个时代的历史发展，感受那个时代的历史氛围。在小学英语课堂中培养学生的文化意识，可以有效地达成育人目标。

首先，讲红色故事或观看伟人事迹短片，通过真实的记录让学生了解曾经的峥嵘岁月。在革命历史进程中，涌现出了大批抛头颅、洒热血的优秀人物，他们为中华人民共和国的成立和发展作出了重大贡献，如英勇就义的李大钊、被评为新中国英雄模范的马立训、核物理学家钱学森等。根据教学内容，搜集相关人物的故事或视频，恰当地运用到教学环节中，学习并体会英雄人物背后体现的红色思想。

其次，回顾红色会议。党的历史上召开了很多重要的会议，比如，中共一大、遵义会议、第一届全国人民代表大会、党的十一届三中全会等。教师根据教学内容可以与某次特定的会议相联系，实现本次课程的红色育人。课堂中通过呈现会议视频，或者在课前课后让学生搜集相关资料，有效地将红色育人理念与小学英语教学相结合。

最后，传递红色精神。井冈山精神、长征精神、西柏坡精神、"两弹一星"精神等都是宝贵的精神财富。在英语教学中，通过阅读与这些红色精神相关的材料，不仅可以提高学生的语言运用和表达能力，还可以让学生体会红色精神，形成正确的人生观和价值观。

（二）英语教材中红色元素的挖掘

在小学英语教学过程中，根据英语课程标准要求，教师除了教会学生知识，注重学生核心素养的培养和提高更是关键。小学英语学科的核心素养包括语言能力、思维品质、文化意识和学习能力。在学生文化意识的培养方面，在将知识内容传递给学生的过程中，文化知识的普及以及学生文化意识的提高在整个教学过程中要尤为重视。在小学英语教材中，有很多能够与红色文化知识相关联的内容待挖掘。如在教授人教版六年级下册"Unit4 Then and now" B 部分"Let's talk"时，主要学习 Before 和 Now 存在时，句子中运用不同的时态。整个 Talk 主要谈论人以及学校不同时代的变化，在这里就可以引导学生思考如何介绍自己家乡的历史文化景点，例如可以让学生提前查阅资料或者课上为学生播放相关景点不同年代对比视频，让学生感知文化，思考红色精神。在人教版四年级上册"Unit6 Meet my family"单元，学习了农民、医生、护士等职业，在英语教学中，可以将各个职业的代表人物介绍给学生，并鼓励学生说出自己的职业理想，形成自己的职业理念。在人教版六年级下册"Unit3 Where did you go" A、B 两部分的对话中，了解到 John"五一"假期去了新疆，Amy 寒假去了三亚，在教学过程中学生在学习知识的同时，也领略到不同地域的人文地貌。可以让学生通过课前搜集资料、课中分享故事、课后完成作业等形式，体会其中包含的红色文化。例如，课中学生分享假期去延安革命纪念馆的经历，知道延安是中国革命圣地，学生参观了文物、照片、图书及实景展出，学生的亲身经历与发自内心的感想，更能感染周围的同学。或者让学生课后搜集关于新疆的红色根据地或红色故事，下节课课前，让学生分享给同学并发表自己的感想。在实际教学中，充分挖掘英语教材中的红色元素，能有效地促进学生核心素养的发展。

三、红色育人理念在小学英语教学中的实施

（一）整合红色资源，创新课堂教学设计

要在小学英语教学中渗透红色育人理念、应用红色育人理念，可将中国丰富的红色文化教育资源与英语教学活动相结合，通过生动、形象的教学活动设计，激发学生的学习积极性，让学生乐于学习，在快乐学习英语

的过程中，弘扬红色文化理念，传承红色文化所蕴含的伟大民族精神。

红色文化传承机制的构建是一项系统工程，涵盖多个层面和环节，旨在保障红色文化的持久生命力和影响力，具体包括但不限于以下几方面：

1. 活动驱动教学

英语教学过程中，丰富多彩的教学活动必不可少，例如演唱英文歌曲、演绎英文故事、英语演讲等多种活动。可以指导学生用英语讲述中国红色故事，倡导以红色文化作为英语演讲主题，同时鼓励学生用英语表达对中国革命历史征程的理解与深刻感悟。

2. 创新课程内容

英语教学过程中，教学素材的选择也多种多样，例如，英文歌曲导入、视频动画讲解等，在这些教学素材中利用红色资源，是一条很好的红色育人途径。可以围绕英语单元主题，选取适当的中国红色故事、红色歌曲、红色电影等教学素材，与英语主题意义相结合，编写与英语相关的阅读资料或者情景剧本，让学生在学习英语的过程中沉浸式了解和感受中国悠久的红色革命历程以及红色文化的理念和内涵。

3. 跨学科融合

英语新课程标准强调跨学科融合教学，除了将英语与音乐、美术等艺术学科相结合，还可以关注到历史、地理等人文学科在英语中的渗透作用。例如，可以向学生用英语讲述中国长征故事，引导学生用英语复述中国长征历程以及战士们所处的地理环境，并用英语表达自己通过了解长征故事所获得的感悟。

4. 实践教学

英语学习的最终目的是让学生将英语应用到生活实践中，所以在生活实践中可以向学生渗透红色育人理念，让学生在内化英语的过程中潜移默化地学习红色文化，传承红色精神。例如，学校可以组织学生参与社会实践活动，带领学生参观红色文化基地、红色文化博物馆或者革命伟人故居等，并指导学生用英语讲述红色故事，要求学生用英语完成观后感，让学生在实践活动中提升英语的运用能力，体会红色精神。

（二）构建情景式教学，提升学生情感认同

将小学英语教学与红色育人理念相结合，并以此为出发点构建情景式教学模式，是一种创新的教学方式，有助于增强学生的红色精神与红色文化认同感。

首先，红色育人强调培养学生的爱国主义精神和社会主义核心价值观，因此在小学英语教学设计环节中，可以将一些红色事迹、红色歌曲、红色电影等融合到英语教学设计中。例如，学生和教师合作编写以红色背景为主题的情景短剧，让学生扮演短剧中的角色进行情景演绎，切身感受历史事件，并在情境中提高英语运用能力。

其次，学习英语的主要目标是让学生在生活场景中流利地交流英语，因此情境教育应该专注于创设更符合生活的真实情境。例如，教师可以设计"红色故事英文讲解员""红色文化博物馆英文导游"等角色，在红色背景下创设情境，以便学生能够在英语语境中扮演自己的角色，丰富他们的英语知识，提升语言能力。

最后，教师还可以指导学生用英语讲述英雄人物事迹、国家发展成就等，既可以提升学生的英语综合运用能力，又能激发学生的爱国情怀，引导学生树立正确的世界观、人生观和价值观。

将小学英语教学与红色育人理念相结合，并以此为出发点，构建情境式教学模式，让小学英语课堂变得更加生动有趣，从而有效地提高学生英语学习效果，培养学生的红色文化认同感。

（三）开展红色主题活动，实现全方位育人

在小学英语教学中实现红色育人，还可以通过开展各类红色主题活动，将英语与红色文化相结合，完成红色育人理念的渗透。具体可通过以下几种方式实现：

1. 红色影视片段英语配音

筛选合适的红色影视片段或动画片段，教师编写英语脚本，指导学生

尝试用英语为这些经典片段配音，既能锻炼学生的口语交际能力，又能让学生直观地感受红色文化的精神内涵。

2. 红色主题绘画创作

教师带领学生学习和深入了解中国红色文化历史征程之后，可以指导学生以红色文化主题为基础，画出自己心目中的红色人物形象或红色场景等，讲述英雄事迹、红色事件，加深学生对红色文化的认识。

3. 红色歌曲英文歌唱

筛选一些耳熟能详的红色歌曲，将其改编为英文版本，并配上字幕，还可以适当地为歌曲创编一些简单的舞蹈动作，让学生在美妙的歌声中练习英语、内化语言，感受红色文化的深厚底蕴。

4. 红色文化主题英语角

学校可以定期举办以红色文化为主题的英语角活动，例如，让学生用英语介绍自己家乡的红色旅游景点或者讲述红色革命故事，从而培养学生的爱国情怀，传承红色文化。

5. 红色绘本故事阅读

筛选适合小学生阅读的红色故事，如《小兵张嘎》等，将其改编成简单的英语绘本故事，激发学生的阅读兴趣，提高学生的英语阅读能力，在愉快的阅读中体会红色文化的内涵。

通过开展丰富多彩的红色主题活动，生动活泼地向学生展示中国红色文化的不同魅力，全面提升学生的综合素质，实现全方位育人目标。

四、结论

将红色文化与小学英语教学相结合，是我国基础教育阶段的一项重大实践创新与尝试。未来，可以进一步深化理论研究，探索红色育人理念与小学英语教学深度融合的有效路径和机制，应用到教学实践中，为教育改革提供坚实的理论支撑。红色育人理念与小学英语教学的结合，不仅是传统教育模式的一种突破，也是全面提升学生综合素质的重要途径，对未来我国基础教育的发展具有深远的影响和积极意义。

参 考 文 献

[1] 中华人民共和国教育部. 义务教育英语课程标准［S］. 北京：北京师范大学出版社，2022：1.

[2] 康永花：小学英语会话教学中开展小组合作的意义及策略［J］. 甘肃教育，2019（1）：75.

[3] 李东，李丽. 基于小学生心理特点的英语课堂教学实践［J］. 山东师范大学外国语学院学报：基础英语教育，2012，14（3）：59-62.

[4] 谢赛，冼雨婷. 人教版小学英语教材中的价值观研究［J］. 现代中小学教育，2021，37（4）：25-29.

[5] 马甜，徐艺，刘苤，等. 中华优秀传统文化融入初中英语教学的思考［J］. 新课程研究，2021（28）：127-128.

[6] 董晨. 小学英语教学中德育渗透的有效性策略分析［J］. 中国校外教育，2019（32）：74.

[7] 邱紫香. 小学德育中优秀传统文化的渗透分析［J］. 课程教育研究，2019（40）：71.

[8] 朱浦. 小学英语教学关键问题指导［M］. 北京：高等教育出版社，2016：238.

红色旋律在音乐教育中的传承与创新

唐山市曹妃甸区第二中学　高海娇　张　健　朱红波

摘　要：在新时代背景下，音乐教育作为中小学教育的重要组成部分，承载着传承红色文化、弘扬红色精神的重要使命。本文以初中音乐教育为切入点，探讨如何在音乐教学中融入红色文化元素，通过具体的教学实践和创新策略，培养学生的红色情感和审美情趣，为走好红色育人路提供音乐教育的实践路径和理论支持。

关键词：红色文化；音乐教育；传承；创新；初中

一、引言

在中国共产党的领导下，红色文化作为中国革命和建设的精神象征，承载着丰富的历史价值和深厚的民族情感。它不仅是对过去的纪念，更是对未来的启迪。红色文化蕴含的革命精神和英雄主义，对于培养青少年的爱国情怀、集体主义精神和社会主义核心价值观具有不可替代的作用。

音乐教育，作为美育的重要组成部分，对于提升学生的审美素养、丰富情感体验和培养创新能力具有独特而深远的影响。音乐不仅能够跨越时空，传递情感和思想，还能够激发人们的精神力量，塑造美好的心灵世界。因此，将红色文化融入音乐教育，不仅是对红色文化传承的创新尝试，也是对音乐教育功能的深化和拓展。

在新时代背景下，如何有效地将红色文化与音乐教育相结合，使其成为学生喜闻乐见的教育内容，是教育工作者面临的重要课题。这不仅要求音乐教师具备深厚的红色文化底蕴和高超的教学技能，还需要教育者在教学理念、教学内容和教学方法上不断探索和创新。

本文旨在探讨红色文化在初中音乐教育中的传承与创新，分析当前音乐教育中红色文化传承的现状，探索红色文化与音乐教育相结合的有效途径，并提出具体的教学策略和建议。通过这些研究和实践，旨在为推动红色文化的传承与发展，培养德智体美劳全面发展的社会主义建设者和接班人，贡献音乐教育的力量。

二、红色文化在音乐教育中的传承

（一）红色歌曲的教学意义

红色歌曲不仅是历史的见证，也是精神的传承。在音乐教育中，红色歌曲的教学意义不仅在于传递历史知识，更在于通过音乐这一强有力的媒介，激发学生的情感共鸣和价值认同。红色歌曲中蕴含的革命精神和英雄主义，能够引导学生树立正确的世界观、人生观和价值观。

在教学过程中，教师可以通过讲述红色歌曲背后的历史故事，让学生了解歌曲的创作背景和历史意义，从而增强学生对红色文化的理解和认同。同时，通过分析红色歌曲的旋律、节奏和歌词，教师可以帮助学生掌握音乐的基本要素，提高学生的音乐鉴赏能力和创作能力。

（二）红色音乐活动的组织与实施

红色音乐活动的组织与实施，是让学生在实践中感受红色文化魅力的重要途径。通过举办红色歌曲演唱会、红色音乐剧、红色主题音乐会等活动，学生可以在参与中学习红色文化，在实践中传承红色精神。这些活动不仅能够提高学生的音乐表演能力，还能够培养学生的团队合作精神和社

会责任感。

在活动的设计上,教师应注重创新和互动,鼓励学生积极参与活动的策划和组织。例如,可以让学生自行组建合唱团或乐队,自主选择和排练红色歌曲,甚至尝试对红色歌曲进行改编和创新。通过这样的过程,学生不仅能够深入理解红色文化,还能够在实践中锻炼自己的组织能力和创新能力。

(三) 红色文化与音乐课程的融合

将红色文化与音乐课程相融合,是实现红色文化传承的有效途径。在音乐课程的教学中,教师可以将红色文化元素与音乐知识、技能教学相结合,设计富有红色文化特色的教学内容和活动。例如,在教授音乐理论知识时,可以引入红色歌曲的旋律和节奏特点;在声乐或器乐教学时,可以选择一些具有代表性的红色歌曲作为教学曲目。

此外,教师还可以利用现代教育技术,如多媒体教学、网络资源等,丰富教学手段,提高教学效果。通过这些方式,红色文化不仅能够在音乐课堂上得到有效传承,还能够与学生的生活实际相结合,学生在感受红色文化魅力的同时,也能够提升自身的音乐素养。

通过上述教学实践,红色文化在音乐教育中的传承将更加生动和有效。学生不仅能够通过音乐学习了解和感悟红色文化,还能够在音乐的熏陶下,培养出坚定的理想信念和积极向上的人生态度。这样的音乐教育,将为学生的全面发展和终身发展奠定坚实的基础。

三、红色文化在音乐教育中的创新

(一) 创新教学方法

在音乐教育中,传统的教学方法往往侧重于音乐知识和技能的传授,而在红色文化的传承上可能显得力不从心。为了更好地将红色文化融入音乐教育,教师需要探索更多富有创意和互动性的教学方法。情境教学法、合作学习法、项目式学习等现代教学模式，都能够有效提高学生对红色文化的兴趣和参与度。

情境教学法通过模拟历史场景，让学生身临其境地感受红色文化的魅力。例如，教师可以组织学生参与模拟红军长征的音乐剧表演，通过角色扮演和剧情演绎，学生不仅能够学习红色歌曲，还能够深刻理解歌曲背后的历史和精神。

合作学习则鼓励学生在小组内共同研究和探讨红色歌曲，通过集体讨论和合作完成任务，学生能够在交流和合作中深化对红色文化的理解。

项目式学习则让学生围绕一个红色主题进行深入研究和创作，这种学习方式有助于培养学生的独立思考和问题解决能力。

（二）融合现代音乐元素

红色文化的传承并不意味着僵化和守旧，而是要在保持其核心价值的基础上，不断吸收和融合新的文化元素。将红色歌曲与现代流行音乐、电子音乐等混搭，不仅能够使红色文化焕发新的活力，还能够让学生在享受现代音乐的同时，感受红色文化的魅力。

例如，教师可以引导学生对红色歌曲进行重新编曲，加入现代的音乐元素，如电子节奏、电吉他等，使红色歌曲更加符合现代审美。同时，也可以通过现代音乐制作软件，学生亲自动手制作红色主题的音乐作品。这样的实践活动不仅能够提高学生的音乐创作能力，还能够增强他们对红色文化的认识和感情。

（三）跨学科的教学探索

跨学科教学是音乐教育中红色文化创新的另一重要途径。将音乐教育与其他学科相结合，打破学科壁垒，形成更为丰富和立体的教学内容。

例如，音乐与历史学科的结合，可以让学生在学习红色歌曲的同时，了解相关的历史背景和人物故事，从而更深刻地理解歌曲的内涵。音乐与文学的结合，可以让学生通过诗歌、散文等文学作品，探索红色文化的艺术表现。音乐与美术的结合，则可以让学生通过绘画、设计等视觉艺术形式，表达对红色歌曲的感受和理解。这种跨学科的教学模式不仅能够拓宽

学生的知识视野，还能够促进学生综合素质的提高，使红色文化在音乐教育中得到更为深入和全面的传承。

通过上述创新教学方法的探索和实践，红色文化在音乐教育中的传承将更加生动、有效，并能够激发学生的创造力和审美情趣。这样的音乐教育，不仅能够培养学生的音乐素养，还能够在他们心中播下红色文化的种子，为培养有理想、有道德、有文化、有纪律的新时代青少年打下坚实的基础。

四、红色育人工作的挑战与对策

（一）挑战

红色育人工作在当代教育实践中面临着一系列挑战，这些挑战不仅涉及教育内容和方法的更新，还包括教育环境和学生认知的变化。首先，当代学生生活在一个信息爆炸、多元文化交融的时代，红色文化与他们的日常生活经验可能存在较大的距离，这导致红色文化在音乐教育中的吸引力和影响力减弱。其次，在全球化和网络化的背景下，学生接触到的文化元素更加多样化，这可能使红色文化相对边缘化。此外，教师在红色文化教育方面的专业素养和创新能力也需要进一步提升，以适应新时代教育的需求。

（二）对策

面对这些挑战，教育工作者和相关部门需要采取一系列有效的对策，以确保红色育人工作的有效性和持续性。

1. 更新教学理念和方法

教育工作者应积极更新教学理念，将红色文化教育与学生的生活实际和兴趣点相结合，采用更加生动、具有互动性的教学方法。例如，通过情境模拟、角色扮演、音乐创作等活动，让学生在参与中体验红色文化，从而增强红色文化的教学吸引力。同时，教师应注重培养学生的批判性思维，鼓励学生在了解红色文化的基础上，进行独立思考和价值判断，形成自己的见解。

2. 丰富教学内容和形式

为了提高红色文化在音乐教育中的吸引力，学校和社会应共同努力，丰富教学内容和形式。可以通过举办红色主题的音乐比赛、音乐节、音乐会等活动，让学生在实践中感受红色文化的魅力。同时，利用现代信息技术，如网络平台、社交媒体等，开发红色文化音乐教育的数字化资源，让学生在互动和体验中学习红色文化，提高教学的趣味性和参与度。

3. 加强师资队伍建设

教师是红色育人工作的关键执行者，加强师资队伍建设对于提高红色育人工作的质量至关重要。学校应加强对教师的红色文化教育培训，提升教师的红色文化素养和教学能力。此外，鼓励教师进行教学研究和创新实践，不断探索适合当代学生特点的红色育人方法，如结合现代音乐元素对红色歌曲进行创新性改编等。

4. 构建家校社会协同机制

红色育人工作需要家庭、学校和社会的共同参与和支持。学校应与家长建立良好的沟通机制，让家长了解红色育人工作的内容和重要性，引导家长积极参与孩子的红色文化教育。同时，学校还可以与社区、文化机构等合作，共同举办红色文化活动，形成家校社会协同育人的良好氛围。通过这种协同机制，可以更好地整合社会资源，为红色育人工作提供更加有力的支持。

五、结论

本文对红色文化在音乐教育中的传承与创新进行了深入探讨，分析了红色育人工作的现状与挑战，并在此基础上提出了一系列对策与建议。红色文化作为中华民族宝贵的精神财富，其在音乐教育中的传承与发展对于培养学生的爱国情感、集体主义精神和社会主义核心价值观具有不可替代的作用。

在传承方面，本文强调了红色歌曲教学的深远意义、红色音乐活动的组织与实施的重要性，以及红色文化与音乐课程融合的必要性。这些措施不仅有助于学生深入了解红色文化的历史背景和精神内涵，还能够在提升学生音乐素养的同时，培养他们的审美情趣和文化认同。

在创新方面，本文提出了更新教学理念和方法、丰富教学内容和形式、加强师资队伍建设以及构建家校社会协同机制等对策。这些对策旨在应对红色育人工作的挑战，提高红色文化在音乐教育中的吸引力和影响力，确保红色文化的生动传承和创新发展。

未来，我们期待在音乐教育领域中，红色文化能够得到更加广泛和深入的传播，成为激励青少年成长的强大精神力量。同时，我们也期待培养出更多具有红色文化底蕴和现代素养的新时代青少年，为实现中华民族伟大复兴的中国梦贡献力量。

参 考 文 献

[1] 张建国．红色文化教育的历史与现状［M］．北京：教育科学出版社，2020．

[2] 李华，王强．红色歌曲在现代音乐教学中的应用［J］．音乐教育探索，2021，35（2）：45-52．

[3] 刘敏．红色文化传承的创新路径研究［D］．上海：上海师范大学，2022．

[4] 赵晓芳．跨学科融合下的红色文化音乐教育实践［J］．教育理论与实践，2023，43（7）：89-94．

[5] 周杰．红色文化与现代信息技术在音乐教育中的结合［J］．现代教育技术，2021，31（6）：112-117．

[6] 陈静．红色文化在新时代音乐教育中的传承与创新［J］．音乐与艺术，2023，37（1）：58-64．

[7] 孙涛．红色文化教育的社会影响分析［J］．社会科学研究，2022，34（4）：76-81．

红色育人：小学语文教育的使命与挑战

方山县城内二小　冯栋艳　崔丽丽

摘　要：本文旨在探讨在小学语文教育中如何有效融入红色文化元素，以培养学生的爱国情怀和社会责任感。通过对扎根中国大地办学理念、高等教育的"四为服务"思想以及深化改革中提升治理水平的探讨，结合教师实践经验，本文提出了一系列针对性的教学策略和方法，以期为红色育人在小学语文教育中的实施提供参考。

关键词：红色育人；小学语文教育；教学策略

一、引言

红色文化，作为中华民族宝贵的精神财富，蕴含着深厚的历史底蕴和丰富的道德教育资源。它不仅是中国共产党领导中国人民在长期革命斗争中形成的革命精神和留下的物质遗产，更是中华民族精神的重要组成部分。在新时代背景下，红色文化对于培养学生的爱国情怀、社会责任感，以及坚定理想信念具有不可替代的作用。

小学语文教育作为基础教育的核心组成部分，不仅承载着语言知识的传授，更是文化传承和价值观塑造的重要途径。通过语文教学，学生能够

接触到丰富的文学作品，学习语言的表达和运用，同时接受文化熏陶和思想启迪。因此，小学语文教育在传承红色精神、培养学生综合素质方面扮演着关键角色。

然而，当前小学语文教育在红色文化传承方面仍存在一些不足。一些地区和学校对红色文化的认识不够深入，教学内容和方法未能充分反映红色文化的时代价值和教育意义。此外，随着社会价值观的多元化，学生在成长过程中面临着各种文化思潮的影响，如何在多元文化背景下坚守红色文化教育的阵地，成为当前教育工作面临的一项挑战。

本文旨在探讨如何在小学语文教育中有效地融入红色文化元素，以实现红色育人的目标。通过分析红色文化在小学语文教育中的重要性，本文提出了一系列具体的教学策略和方法，旨在增强学生对红色文化的认识和理解，激发学生的爱国情感，培养学生的社会责任感，并引导学生形成正确的价值观。

红色文化教育作为高校思想政治教育的重要组成部分，近年来受到学术界和教育界的广泛关注。通过梳理相关文献，发现当前红色文化教育的研究主要集中在以下几个方面：

一是红色文化资源的价值意蕴与实践体验。红色文化资源具有坚定大学生理想信念、涵养精神气质、提升文化自信的作用。它们被视为培育社会主义建设者和接班人的优质资源。高校通过红色文化教育，可以更好地激发大学生的爱国热情，增强民族认同。教师们探究了基于实践体验的红色文化资源育人功能的实践策略，强调了红色文化资源在思想政治教育中的重要性，并提出了一系列具体的实践策略，如双向选择、自学自讲、实践体验和反思总结等。

二是红色文化融入高校实践育人体系的路径。教师们讨论了红色文化融入高校实践育人体系的重要性，并提出了深入研究红色文化、强化红色文化宣传、推动教育方式改革等具体路径，以实现红色文化与高校教育的有机结合。

三是红色文化资源的思政课育人正效应及其实现路径。研究指出，红色文化资源在高校思政课中具有助推学生价值认同、帮助学生铸牢信念等正效应，并提出了红色资源发掘与价值意蕴探究相统一、继承传扬和创新转化相统一、课上教育和课下实践相统一、发挥媒介作用与拓宽思政场域相统一等实现路径。

四是新时代红色文化育人的思考与实践。在新时代背景下，高校应充分发挥红色文化的举旗定向、正本清源、固本培基、铸魂育人功能，引领新时代大学生树立远大理想，热爱伟大祖国，担当时代责任等。

通过上述文献的综合分析，可以看出红色文化教育在高校中的重要作用和当前研究的深度与广度。红色文化资源不仅被视为一种精神财富，而且在塑造大学生理想信念、价值观念和行为等习惯方面发挥着关键作用。同时，研究者们也提出了一系列创新的红色文化教育实践策略和优化路径，以应对红色文化教育面临的现实困境，推动红色文化教育与高校教育实践的深入融合。

通过本文，我们期望能够为小学语文教育工作者提供有益的参考和启示，帮助他们更好地理解和运用红色文化资源，提高教学质量，培养出更多具有爱国情怀和社会责任感的学生。同时，我们也期望本文能够为红色文化教育的理论研究和实践探索提供新的视角和思路，为推动红色文化教育的发展作出贡献。

二、坚持扎根大地的办学理念

在现代社会，教育的根本使命是培养社会主义建设者和接班人。这一使命不仅是对教育目标的明确要求，也是对教育内容和方法的深刻指导。在小学语文教育中，特别需要强调扎根中国大地的办学理念，即通过教学内容、方法和环境的塑造，使学生对中国特色社会主义的理解和认同达到更高水平。

小学语文教育作为基础教育的重要组成部分，承担着培养学生基本文化素养和价值观的重要任务。在这一过程中，红色文化的融入显得尤为重要。红色文化，作为中华民族在长期革命斗争中积累的精神财富，蕴含着丰富的爱国主义、集体主义和社会主义精神，是培养学生社会主义核心价

值观的重要资源。

在小学语文教学中，我们可以选择适合学生年龄和认知水平的红色故事、诗词等融入教学。例如，通过讲述革命先烈的英雄故事，如《狼牙山五壮士》《刘胡兰》等，向学生传递爱国情怀和革命精神；通过学习毛泽东的《长征》、陈毅的《梅岭三章》等红色诗词，引导学生感受中国传统文化的魅力和力量。这些革命故事和诗词不仅能够激发学生的民族自豪感，还能够培养学生的道德情操和社会责任感。

此外，创设红色文化氛围的教学环境同样重要。学校可以布置红色文化墙、设立红色图书角、举办红色文化节等活动，营造浓厚的红色氛围，使学生接触到更多的红色文化元素。这种环境的创设，不仅能够增强学生对红色文化的认同和理解，还能够在潜移默化中影响学生的价值观和行为习惯。

同时，教师在教学过程中的角色也不可忽视。教师应当成为红色文化的传播者和实践者，通过自身的言传身教，引导学生理解和接受红色文化。教师可以通过讲故事、组织讨论、开展红色文化主题班会等多种形式，使学生在参与中学习，在体验中感悟。

然而，红色文化的融入并非一蹴而就，它需要教师、学校和家长的共同努力。学校提供必要的教学资源和支持，家长在家中营造积极的红色文化氛围，社会各界给予关注和支持。只有多方共同努力，才能使红色文化在小学语文教育中发挥出最大的育人效果。

总之，红色文化在小学语文教育中的融入是一项系统工程，需要我们在教学内容、教学方法、教学环境等多个方面深入探索和实践。通过有效的红色文化教育，我们能够培养出更多具有爱国情怀、社会责任感和创新精神的社会主义建设者和接班人，为实现中华民族伟大复兴的中国梦贡献力量。

三、高等教育的"四为服务"思想

高等教育的"四为服务"思想，即立德树人、学科建设、人才队伍和综合改革，为小学语文教育的红色育人提供了重要借鉴和指导。这一思想强调了教育的全面性和深远性，要求教育不仅要传授知识，更要培养学生的品德，促进其全面发展。

在立德树人方面，小学语文教育应该以培养学生正确的历史观和价值观为首要任务。通过筛选符合学生特点的红色故事、诗词等，引导学生形成正确的爱国情感和社会责任感。例如，通过讲述《红岩》中的英雄人物，学生感受革命先烈的坚定信念和不屈精神；通过学习《七律·长征》等诗词，学生体会革命英雄的豪迈情怀和坚强意志。这些红色资源的融入，能够帮助学生建立对国家和民族的认同感，培养他们的爱国心和责任感。

在学科建设方面，小学语文教育应注重培养学生的语言表达能力和文学鉴赏能力。通过学习红色文学作品，提升学生的文化素养和审美情趣。红色文学作品不仅具有深刻的思想内涵，而且语言优美，形式多样，是语文教学的宝贵资源。教师可以引导学生分析红色文学作品的表达技巧，欣赏其艺术魅力，从而提高学生的文学素养和审美能力。

在人才队伍建设方面，小学语文教师应不断提升自身的教育教学水平和专业素养，积极参与红色育人实践，为学生树立榜样。教师是学生学习知识和形成价值观的重要引导者，其自身的素质和行为对学生有着深远的影响。因此，小学语文教师应该不断学习，提升自身的专业素养，深入理解红色文化的精神内涵，掌握红色育人的有效方法，以身作则，为学生树立良好的榜样。

在综合改革方面，小学语文教育应该不断探索和创新教学内容和方法，不断完善教学评价体系，提高教育教学质量和效益。在教学内容上，可以根据学生的实际情况和兴趣，灵活选择和整合红色教育资源，使教学内容更加贴近学生的生活实际。在教学方法上，可以采用情境教学、讨论教学、项目学习等多种教学方式，激发学生的学习兴趣和参与热情。在教学评价上，建立多元化的评价体系，不仅评价学生的知识掌握情况，还要评价学生的品德表现和实践能力，促进学生全面发展。

总之，小学语文教育的红色育人是一项系统工程，需要我们在立德树

人、学科建设、人才队伍和综合改革等方面进行全面的规划和深入的实践。通过有效的红色育人，我们能够培养出更多具有爱国情怀、社会责任感和创新精神的社会主义建设者和接班人，为实现中华民族伟大复兴的中国梦贡献力量。

四、深化改革中提升治理水平

在深化改革中提升治理水平，是实现红色育人的关键一环。小学语文教育作为基础教育的重要组成部分，承载着培养下一代的重要任务。在这一过程中，通过深化教育教学模式改革，打破传统的教学模式，注重学生的主体地位，激发学生的学习兴趣，提高学生的参与度，是提升红色育人效果的重要途径。

第一，小学语文教育需要深化教育教学模式改革，以适应新时代的教育需求。传统的"填鸭式"教学模式已经无法满足现代学生的发展需求，更无法有效传递红色文化的内涵和价值。因此，教育者应当探索更加互动和参与性强的教学方法，如情境模拟、角色扮演、小组讨论等，让学生在体验中学习，在学习中体验，从而更深刻地理解和感受红色文化。

第二，小学语文教育应构建以党组织领导的校长负责制为核心，以教务处、德育处等职能部门和学科教研组为依托，以教学指导委员会、教职工代表大会、家长委员会等为支撑的现代学校内部治理体系。这种治理体系的完善，有助于推动教育教学管理的科学化、规范化和民主化，促进课程实施与育人目标的有机统一。

第三，在教育评价体系的完善方面，小学语文教育应该建立以完善评价为牵引，推进教育改革，树立重师德师风、重真才实学、重质量贡献的评价导向。这要求教育者不仅要关注学生的知识掌握情况，更要关注学生的品德发展、创新能力和实践能力，改进结果评价、强化过程评价、探索增值评价、健全综合评价，实现对教育教学质量和效果的全方位评估和监控。

第四，小学语文教育还应注重教师的专业发展和教学能力提升。教师是红色育人的直接实施者,他们的专业素养和教学水平直接影响红色育人的效果。因此,学校应当为教师提供持续的培训和学习机会,鼓励教师参与红色文化的研究和教学实践,提升教师的教育教学能力。

第五,小学语文教育还应加强与家庭和社会的联系,形成家校社协同育人的格局。家庭是学生成长的第一环境,社会是学生实践的舞台。加强与家庭的沟通,让家长了解红色育人的重要性,获得家长的支持和配合。与社会合作,为学生提供更多的实践机会,让学生在实践中体验红色文化,增强红色育人的实效性。

第六,小学语文教育还应注重红色文化的创新性传承。在保持红色文化核心价值的同时,要结合时代特点,创新红色文化的传播方式和表现形式,使之更加贴近学生的生活实际,更加符合学生的认知习惯,从而提高红色文化对学生的吸引力和感染力。

总之,通过深化改革提升治理水平,小学语文教育可以更好地实现红色育人的目标。这需要教育者不断创新教育教学方法,完善教育治理体系,建立科学的教育评价体系,加强教师专业发展,加强家校社合作,创新红色文化传承方式,形成全方位、多层次、有实效的红色育人格局。

五、结论

本文通过对红色文化在小学语文教育中融入的探讨,明确了在新时代背景下,小学语文教育在传承红色文化、培养社会主义建设者和接班人的重要角色。

首先,本文强调了红色文化的历史价值和教育意义,分析了当前小学语文教育中存在的问题,并提出了一系列具体的教学策略和方法。在立德树人方面,小学语文教育应通过红色故事和诗词的融入,培养学生的爱国情感和社会责任感。在学科建设方面,强调了提升学生文化素养和审美情趣的重要性。在人才队伍建设方面,提出了小学语文教师应不断提升自身素养,积极参与红色育人实践。在综合改革方面,强调了教学内容和方法的创新,以及教学评价体系的完善。

其次，本文进一步探讨了高等教育"四为服务"思想对小学语文教育的启示，提出了深化改革、提升治理水平的重要性，并从教育模式改革、内部治理体系构建、教育评价体系完善等角度进行了深入分析。

最后，本文总结了通过深化改革和提升治理水平，小学语文教育能够更有效地实现红色育人的目标。这需要教育者、学校、家庭和社会共同努力，形成全方位的育人格局。通过创新教学方法、提升教师专业素养、加强家校社合作、创新红色文化传承，可以培养出更多具有爱国情怀、社会责任感和创新精神的新时代青少年，为实现中华民族伟大复兴的中国梦贡献力量。

参 考 文 献

[1] 黄慧．论红色文化融入高校实践育人体系的路径［J］．学校党建与思想教育，2019（18）：72-74．

[2] 马晓燕．基于实践体验的红色文化资源育人功能探究［J］．思想理论教育，2019（2）：107-111．

[3] 刘燕，李楠．新时代高校红色文化育人的价值意蕴、现实困境及优化路径［J］．国家教育行政学院学报，2023（2）：89-95．

[4] 曾志诚，曾艳．红色文化资源的思政课育人正效应及其实现路径［J］．教学与管理，2020（30）：115-117．

[5] 郭新春，刘科荣．新时代红色文化育人的思考与实践［J］．中国高等教育，2020（11）：60-61．

基于大概念的红色育人单元设计与实施
——以"爱国主义"这一概念为例

北京市第一○一中学　哈斯图雅

摘　要：爱国主义是中华民族的传统美德，也是社会主义核心价值观的重要内容。在新时代，培养中学生的爱国主义情怀，是语文课程的重要使命。本文以"爱国主义"为大概念，探讨了如何基于此开展红色育人单元的教学设计。首先从课程资源入手，对标课程目标，依托经典文本篇章提炼"爱国主义"的大概念内涵。然后，结合学生实际，设置分层递进的学习目标，体现大概念的内涵外延。在教学设计上，遵循大概念导向，构建系列情境任务，采用渐进式探究模式，引导学生逐步深化对"爱国主义"的认知。同时，运用综合性学习、创设生活实践情境、渗透核心价值观等策略，培养学生的家国情怀和责任担当。最后，综合运用多元评价手段，检视学习效果。实践中应关注个体差异问题，注重跨学科整合，培养批判性思维等。未来需进一步创新教学模式，提高教师专业化水平。

关键词：红色育人；爱国主义；大概念；单元教学设计

一、依托经典文本提炼"爱国主义"大概念

爱国主义是中华民族伟大精神的重要内核，是社会主义核心价值观的

重要组成部分。在语文课堂上传承红色基因，弘扬爱国主义精神，对于培养学生的家国情怀和民族自豪感具有重要意义。而基于大概念的单元设计模式，可以让爱国主义这一主题贯穿始终，形成系统性学习。

（一）对标课程要求，从爱国主义经典中提取大概念

当前义务教育语文课程标准高度重视爱国主义主题元素，明确提出"了解民族的历史文化传统，培养民族自豪感和文化自信"的目标要求。在部编版初中语文教材中收录了大量爱国主义经典名作（如图 1 所示），从单篇阅读到整本书阅读再到综合性学习，为提取"爱国主义"这一贯穿全单元的大概念奠定了坚实基础。

七年级下册
·《邓稼先》《黄河颂》《老山界》《土地的拆》
·八年级上册
·《新闻两则》
·八年级下册
·《最后一次讲堂》
·九年级上册
·《我爱这土地》
·九年级下册
·《祖国啊，我亲爱的祖国》《梅岭三章》

综合性学习
·七年级下册
·《天下国家》

名著阅读
·《红星照耀中国》《钢铁是怎样炼成的》

图 1　部编版爱国主义文学作品收录

（二）挖掘大概念的内涵和外延

在经典作品中，"爱国主义"这一大概念体现出丰富的内涵外延。一方面，爱国主义内核包含对国家的热爱和认同，主动承担为国家和民族的奉献、抗争，甚至牺牲。《最后一次讲演》中，闻一多的爱国主义以天下兴亡为己任，始终将个人命运与国家、民族、人民的前途紧密相连；《祖

国啊，我亲爱的祖国》歌颂了诗人对祖国的热爱之情；《梅岭三章》一文，作者满怀深情地歌颂为革命事业献身的崇高精神；《红星照耀中国》客观记录了红军长征的艰苦历程以及中国共产党领导的革命事业的光明前景，展现了中国共产党人为民族解放事业不懈奋斗的精神。这些文本生动诠释了爱国主义的精髓。

另一方面，爱国主义也蕴含着对民族文化的热爱与传承，对于祖国大好河山的热忱珍视。《黄河颂》歌颂了黄河的雄浑气势，借黄河坚强不屈的精神象征中华民族的坚强不屈，表达了作者对祖国的热爱和民族自豪感，体现了中华儿女对祖国山河的热爱和对民族精神的赞颂；《土地的誓言》歌颂了人民群众对祖国家乡土地的热爱；《我爱这土地》则呼吁人们热爱生我育我的祖国大地。

（三）关注当下问题，引领价值关注

大概念"爱国主义"在当代语境下带来新的启示，也引发新的问题，需要我们思考并加以引领。例如，在全球化背景下如何体现爱国主义精神？在利益分化、观念交织的现实中如何确立家国情怀和民族自信心？在"讲文明、树新风"的时代需求下，爱国主义如何指引公民提升道德修养？这就要求教师在教学过程中，引导学生基于时代背景和生活需求领会爱国主义的内涵，并内化为自身价值追求，从而培养新时代的家国理念和社会责任担当。

二、从学生发展视角设计分层递进的目标

（一）基于学生实际设计目标

在设计以"爱国主义"为大概念的红色育人单元时，教师要立足学生的实际发展水平，尊重认知规律，设计切合学生需求的分层递进目标。

初中生正值思想觉醒和价值观形成的关键时期，他们已初步具备了理

性思维能力，但仍需要循序渐进的引导。因此，在目标设计上不应过于单一、生硬，而应区分不同阶段的知识理解、思维品质和价值追求。对于初一年级学生，目标安排可侧重于激发对家国的热爱之情，培养基本的爱国理念，感受先烈们热血报国、视死如归的精神。初二阶段的目标则可结合学生的成长阅历和认知水平，引导学生超越情感认同，从更高的理性层次理解爱国主义的内涵，比如剖析文本中爱国精神的体现，思考社会责任和历史使命等。而到了初三，学生的思维能力日益成熟，可以通过研讨式学习策略，引导学生拓展"爱国主义"这一大概念，全面认识它在新时代的内涵，探究历史文化传统的当代价值等。

（二）聚焦大概念的层次递进

爱国主义是一个内涵丰富、层次分明的大概念，教师在设计单元目标时，应围绕大概念的内涵外延，体现出分层递进的特点。

1. 情感认同层面

这是最基础的目标层次，教师引导学生通过阅读与鉴赏，激发学生对祖国的热爱之情，燃起报国之志。例如在学习《黄河颂》时，设置"感受黄河雄浑气势所象征的中华民族坚强不屈的精神，激发民族自豪感和爱国情怀"的目标。

2. 理性认知层面

在情感认同的基础上，进一步提升目标要求，教师引导学生从理性视角解读爱国主义的内涵。例如在学习《红星照耀中国》时，设置"认识中国共产党领导的革命事业的光明前景，理解中国共产党人为民族解放事业不懈奋斗的精神"的目标。

3. 价值内化层面

这是目标的较高层次，教师引导学生将爱国主义内化为个人价值追求。例如在学习《老山界》时，可设置"学习红军战士不畏艰险、勇于牺牲的革命精神，培养珍爱和保卫祖国家园的意识"的目标；在学习《钢铁是怎样炼成的》时,可设置"学习保尔·柯察金矢志奋斗的革命意志,勇于拼搏、追求进步"的目标。

4. 拓展升华层面

除了以上几个层次,单元目标还可以设置拓展性目标,教师引导学生将"爱国主义"这一大概念升华为更高的思维价值境界。例如在学习《我爱这土地》时,设置"感悟土地的伟大,萌发珍爱家园、热爱自然的朴素情感"的目标;在学习《最后一次讲演》时,可设置"学习闻一多先生的爱国热忱,坚守民主信念,领悟知识分子的社会责任感"的目标。

三、基于大概念的单元教学设计

(一)大任务兼顾阶梯性

大概念可以成为设定大任务的基础,通过解决与大概念相关的问题和挑战,学生可以逐步深入理解和应用大概念,实现学习的进阶。在选择或设计大任务时,教师可以根据对大概念的分析,设置一系列从简单到复杂、从表层到深层的子任务或问题情境。这些子任务应关联一个核心问题,但难易程度、交互形式和所需能力有所差异,学生需要在教师的指导下积极探索,逐步深化理解。第一阶段的大任务可以关注大概念的基本内涵和特征,引出相关知识点并激发学生兴趣。在此基础上,后续大任务可以引入更复杂的问题情境,需要学生运用多角度思考、批判性思维等能力。高阶段大任务则可以要求学生对大概念进行应用或拓展,完成创新性的探究任务。在这个过程中,教师应给予必要的支持和指导,帮助学生克服困难,也可以组织学生互评互助。最后,学生需要整合这一系列大任务的学习经验和成果,实现对大概念的深刻理解。这种阶梯式的大任务设计,可以促进学生的知识系统迁移和能力提高。

（二）长时段兼顾灵活性

学习大概念需要一定的时间和过程。教师应该合理安排教学时间，保证学生有足够的时间来思考和理解大概念，从而形成对学科的深入认知。也要考虑学生的学习节奏和个体差异，每个学生的学习速度和理解能力都不同，因此教师需要根据学生的情况灵活调整教学安排。一方面，要确保学生有足够的时间来逐步思考和理解大概念，避免过快地推进学习进度导致学生掌握不牢固；另一方面，也要避免时间过长而导致学生失去兴趣和动力。教师可以通过定期评估学生的学习情况，利用反馈机制，及时调整教学进度和时间分配，以确保学生能够在适当的时间内深入理解大概念。此外，还应充分利用教学资源和多样化的学习活动，以提供不同的学习体验和方式，满足学生的学习需求和兴趣，促进他们对大概念的深入认知。

（三）大情境兼顾趣味性

情境设定要紧扣大概念，能引出与大概念高度相关的问题或任务，在具体情境中探索和应用大概念。情境更有趣味性，关联学生日常生活和学习兴趣，引发学生积极思考，让学生产生好奇心、问题意识或疑惑，需要学生综合运用不同能力去解析情境并解决问题。

学习"爱国主义"大概念，最终要落实到学生的生活实践中。教师要创设实践机会，培养学生的家国情怀和社会责任意识。比如组织学生观看爱国影视作品、参观革命旧址、开展校园红色经典诵读会等，让学生在实践中受教育、在体验中领悟。还可以组织学生开展社区服务、乡村支教等活动，引导学生将爱国主义的家国热忱转化为奉献社会、服务他人的行动自觉。

以下是以"爱国主义"这一概念为例的单元教学设计。

大概念	爱国主义
学习内容	1. 单篇阅读： 七年级下册：《邓稼先》《黄河颂》《老山界》《土地的誓言》； 八年级上册：《新闻两则》； 八年级下册：《最后一次讲演》； 九年级上册：《我爱这土地》； 九年级下册：《祖国啊，我亲爱的祖国》《梅岭三章》《黄河颂》； 七年级下册第二单元综合性学习。 2. 名著阅读：《红星照耀中国》《钢铁是怎样炼成的》。 3. 影视作品：《建国大业》《焦裕禄》《闪闪的红星》《红岩》。
学习目标	1. 文化自信：通过阅读革命历史题材的作品，了解中华民族的苦难史和峥嵘岁月，了解革命先辈为新中国而奋斗的伟大历程，懂得今天幸福生活的来之不易，增强文化认同感和民族自豪感，坚定听党话、跟党走的信念。 2. 语言建构与运用：学习爱国主题诗歌的表现手法，积累热情洋溢、昂扬向上的词句，在写作实践中运用词句优美、结构严谨、声情并茂的语言表达爱国情感，提高语言建构和运用能力。 3. 思维发展：在阅读分析、讨论交流中梳理作品的思想内容，揣摩作者的情感，领悟作品的精神内核，发展概括、分析、判断等思维能力。在创作实践中想象、联想，拓宽思路，提高创新思维能力。 4. 审美创造：感悟作品的形象、意境、语言之美，在反复吟诵、精心创作的过程中，提高审美感悟力和美的表现力。在编辑诗集、举办朗诵会时，通过精心设计、匠心制作，培养审美情趣，提升艺术表现力。
学习情境	为庆祝祖国75岁生日，我们将开展"我爱你，中国"电子诗集创作活动。你们需要分组合作，首先阅读经典爱国诗歌，了解新中国成立以来的辉煌成就，然后每个组员都要创作一首诗歌。之后，小组内集体评选出优秀作品，编入电子诗集。在设计电子诗集时，要精心排版，使其图文并茂，美观大方，制作出献给祖国母亲的礼物。最后，在庆祝活动中，每组派代表朗诵自创的诗歌并展示电子诗集，与大家共同分享爱国情怀。希望通过这次活动，你们不仅能提高语言表达能力和审美情趣，增强爱国情怀，更能展现新时代少年的责任与担当。让我们共同努力，以昂扬的青春之笔，书写对祖国的美好祝福！

续表

学习任务	学习活动	活动内容		课时安排
		学习目标	学习内容	
	开展阅读分析与研讨	1. 文化自信：通过多角度、全方位地学习革命文学作品，引导学生深刻领会革命先辈矢志不渝的理想信念、百折不挠的斗争精神、舍生忘死的奉献精神，增强文化认同感和民族自豪感，坚定听党话、跟党走的信念。 2. 语言建构与运用：学习作品中描绘英雄形象的语言，如质朴有力的词句、饱含感情的诗化语言，掌握对比、象征、引用等表现手法，提高语言表现力。 3. 思维发展：梳理作品的叙事脉络，分析典型事例的作用，探讨革命精神的深刻内涵，提升概括主旨、多角度分析问题的思维能力。 4. 审美创造：引导学生在吟诵品读中感悟作品意蕴，领悟形象塑造、意象运用的艺术手法，激发情感共鸣，获得崇高的审美体验。	七年级下册：《邓稼先》《老山界》《土地的誓言》。 八年级上册：《新闻两则》。 八年级下册：《最后一次讲演》。 名著阅读：《红星照耀中国》《钢铁是怎样炼成的》。 影视作品：《建国大业》《焦裕禄》《闪闪的红星》《红岩》。	20课时
	诵读经典爱国诗歌	诵读经典爱国诗歌，感受热情洋溢的语言和昂扬向上的情感。在朗诵中加深情感体验，积累表现爱国情怀的词句。吟诵品味，揣摩作者的情感。	七年级下册：《黄河颂》。 七年级下册第二单元综合性学习：爱国诗词小提示。 九年级下册：《祖国啊，我亲爱的祖国》《梅岭三章》等。	10课时

续表

学习任务	学习活动	学习内容	课时安排
	参观身边的革命旧址	学生自主组织到温泉镇北京老年医院内辛亥革命滦州起义纪念园参观学习。探讨在全球化背景下如何体现爱国主义精神,在利益分化、观念交织的现实中如何确立家国情怀和民族自信心,在"讲文明、树新风"的时代需求下,爱国主义如何指引公民提升道德修养。	1课时
	创作爱国诗歌并分享交流	学生运用积累的素材,结合真情实感,创作出感人至深的爱国主题诗歌。通过互相分享、点评,取长补短,提高创作水平。	4课时
	编辑诗集、举办朗诵会	汇总诗歌,编辑装帧成集。安排诗歌朗诵会,在集体朗诵中,用心感受爱国之情、奋斗之志,用饱满的情感和精湛的艺术感染听众。	2课时

四、创新评价方式,检视学习效果

评价是检视教学效果的重要环节。对于"爱国主义"这一大概念的教学,教师需要创新评价方式,采取多元化的评价策略,全面考察和发现问题。

(一)以核心素养为导向,注重过程评价

不拘泥于单一的结果评价,而是以目标为导向,重视学生学习的整个过程,既关注爱国主义认知水平的提升,也重视情感态度、价值观的形成。

评价维度	评价指标	评分标准	权重
文化自信	1. 了解革命先辈为新中国奋斗的伟大历程； 2. 增强文化认同感和民族自豪感； 3. 坚定听党话、跟党走的信念。	5分：表现出对革命历史和民族文化的深刻理解和认同，充分展现了文化自信； 3分：对革命历史和民族文化有一定了解，表现出一定的文化认同感； 1分：对革命历史和民族文化缺乏了解，文化认同感较弱。	30%
语言建构与运用	1. 积累并运用热情洋溢、昂扬向上的词句； 2. 用优美、严谨、声情并茂的语言表达爱国情感； 3. 语言表达能力有提升	5分：能够熟练运用积累的词句，语言精练优美、感情充沛，很好地表达了爱国情感； 3分：能够使用部分积累的词句，表达爱国情感时语言有一定的艺术性； 1分：很少使用积累的词句，语言平淡，爱国情感表达不够充分。	20%
思维发展	1. 领悟作品的思想内容和精神内核； 2. 概括、分析、判断等思维能力有提高； 3. 在创作实践中拓宽思路，提升创新思维能力。	5分：准确把握作品的中心思想，分析透彻，有独到见解，创作时思路开阔，有创新性； 3分：基本领会作品的思想内容，有一定的分析能力，创作思路较清晰； 1分：对作品思想把握不够准确，分析比较肤浅，创作思路不够宽广。	20%
审美创造	1. 感悟作品的形象、意境，体会语言之美； 2. 在创作和编辑诗集时表现出较强的审美情趣和艺术表现力； 3. 在朗诵会中富有感染力地展现作品之美。	5分：能够深刻领会作品的审美特色，创作和编辑匠心独具，朗诵有艺术感染力； 3分：能够欣赏作品的美，创作和编辑较用心，朗诵比较吸引人； 1分：对作品的审美认知不够深入，创作和编辑比较粗糙，朗诵缺乏表现力。	20%

（二）结合多种评价方式

综合运用多种评价方式，全面考核学生对大概念的理解和内化程度。

1. 笔试评价

设计情景再现、材料分析、论说文写作等测试题型，检视学生对爱国主义内涵的把握和迁移应用能力。

2. 口语评价

通过小组讨论、口头报告、辩论比赛等方式，考查学生的理解表达、言语组织、批判性思维等能力。

3. 实践评价

针对学生在实践参观、诗集制作过程等实践活动中的表现，检视其行为表现和责任意识。

4. 同伴评价、自我评价

引导学生相互点评、自我反思，培养自主学习能力。

五、实践中的挑战与对策

（一）关注个体差异问题

基于大概念开展单元教学时，受年龄、经历、能力差异的影响，每个学生对大概念的理解存在一定差距。教师要注重因材施教，采取分层教学策略，设计不同难度和深度的学习任务，既满足学有余力的学生的拓展要求，又照顾发展滞后学生的学习需求。

（二）注重跨学科整合

爱国主义作为一个博大精深的主题，不可能只依赖语文学科教学就能全面把握它。因此，语文教师需要主动与其他学科教师开展协作，整合多学科资源，创设探究性、综合性的情境任务，引导学生在跨学科的视角下

全景认知大概念。

（三）培养批判性思维

培养学生的爱国主义情操，不应停留在表面的识记和感受阶段，而要注重发展学生的批判性思维能力。在教学中，要给学生创设包容氛围，鼓励他们质疑、反思，体现理性精神，而不是被动接受。这需要教师改变教学方式，提出开放性探究问题，引导学生全面思辨，形成自主思维。

六、结语

基于大概念的教学理念为开展红色育人带来了新的机遇。以"爱国主义"为大概念，贯穿系列篇章学习，有利于学生建构系统知识，体会深邃内涵。在教学中，教师要立足学生实际，设计分层递进目标；构筑情境任务，引领渐进探究；开展跨学科整合，创设生活实践；创新评价方式，推动发展性评价。同时，在实践中还需解决个体差异、学科分离、教学观念等问题。

未来，红色育人教学亟须创新教学模式，从单一讲授走向探究式、互动式、体验式教学，充分发挥学生的学习主体性。同时，还要加大课程资源开发力度，丰富实践活动。此外，培训对于更新教师的教学理念和提高专业水平也十分关键。只有教师重视大概念教学、重视红色育人，提升专业能力，教育教学才能行稳致远。

传承红色基因，贯彻立德树人的教育理念

北京理工大学附属实验学校　刘　欣

摘　要：高中生物教学中教师要站稳在红色文化教育中的立场，落实立德树人的教育目标，帮助学生树立正确的世界观、人生观和价值观，增强他们的社会责任感和历史使命感。本文探讨了在高中生物教学中传承红色基因、贯彻落实立德树人的四个策略。通过红色文化引领和高考指引，促进学生核心素养与科学思维逐步进阶提升，培养爱国主义情怀，使学生成长为人格独立的人，有利于国家民族发展、能为中国梦的实现作出积极贡献的人。

关键词：红色基因；立德树人；高中生物；核心素养

一、引言

红色基因，是在中国共产党领导下，无数革命先烈用鲜血和生命铸就的精神财富。在当代中国，传承红色基因，不仅是对历史的尊重与纪念，更是立德树人教育的应有之义。北京理工大学作为中国共产党1940年在延安创办的第一所理工科大学、新中国第一所国防工业院校，始终传承"延安根、军工魂"，培养报党报国、薪火相传的优秀学子。作为北京理工大

学附属实验学校的高中教师，我在日常对学生的教育教学中，注重渗透红色基因，落实立德树人的教育目标。

立德树人是教育的根本任务。立德即树立崇高的道德品质；树人即培养德智体美劳全面发展的社会主义建设者和接班人。教育的最终目标是培养具有高尚品德、扎实学识、健康体魄和审美情趣的全面发展的人才。在这一过程中，教师将红色基因的传承与立德树人教育目标高度契合。红色基因中的革命精神、奉献精神、拼搏精神等，都是立德树人的重要内容，可以引导学生树立正确的世界观、人生观和价值观，增强他们的社会责任感和历史使命感。

二、红色文化引领，认同我国法律政策

教育的根本任务是"立德树人"。在生物教学中，应该着重培养学生对我国红色文化的热爱，帮助学生建立健康的生命观念，使其深刻认识到我国的法律和政策的科学性，并能随社会变化而调整，进而学习并拥护我国的法律和政策。要让生物教学课堂不仅是传道授业解惑的教室，而且成为培养社会主义接班人的主阵地。

高中生物必修二"人类遗传病"中提到"人类的遗传性疾病的发病率和死亡率却有逐年增高的趋势"。课堂教学中，教师提出"我国提倡恋爱和婚姻自由，为什么同时《民法典》又规定禁止近亲结婚"这一矛盾观点，引导学生讨论近亲结婚和优生的关系。再以白化病为例，分小组探究计算，大约每50人中有一个白化病隐性致病基因携带者，随机婚配、携带者非亲婚配、携带者近亲婚配、未知者近亲婚配这四种婚配方式的子女发病率。学生自己生成携带者近亲婚配得白化病的可能性比随机婚配高312倍的结论，意识到古代婚配制度不禁止表兄妹结婚存在弊端、随着社会科技的发展人们对生命规律的认知更清晰，进而感受到生活在当前社会的幸福感，也认识到坚持社会主义法治建设的必要性。

教师在讲授"伴性遗传"一课时，播放了一段关于北京市三代血友病患者的纪录片视频，让学生切实感受到血友病给患者及其家属带来的痛

苦。然后根据视频中提到的血友病患者及其亲属的关系，探究他们的基因型，计算携带者的概率，并且从优生学的角度分析，健康的女儿结婚后，是否应该选择孩子的性别。现在医学上已经开始应用基因检测技术，如何检测是否携带血友病基因，检测对象是谁，应该在什么时候检测，是否可以不考虑性别，这些问题引发学生对新技术浓厚的兴趣，一切都在"学习知识，了解自己，健康生活"这一主线的贯穿下，有序、恰当地安排在应有的环节上，这拓宽了学生的视野，升华了学生的思考。最后，在师生选择了优生优育的措施后，把学生的责任感推向高潮。教师在教学中贯彻立德树人的教育理念，有助于学生建立正确的生命观和世界观，使整堂课变得厚重而大气。

在高中生物选择性必修二"种群的特征"一课中，构建种群的年龄结构模型，通过分析我国1953年以来四次人口普查得到的人口年龄结构，探讨我国人口政策从1949年鼓励生育、1971年计划生育、2002年"双独二孩"、2013年"单独二孩"、2015年"全面二孩"到2021年"全面三孩"的变化原因。然后小组合作，设计一句话的公益广告来宣传当前的人口政策，促进学生理性理解和拥护国家政策，在学习过程中感受红色文化的魅力，增强红色基因的传承意识，升华学生的家国情怀，使他们的思想、人格和能力在享受快乐的课堂中得以升华。

三、以高考题为指引，培养核心素养

新课程的核心理念就是以学生的发展为根本，课标中提出，重视评价的诊断作用、激励作用和促进作用……促进生物学学科核心素养的形成。近年来，北京高考改革持续深入推进，以"能力立意、素养导向、注重价值观引领，增强选择性和开放性，为学生展示搭建平台"已成共识。基本遵循：立德树人、服务选材、引导教学。试题立意：以能力立意为基础，强化素养导向，价值观引领。生物教学应该重视高考题的指引作用，以每个学生的终身发展作为落脚点，让学生在自主、合作、探究过程中发展独特的个性，完善独立的人格，提升生物核心素养。

例如，2023年第15题：

有关预防和治疗病毒性疾病的表述，正确的是（　　）。

A. 75%的乙醇能破坏病毒结构，故饮酒可预防感染

B. 疫苗接种后可立即实现有效保护，无需其他防护

C. 大多数病毒耐冷不耐热，故洗热水澡可预防病毒感染

D. 吸烟不能预防病毒感染，也不能用于治疗病毒性疾病

这四个选项都涉及生活中的一些谣言和误区，尤其在刚刚经历疫情之后，大家对于病毒防护都很感兴趣，而谣言四起，就需要学生利用已经学到的生物学知识进行判断真假。教师在讲授《免疫调节》一章后，可以让学生讲一讲家里长辈的做法，同时收集一些传染性疾病的谣言进行分析，帮助学生建立正确的防疫健康观。

2023年第21题："生态文明建设已成为我国的基本国策。……使拟用于实际监测的SM不育的目的是？"题干紧贴国策，让学生思考如何在建设生态文明时，考虑"更为安全的发展"。也就是说，如果人工制备的转基因斑马鱼逃逸，将会与本地物种接触，影响当地的基因库，USA-GAL4系统也可能逃逸到其他生物体内，影响生物多样性等。教师在讲"转基因产品的安全性"时，一定要强调，我国政府制定了一些法规，最大限度地保证了转基因技术和已经上市的转基因产品的安全性。未经国家允许的转基因生物一定要严格管理，因此"拟用于实际监测的SM不育"，以防逃逸带来生物安全问题。现在是学习型社会，国家对学生的要求是既要有科研创新能力，也要有强烈的社会责任感。教师在教学中聚焦高考题的价值引领作用，可以培养学生的正确价值观、必备品格和关键能力。

四、科学思维进阶，提高综合素质

教师的教学设计要在红色精神的引领下，落位到系统优化的层次。整合教学资源时，不仅遵循理论逻辑，而且关注社会热点，教学内容要具有传承性、生成性、实践性，增加知识再生和增值的可能，从而培养学科核心素养，提高学生道德品质修养。

（一）导课方式游戏化

如课前收集班级内部分学生的父母照片，上课时展示给学生，让大家来猜一猜他（她）是谁的父母，通过对比照片和身边同学的异同点，很自然地引出问题：出现父母与孩子相同点的原因是什么？出现不同点的原因又是什么？利用学生自身的明显变化，把看不到、摸不清的基因形象化，确认了本节课的重点是基因的传递规律，它揭示了血缘关系的本质，有利于学生体会并改善亲子关系。

在"神经调节的基本方式"教学中，教师将一张白纸用双面胶贴在一名学生的胸前，告诉他这是一张浸了 HCl 的纸，让他做出反应。学生一边用双手胡乱地把纸撕扯下，一边尖叫着后退。教师赞赏地说他双手的动作就是"搔扒反射"，脊蛙搔扒反射所依赖的神经中枢是脊髓，启发学生思考：在大脑的指挥下，身体各个器官如何协调配合，从而完成复杂精细的活动？如果有人出了车祸，成为植物人，他的生活是什么样子？如果是高位截瘫，他的生活又是什么样子？引导学生注意安全，珍惜生命。同时也给学生提出了新的课题：如果我们继续研究脑机接口，是不是可以让高位截瘫患者恢复正常，也有助于改善其他残疾人的生活状况？

（二）情境创设生活化

在"蛋白质"一课中，教师以"三鹿三聚氰胺奶粉事件"为主线，通过"基本单位""组成方式""实现功能""检测方法"四个环节，从个人营养需求升华到国家的食品工程安全，各环节衔接流畅，生成一堂让学生关心、动心、放心且有浓厚实践味的健康课。在"细胞呼吸"一课中，教师引导学生分析长时间泡在水中的植物会烂根，指出这是根细胞无氧呼吸产生酒精所致，同时回顾前面学酒精可以使蛋白质变性，丧失生物活性，以及医学上酒精消毒的目的，进而推断出饮酒对人的健康是有害的。沿着科学家的脚步，从宏观到微观的逻辑推理中提高理性思维，在实验设计中培养科学探究精神。例如教师设计实验课"检测生物组织中的油脂、糖类和蛋白质"时，采用开放式教学设计，除了课标指

定的实验材料，教师还添加豆浆、白萝卜汁等，作为实验的选修内容，同时鼓励学生选择自己感兴趣的材料，带来实验室进行检测，给学生提供自主探究的机会。在学生发现并提出问题时，教师要引导学生发散思维，主动思考、推理、演绎，多调动已学知识，互相探讨，进行头脑风暴，这有助于提高学生创新思维能力，也是培养学生理性思维的有效途径。学生借此能认识常见食物的营养成分，有助于树立健康生活的观念。

（三）教学形式体验化

讲授"遗传的染色体学说"一课时，教师可以自制染色体和基因的教具，请学生摆放染色体和基因的遗传规律，亲自动手比较等位基因与同源染色体的关系，以及非等位基因与非同源染色体的关系，进行类比推理，得出和科学家相似的假说。这一过程中，学生不仅学习到科学家的工作方法，以便将其应用于今后的学习和工作中，而且增强了学习的自信心，促进了学生对实践理论知识的逻辑生成理解。在"酶的本质"教学中，教师可增设实验环节，例如煮熟的肝脏研磨液没有催化功能，但是它和多酶片研磨液一样，用双缩脲试剂检测呈现紫色，让学生直观地认识到酶的化学本质是蛋白质，高温破坏蛋白质的空间结构，使其丧失生物活性且不能恢复，但是高温不能破坏肽键。学生将已学知识与新知识横向联合，融会贯通，促进知识系统化和整体化。

（四）作业形式多样化

在正常的练习、复习等纸质作业之外，生物作业还可以安排酿葡萄酒，不同温度和湿度下进行绿豆发芽实验，用彩色轻黏土制作细胞结构模型、DNA 模型、神经系统分级调节模型，查询最新诺贝尔奖相关内容介绍、科学家背后的故事以及了解生物学科相关工作岗位等信息，并将其制作成 PPT 或手抄报等。学生可以阅读科研论文，培养科学阅读能力。依托论文内容，让学生按高考题形式出题，站在出题者的角度思考。针对学校旁边的城市内河流生态变化，探究生物多样性的间接价值，拉近教学与社会生活的距离，提高学生对周围生存环境的关注意识，让学生学以致用，增强社会责任感。这在实践层面锻炼了学生的科学探究能力，培养了学生的综合素质。

五、拓展红色教育的深度和宽度，培养爱国情怀

在教学中，教师可以渗透红色精神，它包含了坚定的信仰、无私的奉献、顽强的拼搏和不懈的奋斗。这种精神力量，是中国共产党领导中国人民取得革命胜利的强大动力，是激励中国科学家刻苦钻研，并在新时代中国特色社会主义伟大事业中贡献精神力量源泉，是新时代学生应该继承和发扬的宝贵财富。

（一）追随科学家的脚步

当今世界是大争之世界，虽然科学是没有国界的，科学家却有国界。作为一个正在打造中国梦的国度，我们强烈感受到了中华民族目前面临的严峻的国际形势。人民教师有责任引导学生形成爱国主义情感，树立正确的民族观与世界观。

在讲蛋白质的合成时，介绍我国科学家在世界上首次人工合成了结晶牛胰岛素；在讲遗传时，介绍袁隆平培育的杂交水稻增产20%；在讲细胞结构时，介绍屠呦呦提取的青蒿素可以破坏疟原虫的膜结构，使实验鼠的疟疾抑制率达到99%~100%；讲动物克隆实验时，介绍了多利羊的突破后，也不应该忘记介绍2017年世界首例体细胞克隆猴"中中"和"华华"。2020年北京高考21题"中国是最早种植水稻的国家，已有七千年以上历史。研究者通过杂交、连续多代回交和筛选，培育出育性正常的籼-粳杂交种"，这种知识有助于激发学生的爱国情怀，增强民族自豪感和历史使命感，激发对生物学的浓厚兴趣。介绍近年来人类科学领域最重要的突破，如 Science 杂志公布的2022年度十大科学突破，生物领域有六项进展，我国科学家获得一项研究突破，使学生知道目前科学研究热点和发展方向，了解我国科研现状，提升学习的紧迫感和责任感。

（二）走出课堂，培养乡土情怀

生物学科中的"生态系统"，主要研究生物与环境相互影响、相互制约的动态平衡关系。因此，在教学中如果能够突破课堂的限制，把学校当地的环境资源拓展为教学平台，实现教学空间拓展，那么不仅能实现教学方式多元化，而且能增加学生对实际生态系统的认识和分析能力，让学生了解自己居住地区周边环境独特的生态环境，提高学生的学习兴趣，培养学生的地方人文素养、地区认同感和乡土自豪感。

例如，在北京市房山区，师生利用校本课程野外实习的机会，研究刺猬河生物群落组成及不同区域和不同季节的变化规律，探究生物群落在不同区域和不同季节的物种丰度差异及其原因；利用学生春游的机会，考察百花山各物种的相对数量，分析物种间的关系及陆生群落结构，观察森林植被的垂直分布：①海拔 1 000~1 200 米以油松林、栎类林为主；②海拔 1 200~1 600 米以山杨林、桦树林为主；③海拔 1 600~1 900 米以云杉、华北落叶松林和云杉桦树针阔叶混交林为主；④海拔 1 900 米以上的山脊、山顶则是亚高山草甸，并分析形成原因。通过这样的教学空间拓展，原本呆板的教学过程变得丰富生动，拉近了师生距离，拓宽了学习渠道。在这样的学习环境中，学生的体会和认识必将深刻且实用。

以小组形式考察附近水域，研究河流在流入城市前、流经城市过程中、流出城市后的生物群落变化。在有工厂排污或者生活污水导致轻度污染的水体中，检测群落物种丰度变化，分析其抗污染自净化能力的强弱，然后提出整改措施。也可以考察附近废弃采石场、废弃公路上的原生演替，以及火灾后的森林、草原上的次生演替，探讨人为干预加快原生演替速度的方法。

六、结语

总之，红色基因是中华民族的宝贵财富，是立德树人的重要内容。传承红色基因、贯彻立德树人教育是一项长期而艰巨的任务，要求广大教育工作者从学科角度探索，以国家、民族发展为目标，不断创新教育方式方法，将红色基因的传承与立德树人教育有机结合，激发学生爱国主义情怀，培养社会责任感，育人以德。在教学中，要时刻重视学生核心素养的提升，使学生成长为人格独立、拥有健康的生命观念和理性思维，充满正能量的人，将来能为中国梦的实现作出积极贡献。

参考文献

[1] 中华人民共和国教育部．普通高中生物学课程标准（2017年版2020年修订）[S]．北京：人民教育出版社，2023（5）：3.

[2] 普通高中教科书·生物学·选择性必修3：生物技术与工程[M]．北京：人民教育出版社，2023：101-104.

[3] 刘恩山，曹保义．普通高中生物学课程标准解读（2017年版2020年修订）[M]．北京：高等教育出版社，2023.

[4] 朱恩位．在高中生物课堂教学中培养理性思维对策分析[J]．华夏教师，2022（24）：19-21

小学语文教学中开展红色育人的现状与对策

唐山市曹妃甸区第六农场中心小学　张冬梅

摘　要：本文通过对教材融合现状、理论研究现状和教学实践情况的调查，发现了存在的问题。然后，结合经济社会发展环境变迁、教师专业素养和准备不足、红色资源对小学生不够友好等原因进行了深入分析。最后，针对性地提出更新教材内容、加强教师培训、建立资源共享平台、根据学生特点设计资源、开展多样化活动等一系列解决对策与建议，旨在促进红色育人理念在小学语文教学中的有效落实，为培养德智体美劳全面发展的社会主义建设者和接班人提供理论指导和实践层面的支持。

关键词：小学语文教学；红色育人；教材融合；教学实践

一、绪论

（一）引言

培养什么人，是教育的首要问题。小学阶段是学生价值观形成的关键时期，通过正面的教育和引导，特别是开展红色教育，能够增强学生对祖国的热爱和认同感，引导学生形成积极向上的人生观念，从而帮助学生确立正确的价值取向。同时，由于小学生认知水平、理解能力以及社会阅历有限，对他们开展红色教育面临着一些挑战，如学习兴趣不足、与现实生活结合难、理解能力有限等。因此，借助学科融合理念，将小学思政课教学融入语文课堂教学成为一种潮流和趋势。但从目前的情况看，此方面的研究还处在起步阶段，从课堂教学的角度开展的理论和实践探索还比较少。针对这一现状，本文结合小学语文与德育教学规律，对小学语文教学中红色育人理念的融入与策略进行探讨。

（二）研究内容

（1）现状分析。深入分析小学语文教学中融入红色育人理念的现状，包括当前应用情况、存在问题以及取得的成果。通过对现状的全面了解，找出其中的不足，为下一步研究提供基础。

（2）理论探讨。探讨如何依据小学语文和德育教学规律，将红色育人理念巧妙地融入教学过程，包括对教学目标、教学内容、教学方法等方面的深入研究，确保融入的有效性和合理性。

（3）实证研究。结合具有代表性的真实案例，对红色育人理念融入的效果进行实证研究。通过案例分析，验证该理念在培养学生思想道德、爱国情怀等方面的实际效果。

（4）策略研究。研究融入红色育人理念的具体策略和方法，如选择合适的红色教材、设计创新的教学活动、运用多样化的教学手段等，以提高学生的学习兴趣和参与度。

（三）研究意义

（1）理论意义。为小学语文教学中融入红色育人理念提供坚实支撑，丰富相关领域的理论研究，为后续研究提供参考。帮助教师更加准确地把握红色育人的要点和难点，提高教学的针对性和实效性，促进教师专业成长。

（2）实践意义。进一步丰富小学德育教学的方式和途径，为德育工作提供新的思路和方法，推动德育教学的创新与发展。促进小学语文教学与

德育教学的有机融合，实现教育的全面发展，培养学生的综合素质，为学生的未来发展奠定坚实基础。

（3）现实意义。培养小学生的思想道德素质、爱国主义情怀、社会责任感和良好的品德修养，使他们成为有理想、有道德、有文化、有纪律的社会主义建设者和接班人。

二、现状分析

（一）红色育人与小学语文教学的融合现状

1. 教材融合现状

语文课堂一直是中小学校开展德育教学和红色教育的主阵地，德育教学和红色文化教育在教材中得到切实的体现。自 2017 年 9 月起，在全国中小学投入使用的教育部统编语文教材中，收录了大量革命传统经典篇目。经过梳理统计，统编教材中共有红色经典篇目 44 篇，具体分布情况如表 1 所示。

表 1 统编教材中红色经典统计

年级	红色经典篇目	数量
一年级上册	第 10 课《升国旗》	1
一年级下册	语文园地一 读一读《祖国多么广大》，第 1 课《吃水不忘挖井人》，第 2 课《我多想去看看》	3
二年级上册	第 16 课《朱德的扁担》，第 17 课《难忘的泼水节》	2
二年级下册	第 4 课《邓小平爷爷植树》，第 5 课《雷锋叔叔，你在哪里》	2
三年级上册	第 3 课《不懂就要问》，第 27 课《手术台就是阵地》	2
三年级下册	第 21 课《我不能失信》	1
四年级上册	第 21 课古诗三首之《夏日绝句》，第 22 课《为中华之崛起而读书》，第 23 课《梅兰芳蓄须》，第 24 课《延安，我把你追寻》	4
四年级下册	第 8 课《千年梦圆在今朝》，第 19 课《小英雄雨来》，第 24 课《黄继光》，阅读链接《祖国，我终于回来了》	4

续表

年级	红色经典篇目	数量
五年级上册	第2课《落花生》，第8课《冀中的地道战》，第13课《少年中国说》，第14课《圆明园的毁灭》，阅读链接《七子之歌》（节选）和《和平宣言》（节选），第15课《小岛》	7
五年级下册	第4课《梅花魂》，第10课《青山处处埋忠骨》，第11课《军神》，第12课《清贫》	4
六年级上册	第5课《七律长征》，第6课《狼牙山五壮士》，第7课《开国大典》，第8课《灯光》，第12课《桥》，第26课《我的伯父鲁迅先生》，第27课《有的人》	7
六年级下册	习作例文《别了，语文课》，第11课《十六年前的回忆》，阅读链接《董存瑞舍身炸暗堡》，第12课《为人民服务》，阅读链接《十里长街送总理》，第13课《金色的鱼钩》，阅读链接《詹天佑》	7

从表1可以看出，小学语文教材在红色篇目安排上，数量由低年级到高年级逐步增多，其中1~3年级每学年安排3~4篇，四年级安排8篇，五年级安排11篇，六年级安排14篇，体现了学生理解能力由低向高的演进趋势。

2. 理论研究现状

在中国知网，以"红色育人"为关键词进行文献检索，共检索出相关文献1 407篇，其中学术期刊889篇，学位论文90篇。从文献的发表时间看，相关文献在2020年前后呈现快速增长态势，如图1所示。

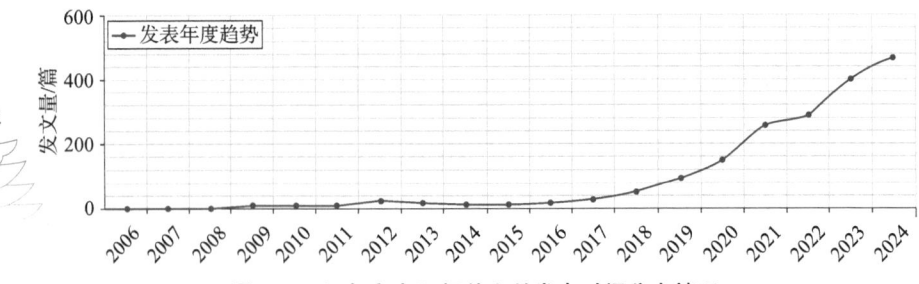

图1 "红色育人"相关文献发表时间分布情况

（1）研究主题。从相关文献研究的主题看，"红色文化"主题的文献492篇，占据了文献总数的三分之一，排在第一位；"文化育人"主题的文献152篇，在文献中排在第二位。从以上数据看，目前在理论研究方面，学者们对红色文化的育人功能以及红色文化融入育人工作等达成了共识，对红色育人的研究也多从以上视角展开（如图2所示）。

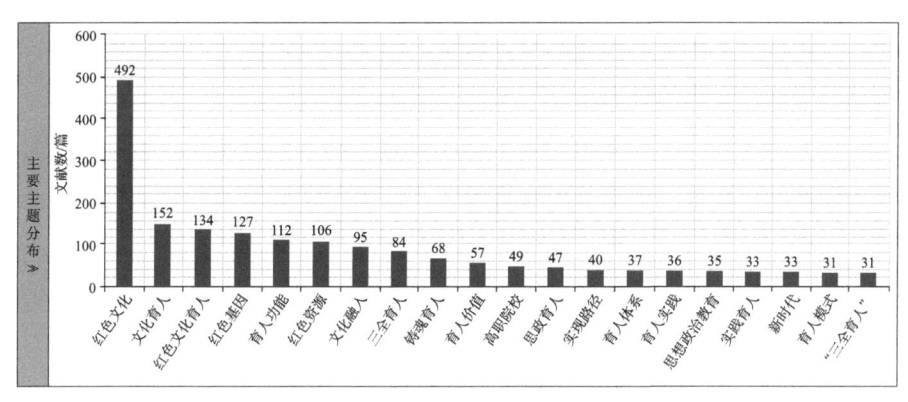

图 2　"红色育人"相关文献研究主题分布情况

（2）学科分布。从相关文献的学科分布看，高等教育方面的文献达到775篇，占总文献数的44.67%；其余文献数量较多的学科包括思政教育、职业教育、中国共产党、文化等；初等教育学科的文献数量为101篇，占据总文献数的5.82%。由此可见，目前在学校红色育人方面，对高校和职业教育红色育人研究较多，而对中等教育红色育人研究则相对较少，对初等教育红色育人研究则最为薄弱（如图3所示）。

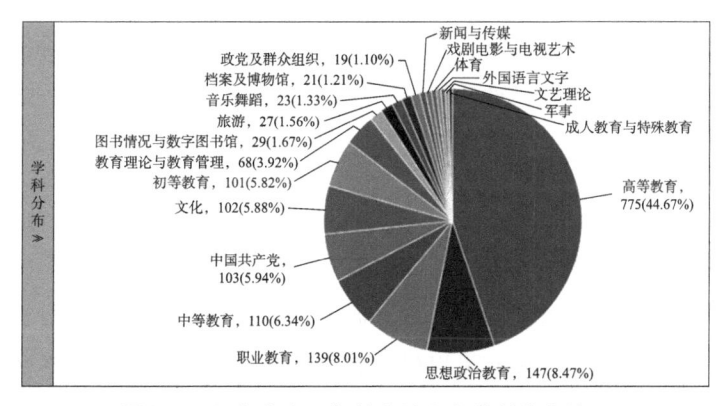

图 3　"红色育人"相关文献研究学科分布情况

3. 教学实践情况

在当前小学语文教学体系中，红色育人理念正逐渐占据重要地位。随着国家对红色教育的日益重视，这一理念不仅融入语文教学体系，而且成为培养学生爱国情怀和核心价值观的关键要素。这种趋势不仅体现在教学政策的引导上，更体现在教师的日常教学实践中。他们通过多样化的教学手段，将红色文化元素巧妙地融入课堂，使学生在语文学习过程中能够深刻感受到红色文化的魅力。

（1）课堂教学是开展红色育人的主阵地。在教学过程中，教师通常会深入挖掘红色故事，生动有趣地讲述，让学生在掌握语言知识的同时，感受红色文化的魅力。此外，诵读红色经典作品也是不可或缺的一环。这些作品不仅语言优美，而且蕴含着丰富的红色精神，能够让学生在阅读中受到熏陶和启迪。

（2）课外活动在开展红色育人中发挥着重要作用。学校普遍的做法是开展红色主题演讲、红色文化展览等多样化的活动，让学生在实践中深切感受红色文化的魅力。通过这些活动，学生不仅能够增强对红色文化的理解，还能够锻炼自己的演讲、组织等能力，促进全面发展。

（3）家校合作是开展红色育人的关键环节。目前在德育工作中，学校和家长普遍建立了紧密的沟通机制，并将其作为一项制度得到推广，以共同引导学生树立正确的价值观。家长可以通过参与学校的红色文化教育活动，了解孩子在学校的学习情况，提升红色育人效果。此外，家长还可以在家庭教育中融入红色元素，如讲述红色故事、观看红色电影等，让红色育人理念在家庭中得到延伸和拓展。

（二）面临的问题

1. 引发学生思想共鸣难

尽管目前无论是政策支持、理论研究还是课程安排等诸多方面，都为小学语文教学中开展红色育人提供了有力支持，但是由于课本中的红色经典与现实的社会环境存有一定差距，对小学生特别是低学龄学生授课仍然

面临着难题。通过对从事教学工作的小学语文教师进行走访，得到的共识是，目前入选教材的红色篇目，难易程度经过认真论证，小学生基本能够顺利完成阅读，但是学生对文章中讲述的内容理解却有一定的难度。例如《吃水不忘挖井人》这篇课文，讲述了毛主席在江西领导革命时，带领沙洲坝的村民一起挖井的故事，表达了村民们饮水思源的感激之情。然而，对于一年级的小学生来说，如今不论是城市还是农村的学生，生活中都很少见到水井，如何让学生更好地理解课文的内容，并且将课文中想要传递的革命传统教育主题的内容与基础语言教学相结合，在实际教学中面临着诸多难题。

2. 普及推广进展不平衡

在语文课堂开展红色文化教育，本身具备先天优势和便利条件，但真正要达到育人效果，对教师的专业素养和课堂教学的准备有着很高的要求。例如，在一些经济较为发达的地区，教师能够充分利用多媒体资源、历史文物和丰富的社会实践活动，将红色文化教育与语文教学有机结合，使学生在身临其境的体验中感受红色文化的深刻内涵。再如，一些红色资源丰富的地区，学校通常通过开展红色主题文化活动、邀请红色历史人物后代进校园等方式，拓展红色教育的形式和途径。相对而言，经济相对落后、教育资源匮乏的地区在红色育人理念普及上则面临诸多挑战。这些地区的师资力量相对薄弱，教学资源有限，导致红色文化教育在语文教学中的实施受到一定程度的限制。尽管如此，一些教师仍然通过深入挖掘当地红色资源、创新教学方法、开展家校合作等方式，努力探索适合当地实际情况的红色育人路径，但从整体上看，仍然存在不平衡的问题。

3. 考核评价机制不健全

相较于文化课的考评，目前在德育教学方面，无论是对学校、对教师还是对学生，考核评价机制都有待进一步完善。在当前教育体制下，社会对教育评价的着眼点仍然聚焦在学生考试分数的高低上，所以在教育工作中，学生以成绩优异掩盖其他不足的现象比较普遍，而教师在语文教学中也难免会更加关注教学大纲上学科知识的讲授。特别是在小学语文教学中，学科知识的听、读、写相对容易把控，对于教师在课堂上是否充分开展育人工作，学校无法有效地评价，对学生的成绩和日常表现短期内也不会有明显的影响，致使部分教师仍然存在只顾教书不管育人的问题。同时，由于一些教师没有摆脱陈旧的教育教学理念和传统的模式化教学方法，在小学语文课堂中还存在为教而教的情况，对学生进行简单的红色理念灌输，使红色育人流于形式。

（三）原因分析

1. 教材内容与现实生活脱节

随着经济社会的发展，学生的生活环境和日常经历发生了变化，但目前小学教材中选用的红色篇目仍然偏向传统，而贴近当代学生的红色篇目在教材上还相对较少。对于小学生而言，这些相对久远的历史人物和事件，难以引发他们的学习兴趣。同时，这些红色篇目蕴含的红色文化，也难以与学生的生活实际产生共鸣，从而增加学生学习难度。

2. 教师专业素养和教学准备不足

教师在课堂教学中处在关键位置，在小学语文教学中融入红色育人理念，对于一些业务素质相对较低的教师而言有一定难度。一些教师缺乏对红色育人理念的深刻理解与教学准备，这可能是由于教育培训不足、教材资源有限或个人认识上的局限性等造成的。传统的教学模式使教师更注重课本知识传授，对于如何将红色教育与语文教学结合起来的方法论理解不足，因此，在教学过程中可能更倾向于简单地传授红色故事，缺乏深度的教学设计和引导，导致学生的学习效果和体验不佳。

3. 适合小学生的红色资源缺乏

近年来，各地高度重视红色文化和红色资源的发掘，开辟和建设了一大批红色教育基地，但这些基地大多更适合党员干部和成人，对小学生不够友好。比如在参观场景的设置、解说员配备以及讲解词准备方面，专门为小学生准备的参观内容较少。这些面向成人的红色教育资源，难以引起小学生的兴趣和注意力，从而影响了他们对红色教育的接受程度。同时，

部分学校和教育机构在展示红色资源时，缺乏对小学生特点的考虑，内容可能过于抽象或庄严，难以引发学生的兴趣与共鸣，使红色教育效果不够显著。

三、对策与建议

综上所述，经济社会发展、环境的变迁、教师专业素养和准备不足，以及红色资源对小学生不够友好等方面的问题，影响了红色育人在小学语文教学中的实施效果。解决这些问题需要从教材编写、教师培训、红色资源的开发与利用等方面着手，以提升红色育人的质量和效果。

（一）进一步完善小学语文教材体系

在保持教材相对稳定性的同时，建议对现有小学语文教材中的红色篇目进行优化，根据学生知识储备和年龄特点，进一步增加体现现代精神和价值观的红色故事、英雄人物的生活轨迹等内容，以使教材更贴近学生的生活实际和情感需求。在此基础上，应大力支持学校根据自身的特点和学生的需求，开发符合实际情况的校本红色教育课程，灵活调整教学内容和形式，使之更加贴近学生的生活和学习实践。为此，教育部门可以给予学校一定的自主权和支持，鼓励其开展创新实践，探索符合自身发展需求的红色育人路径，促进校本红色育人课程的不断优化和完善。另外，学校和教育部门可以鼓励教师开展合作研究项目，共同探讨红色育人理念在语文教学中的应用，促进经验交流和教学方法的创新，提高整体教学质量。

（二）进一步加大教师培训培养力度

针对部分基层教师教学能力不足和理念更新滞后等问题，教育部门可以组织多层次的培训课程，包括集中培训、研讨会、学习班等形式，以满足不同教师的需求，适应不同教师的学习方式。培训内容应包括红色育人理念、相关教学方法和案例分析等方面，以提升教师的专业素养和教学水平。为常态化开展好以上工作，要建立健全师资培训机制，包括培训计划、评估体系和持续跟进机制，确保教师培训工作的有效开展和成效评估。同时，要注重培养一批专业化的红色育人师资队伍，提高教师对红色育人理念的理解和应用。在此基础上，可以利用教育信息网络加强红色育人教学资源共建共享，集中整合各类教学资源、教案、案例等，供教师在线学习和交流。这样可以方便教师随时随地获取最新的红色育人教学资料，提升其教学水平和实践能力。

（三）进一步加强红色教育资源的开发

针对红色资源对小学生不够友好的问题，各级教育部门和学校要针对性加强教育资源的开发建设。根据小学生的认知水平和兴趣特点，可以将红色资源以生动有趣的形式呈现，如制作动画、漫画，以吸引学生的注意力，激发学生的兴趣；可以借助现代科技手段，设计红色主题的手机应用、游戏等，让学生在玩乐中学习。同时，学校和教育机构可以组织丰富多彩的红色主题活动，如红色文化展览、主题演讲比赛、角色扮演、实地考察等。通过这些活动，学生不仅可以了解红色历史，还能够亲身参与其中，增强对红色精神的感知与理解。借助这些资源，教师可以将红色资源融入课堂教学中，设计富有趣味性的教学活动，如通过红色故事讲解语文知识、组织红色主题的诗歌朗诵比赛等，让学生在学习语文知识的同时，感受红色文化魅力。

（四）进一步改进语文教学方法

为了在语文教学中深入开展红色育人，教育工作者还需要关注以下几个方面：一是注重教学内容更新和优化。随着时代发展和社会进步，红色育人内容也需要不断更新和优化。教育工作者应关注时代热点和社会发展趋势，将最新的红色文化元素融入教学中，使教学内容更加贴近学生生活实际。二是要创新教学方法和手段。传统的教学方法和手段无法满足现代学生的学习需求，因此，教育工作者需要不断创新教学方法和手段，如采用多媒体教学、情境教学等方式，激发学生的学习兴趣和积极性，提升教学效果。三是要坚持以学生为本。学生是教学的主体，一切教学活动都应

以学生为中心。在开展红色育人时，教育工作者应充分考虑学生的需求和兴趣，让他们在学习中感受红色文化的魅力和价值。

（五）进一步完善红色育人评价机制

开展红色育人不是一时的活动或任务，而应是一个长期、持续的过程。因此，教育工作者需要注重实效性和可持续性，确保在语文教学中开展红色育人并取得良好效果。同时，各级教育部门和学校要进一步完善教育教学和学生评价机制，加强评估和反馈。评估是检验教学效果的重要手段。在开展红色育人的过程中，教育工作者需要加强对教学效果的评估和反馈，及时发现问题并采取有效措施进行改进和优化。

总之，在当前教育背景下，在小学语文教学中开展红色育人尤为重要。通过课堂教学、课外活动和家校合作等多个方面的深入实践和探索，我们可以有效地将红色育人理念融入语文教学中，培养学生的爱国情感，传承红色文化。同时，我们还需要在不断提升教师红色文化素养、更新和优化教学内容、创新教学方法和手段等方面努力，以推动红色育人在语文教学中深入实施并取得良好效果。

参 考 文 献

[1] 教育部. 关于进一步加强新时代中小学思政课建设的意见 [Z]. 教基〔2022〕5号，2022.

[2] 周晓，夏雨. 党的二十大精神融入贵州高校红色文化育人路径探析 [J]. 贵州警察学院学报，2024，36（2）：122-128.

[3] 王渊富. 红色文化融入小学语文教学的实践探讨 [C] //广东省教师继续教育学会. 广东省教师继续教育学会第二届全国教学研讨会论文集（七）. 2023：3.

[4] 唐晶. 小学开展红色教育的路径探索：以南宁市红星小学为例 [J]. 广西教育，2023（19）：33-35.

[5] 陈婷，甘梦蝶，董少强. 以文化人以史育人：昌都市实验小学红色文

化进校园的实践探索［J］.西藏教育，2023（4）：62-64.

［6］严清.部编版小学高段语文教科书中的红色文化篇目及其教学策略研究［D］.赣南：赣南师范大学，2023.

［7］王紫潇.红色经典的时代意蕴及育人功能［J］.思想理论教育导刊，2024（2）：125-133.

［8］盛欣欣.浅谈小学生的认知特点与数学教学策略［C］//廊坊市应用经济学会.对接京津：扩展思维基础教育论文集.2022：3.

新课程背景下小学数学教学中
红色育人理念的融合与实践

北京理工大学附属小学 杨 伟

摘 要：本文旨在探究新课程背景下小学数学教学中红色育人理念的融合与实践，将围绕以下几个问题展开研究：一是如何在新课程背景下理解和把握红色育人理念的内容；二是如何在小学数学教学中有效地融入红色育人理念；三是红色育人理念在小学数学教学中的实践效果如何。希望能够在新课程背景下，探讨红色育人理念在小学数学教学中的具体应用方法和效果，为一线教师提供可借鉴的经验和启示，推动小学数学教学的创新发展。

关键词：新课程；小学数学教学；红色育人理念

一、引言

随着新课程改革的深入推进，小学数学教学面临着前所未有的机遇与挑战。新课程理念强调学生的主体性、实践性和创新性，注重培养学生的综合素质和核心素养。在这样的背景下，小学数学教学不仅需要传授知识，更要注重育人功能的发挥。

红色育人理念作为我国特有的教育传统和优势，在当前教育环境中具有重要的价值和意义。它强调通过传承红色文化、弘扬革命精神，培养学生的爱国情怀、革命精神和道德品质。在小学数学教学中融入红色育人理念，不仅能够丰富教学内容，增强教学的思想性和教育性，还能够激发学生的学习兴趣和动力，促进学生的全面发展。因此，本文旨在探究新课程背景下小学数学教学中红色育人理念的融合与实践。

二、小学数学教学融入红色育人理念的意义

（一）数学课程本质意义

《义务教育数学课程标准（2022版）》指出："数学是研究数量关系和空间形式的科学。它不仅是运算和推理的工具，还是表达和交流的语言。数学承载着思想和文化，是人类文明的重要组成部分。数学教育承载着落实立德树人根本任务、实施素质教育的功能。学生学习数学课程，发展实践能力和创新精神，增强社会责任感，树立正确的世界观、人生观、价值观。"数学课程贯穿小学、中学、大学，是每个学生成长路上不可或缺的一门课程。红色育人理念的融入具有一定的连续性，可以更好地传承红色基因，弘扬革命精神。

（二）红色育人理念融入数学教学的价值

红色文化承载着国家历史和民族记忆，凝练着中国共产党的智慧与担当，它既可以为国家发展、社会进步、民族复兴提供前进力量，也可以为新时代全体中华儿女提供深厚的精神滋养。

在数学教学中融入红色育人理念，首先，有助于提升学生的思想道德

水平。通过红色育人理念的熏陶，学生能够更加深入地了解党的光辉历程和革命传统，增强他们的民族自豪感和历史使命感。其次，它有助于激发学生的学习兴趣和动力。红色育人理念能够将数学知识与现实生活相结合，使数学教学更加生动有趣，从而激发学生的学习兴趣和积极性。此外，它有助于培养学生的综合素质。通过红色育人理念的渗透，学生不仅能够掌握数学知识，还能够提升思维能力、创新能力以及团队协作能力等综合素质。

（三）学校历史背景承载红色育人理念

我校作为"国防七子"之一的附属小学，具有深厚的红色背景，学校师生始终秉持"延安精神"，即坚定信念、艰苦奋斗、实事求是、敢为人先的精神，这也为学科教学融入红色文化奠定了坚实基础。

三、小学数学教学中蕴含的红色素材

在新课程背景下，小学数学教学的变革与发展趋势呈现出以学生为中心、注重数学素养和实践能力、多样化教学方式等特点，这为红色育人理念的融合与实践提供了广阔的空间和坚实的基础。在小学数学教学中，我们可以将红色育人理念与新课程要求相结合，通过挖掘数学课程中的红色元素、开展红色主题实践活动等方式，将红色育人理念贯穿小学数学教学的全过程，为学生的全面发展注入新的动力。

我校使用的是北师大版小学数学教材，汇集了众多专家的智慧，是非常好的红色文化资源蓝本。教师应该以教材为主阵地，充分挖掘和利用好数学课程中蕴含的红色元素，深挖小学数学与红色育人理念的融合点，才能走好红色育人理念与数学教学融合的第一步。下面结合北师大版小学数学十二本教材，就爱国主义、科学精神、生态文明、审美能力等四个方面，对红色元素在小学数学教学中的呈现进行具体梳理。

红色元素融合主题	数学知识育人点	教材课时内容	意义
爱国主义	数学史	结绳计数 认识亿以内的数——第七次全国人口普查 七巧板 混合运算——算筹计数 认识千米——铁路建设 角的度量——二十四节气 圆周率 杨辉三角 因数倍数——哥德巴赫猜想	弘扬爱国精神，传承优秀传统文化，增进国家认同、民族自信，培养社会主义接班人的责任感。
	地理文化	三山五岳 认识方向——指南针 方向与位置	
	体育精神	时分秒——奥运开幕 反弹高度	
科学精神	勤于观察	观察物体 种蒜苗	培养学生实事求是的数学精神、严谨认真的数学态度、理性思考的数学习惯。
	动手能力	长方体与正方体 密铺	
	理性思维	用字母表示数 测量圆的周长 有趣的推理	
生态文明	节约教育	租车问题 包装的学问 滴水实验 圆面积的应用	增强学生环保意识，保护生态文明人人有责。
	环保教育	回收废电池 整理房间 垃圾分类	
审美能力	图形中的美	轴对称、平移、旋转 欣赏与设计	提升学生审美能力。
	黄金比的美	黄金分割	

四、红色育人理念在小学数学教学中的融合策略

红色文化教育作为我国教育的重要组成部分,其核心价值在于传承红色基因、弘扬革命精神,培养学生坚定的理想信念和爱国情怀。在小学数学教学中,融合红色育人理念,不仅能够丰富教学内容,提升教学效果,还能激发学生的爱国情怀,促进学生全面发展。

(一) 深入挖掘数学教材中的红色元素

小学数学教材中蕴含着丰富的红色元素,如数学史中的革命先驱事迹、数学问题中的革命斗争背景等。教师应深入挖掘这些元素,将其融入教学中,让学生在学习数学知识的同时,了解革命历史,感受革命精神。例如,在讲解数学史时,可以介绍华罗庚、陈景润等数学家的爱国情怀和奋斗精神,激发学生的民族自豪感和爱国热情。

(二) 开展红色主题数学实践活动

开展红色主题数学实践活动,让学生在实践中感受红色文化的魅力。例如,组织学生到红色教育基地开展数学测量活动,让学生在实地测量中运用数学知识,同时了解革命历史;或者设计以红色故事为背景的数学问题,让学生在解决问题的过程中,深入理解红色文化的内涵。

(三) 将红色精神融入数学课堂教学

在课堂教学中,教师可以结合具体的教学内容,适时引入红色精神,对学生进行思想引导。例如,在讲述数学中的困难与挑战时,可以引用革命先烈的英勇事迹,鼓励学生勇敢面对困难,培养坚韧不拔的精神;在强调数学学习的重要性时,可以联系国家的发展需要,激发学生的使命感和责任感。

（四）利用红色资源开展数学课外拓展

教师可以利用红色资源，开展数学课外拓展活动，丰富学生的学习体验。例如，引导学生阅读红色经典著作，从中发现数学问题的线索，进行数学探索；或者组织学生参观红色纪念馆，了解革命历史中的数学问题，拓宽学生的数学视野。

（五）加强红色育人理念的教师培训

教师是融合红色育人理念的关键力量，因此加强教师的红色育人理念培训至关重要。学校可以组织教师学习红色文化，提升教师的红色文化素养，更新其教育理念；同时，鼓励教师在教学实践中积极探索红色育人理念与数学教学的融合方法，形成具有特色的教学模式。

五、实践案例与深度思考

课堂是教学活动的主阵地，我们可以通过精心设计数学教学活动，将红色文化的精髓与数学知识的传授相融合，让学生在学习数学技能的同时，也能领略到红色文化的独特魅力。以北师大版数学二年级下册第三单元"万以内数的认识"为例，教学片段设计如下：

环节一：创设长征情境，营造红色文化氛围。

师：课件播放背景视频（长征画面），学生齐诵《长征》。

生：学生边观看背景视频，边用洪亮的声音朗诵，用心灵感受长征精神的内涵。

环节二：出示材料，探究长征中的"数。"

师：如何用数学的眼光发现长征？

生：独立思考。

师：出示阅读材料（红军长征途经江西、福建、广东、湖南、广西、贵州、云南、四川、西康、甘肃、陕西等十一个省，行程25 000里。中国工农红军长征总里程为65 000里。其中，中央红军行程为25 000里，红二

十五军行程近 10 000 里,红四方面军行程 10 000 余里,红二方面军行程 20 000 余里。10 余万英烈牺牲,中央红军长征出发时为 86 000 余人,长征结束时为 6 000 余人。)

请一名同学大声阅读这份材料。

师:通过这份材料,你发现了什么?

生1:我发现有好多数字。

生2:我发现还有计算经历时间的。

生3:我发现还有很多我们没有学过的数。

……

师:同学们真棒,都有一双善于发现的眼睛,那你能用什么方法把你不认识的数表示出来呢?

环节三:合作探究交流,亲历数说长征的过程。

师:每个小组都有一盒学具,请小组内合作,用学具表示出材料中你没学过的任一个数,并记录下来。

生:用计数器、计数正方块、符号、图形……多种方式表达大数。

小组交流、反馈。

环节四:归纳评价提升,呈现数说长征成果。

师:大家通过今天这节课的学习,不仅全面了解了长征精神,真切体会到了长征的不畏艰险,艰苦奋斗,还认识了生活中更大的数。

(一) 创新课堂设计,巧妙将红色文化融入数学教学

红色育人理念下的学科教学,其理想状态犹如盐溶于水,微妙而深邃。红色育人理念便是那不可或缺的盐,而学科知识则如同清澈的水。盐在水中悄然溶解,虽不张扬其存在,但其滋养却渗透到每一滴水中,使整个教学过程充满了红色的力量与温度。这样的融合,既保留了学科知识的纯粹与深邃,又赋予了其红色的精神内涵,使学生在潜移默化中受到红色育人的熏陶与滋养。就如上面的教学片段一样,整合相关教学素材和资源,把长征精神与万以内数的认识巧妙结合起来。

（二）优化教学过程，确保红色文化与数学学科本质相辅相成

数学作为一门严谨的学科，其本质在于逻辑推理、问题解决和抽象思维。在深化教学过程中，应注重培养学生的数学思维和解决问题的能力。通过将红色文化中的实际问题转化为数学问题，引导学生运用数学知识进行分析和解决，可以让学生在实践中提升数学能力，同时也能够加深对红色文化的理解和认同。

此外，教师还应注重教学方法的创新和改革。可以采用案例教学、情境教学等多样化的教学方式，将红色文化元素融入数学教学中，使学生在轻松愉快的氛围中掌握数学知识，同时也能够感受到红色文化的魅力和价值。

（三）注重评价反馈，以红色文化丰富学生对数学的感悟与理解

评价反馈是教学过程中的重要环节，在新课程背景下，要求"教-学-评"一体化。一方面，从学业质量角度分析，练习与测试是不可缺少的，在练习设计上融入红色文化，让红色文化从课堂上延伸到课下，真正渗透到学生的学习中。另一方面，从广义的评价视角看，除了练习与测试，还需要关注学生课上课下的表现性评价，比如学生的学习态度、习惯、情感价值观、能力等方面，这也最能直接体现红色文化与学科知识融合的深度。

通过评价反馈，教师可以了解学生对红色文化与数学结合的接受程度和理解深度，根据学生的表现，可以及时调整教学策略和方法。

综上所述，在教学实践中，小学数学教学不再局限于数学知识的传授，而是成为一个充满红色文化气息、富有教育意义的课堂。学生在学习过程中，不仅能够掌握数学知识，更能够深刻理解和感受红色文化的魅力和精神内涵。未来，我们将继续探索和实践红色育人理念在小学数学教学中的融合与应用，努力培养出既有扎实数学基础，又具备红色精神的优秀学生。同时，我们也期待更多的教育工作者能够加入这一行列，共同为培养新时代的接班人贡献智慧和力量。让我们携手并进，以红色育人理念为

引领，不断推动小学数学教学的创新与发展，为祖国的繁荣富强和中华民族的伟大复兴贡献力量！

参 考 文 献

［1］ 中华人民共和国教育部．义务教育数学课程标准（2022年版）［S］．北京：北京师范大学出版社，2022．

［2］ 张晓天，张丹．义务教育课程标准（2022年版）课例式解读小学数学［M］．北京：教育科学出版社，2022：61．

［3］ 王荣．中华优秀传统文化渗透在小学数学课堂教学中的策略［C］．中国管理科学研究院教育科学研究所．2022教育探究网络论坛论文集（三）．2022：661-663．

［4］ 陈伟忠．如何在小学数学课堂上渗透数学文化［J］．当代家庭教育，2021（3）：106-107．

用好语文课堂平台,渗透红色文化教育

峪口小学 刘 宇

摘 要: 红色资源是我国特有的具有道德教育意义的载体,开展红色教育、弘扬革命文化是中小学语文课程的基本任务之一。新时代,对革命文化及其教学潜力的重新挖掘和激活,与立德树人根本任务高度契合。语文课堂是挖掘红色资源、赓续红色血脉、传承红色文化、弘扬红色精神的重要平台,在教学过程中,应充分发挥红色文化教育作用,在提高学生语文素养的同时,有效培养学生对红色革命传统的理解和认同,传承红色基因,树立红色理想。

关键词: 红色资源;语文课;红色教育

一、引言

近年来,教育部多次颁发文件,强调要将爱国主义情怀、艰苦奋斗传统、革命斗争精神等红色主题内容以丰富多样的形式有机融入各学科教学中,树立文化自信,增强民族自豪感,初步树立为中华民族伟大复兴而奋斗的志向。2016年4月,习近平总书记在革命老区安徽金寨调研时指出,革命传统教育要从娃娃抓起,既注重知识灌输,又加强情感培育,使红色

基因渗进血液、浸入心扉，引导广大青少年树立正确的世界观、人生观、价值观。弘扬革命精神，传承红色基因，是新的时代下爱国主义教育的必然要求。《义务教育语文课程标准（2022年版）》明确提出，语文课程的总目标之一就是"弘扬社会主义先进文化、革命文化、中华优秀传统文化，建立文化自信"。用好语文课堂平台，在教学中渗透红色文化教育是新时代教育的必然要求。

红色文化资源作为我国特有的具有道德教育意义的载体，具有革命性、科学性、实践性和时代性等特征。开发红色资源，使其走进中小学课堂教学，对于未成年人思想道德建设有着重要的现实意义和教育价值。以语文课堂为平台，将红色文化相关资源融入教学内容和教学过程中，引导学生沉浸于红色文化的情境中，自觉接受红色文化教育的熏陶，以文化人，发挥课程教学铸魂育人的功能。

二、以语文课堂为平台进行红色教育的必要性

"培养什么人、怎样培养人、为谁培养人是教育的根本问题"。党的十八大明确提出，立德树人是教育的根本任务，语文课程作为育人重要载体，其作用愈发凸显。以语文课程为平台，挖掘红色教育资源，是提升学生综合素养和有效落实素质教育的必然途径，是落实新课程方案和课程标准精神要义的重要举措。

"少年强则国强，培育和践行社会主义核心价值观必须从少年儿童抓起"。小学生具有很强的可塑性，其行为习惯与道德品质正处于培养时期，思想意识和价值观念也在不断地发展变化。以语文课堂为平台，渗透红色文化教育，能够引导学生向红色英雄人物学习，体悟革命英雄的家国情怀和责任担当，培养学生爱国爱家、勇担大任的红色情感，传承艰苦奋斗、百折不挠的红色传统，帮助学生树立坚定的文化自信，确立实现中华民族伟大复兴的远大志向，使他们成为德智体美劳全面发展的社会主义建设者和接班人。

以语文课堂为平台，渗透红色教育是顺应时代发展的必然趋势。新时

代的教育发展要求加强中小学的红色文化教育,语文课堂作为学生思想教育的主阵地,必须将红色资源转化为重要的德育资源,在文本学习的基础上,开展思想方面的教育,让学生了解红色历史,体验红色情怀,培养爱国情操,形成正确的价值观,塑造健全的人格,树立坚定的理想信念,引导学生成为具有深厚爱国情怀的新一代青少年。中国的青少年一代,应该自觉承担起学习与传播红色文化的责任,铭记历史,牢记为今天的美好生活而艰苦奋斗、英勇献身的革命先辈们,记住现在和平而稳定的幸福生活是革命先辈浴血奋战而来的,应该倍加珍惜,讲好红色故事、发扬红色精神、传承红色文化,做新时代的红色文化传承人。

三、语文课堂教学中渗透红色教育的现实问题

在渗透红色教育的过程中,语文教师容易将红色文化"窄化",渗透的内容和方式较为单一。在渗透红色文化教育时容易局限于课本,很少延伸拓展其他方面的红色资源,而在对仅有的红色资源进行解读时又容易局限于文本,将人物事件单一化、定义化,简单地给事件人物定性,对红色文化背后的思想感情、精神内涵挖掘不够。在方式上,教师虽然会采用多媒体进行教学,如观看红色电影、电视、革命历史图画等,但大多流于形式,并未对其进行深入剖析。在教学方法上,由于红色文化存在"距离感",教师一般采用讲授法,未能针对不同红色文化内容采用其他适合的教学方法,如情境教学法、活动教学法等。

部分教师对红色文化的认识不够清晰,看待红色文化过于僵化,认为红色文化就是单纯的革命文化,甚至将红色文化教育等同于思想政治教育,在教学时存在单一政治化倾向。教师对红色文化教育的认知偏差,导致了其对教学目标的偏离,在课程中局限于思想政治教育。过于僵硬的政治教育不仅不能够起到育人的作用,还有可能起到反作用,引起学生的逆反心理,导致其对红色文化产生抵触心理,使得红色文化教育难以开展。

在开展红色主题教育活动时,大多以红色故事分享、红色黑板报、红歌演唱等形式展开,这些活动是大部分学校开展红色教育时普遍采用的形

式，没有形成体系，且逐渐出现套路化、固定化的趋势，仅停留在表面的红色教育，未能深入挖掘红色文化背后的深刻内涵和精神。空洞的活动，虽能传播红色文化，但育人作用微乎其微。学校和教师希望通过开展各种红色育人活动实现红色文化教育，却没有把握红色文化教育的价值内核，单纯为了开展而开展活动，学生只能获得对红色文化浅显的认识，程序化、套路化的活动是没有灵魂的活动，无法吸引学生进行深入的探索和思考。

小学生认知水平有限，人生阅历极少，对红色文化有距离感，这些都导致了他们很难全面而充分地认识红色文化。大多数语文教师未能采取有效地渗透红色教育的方式方法，学生在长期的学习中积累了关于红色文化的词句，也能够知道相关句段表达的红色情感，但也只停留在"知道"的层面，难以将自己与红色文化的发展相关联，难以在精神和情感上产生共鸣，更难以在目前的红色渗透教育中实现真正的共情。

四、以语文课堂为平台开展红色教育的策略

（一）提供成长渠道，为学习红色文化营造良好氛围

学校不仅是学生学习的场所，也是教师实现成长与提升的重要平台。学校应定期开展高效率的红色文化专题培训活动，以小学语文教师为主体，以红色文化教育为主题，以各种类型的红色文化资源为主要内容，在多次培训中深化语文教师对红色文化教育的认识，真正将红色文化知识融入自己的思想中，提高自己的红色文化素养。

在提高语文教师对红色文化的认识后，应促使其更新教育教学观念。"文以载道"的传统古来有之，教师可以调整教学理念，在"传道授业"的同时积极融入红色文化教育，强化红色文化教育的渗透意识，发挥语文课程育人作用。"十年树木，百年树人"，对小学生进行红色文化教育极为重要，教师除了具备红色文化知识与渗透红色教育的意识，还需要有及时抓住红色文化相关信息、及时对学生进行红色文化教育的觉悟。将"育人

铸魂'作为教育工作的重中之重，提高教师渗透红色文化教育的能力，使学生在潜移默化中自觉向红色人物学习。

（二）开展教学研究，挖掘红色资源，学习渗透方法

教师应积极挖掘红色文化教育资源，开展以此为主题的教研活动。首先，教师应该深挖教材中的家国情怀、人文情怀、责任意识等红色文化元素，以此为基础进行拓展，搜集、整理课外红色教育资源，并对挖掘到的红色文化资源进行系统的整理，以形成完善的体系，为语文教育中进行红色文化渗透教育提供资源。同时，教师可共同探讨在课内外阅读教学、口语交际教学、习作教学等板块渗透红色教育的方法，研究课堂知识文化教学与红色教育的契合点，以此为切入点进行红色文化渗透教育。例如可以挖掘丰富多彩的红色文化资源，激发学生探索和学习的兴趣，注重学生在思想方面的发展；也可以深挖人物所在或事件发生的历史时代背景，对其进行全面而深刻的了解，在潜移默化中实现思想教育，提升思想境界，与红色文化实现跨时代联结。

（三）钻研课堂教学，多途径渗透红色文化教育

语文课堂是学生获得红色文化知识的主要途径，故此，语文课堂也是教师进行红色文化渗透教育的主阵地。潜心钻研课堂教学，多角度、多方面、多途径地进行红色文化渗透教育极为重要。

统编教材中，涉及红色文化的课文占有相当比重，旨在以优秀的革命传统文化为依托，落实立德树人的宗旨，弘扬社会主义核心价值观。此外，编者在多数课文后补充了相关资料或同主题的选文，这些都是不可忽视的教学资源。教师应以涉及红色文化的课文为直接载体，在多个教学板块如"课内外阅读教学""口语交际教学"及"习作教学"中渗透红色文化教育，通过多种途径助力红色文化教育的发展，实现立德树人教育目标。

1. 在课内外阅读教学中渗透红色教育

红色年代距离新时代生活很遥远，学生很难想象革命先辈经历的那段

峥嵘岁月。教师可利用图画、视频等直观性的材料，或采用提问题、讲故事、听歌曲等生动形象的形式解决这个问题。此外，还可以从语文教学与红色教育的契合点着手，以学生的兴趣和发展特点为导向，用社会热点引入红色文化情境，带领学生循着时事热点的线索实现"穿越"，走进红色情境。通过与学生息息相关的时事，引起学生注意，激发学习兴趣，引发学生深思，从而使学生沉浸到红色情境中。创设情境时，除了要注重情境与学生个体经验、社会生活、文本内容相关联，还要设计好任务，注重教学的"成果导向"，吸引学生充满兴趣地进入课堂学习。

在信息化、网络化不断发展的今天，多媒体教学已在教学中普遍应用，其集视觉、听觉于一体，能够突破时空的限制。在教学过程中，教师可利用多媒体技术的开发应用，将其与红色文化教育相结合，让学生置身于红色年代背景下，实现多种感官结合切身体会红色文化，实现更深层次的接触与理解。利用历史图片、纪录片、影视视频等资源，帮助学生加深对红色文化形成历程的印象，强化情感体验，提高红色文化教育效果。

在理解课文时，除了多媒体手段，还可以采用角色演绎的方式，将课文改编成课本剧，学生扮演其中的角色，通过角色间的对话、交流、演绎加深对课文内容的理解，增强情感体验。课本剧演绎的方式，使课文内容得以活化，适当辅以合适的场景及背景音乐，在极为接近真实的红色情境中，学生通过演绎理解课文中人物的语气、情绪、感受等，逐渐加深对红色年代及其背景下红色人物内心世界的理解，拉近学生与红色文化之间的距离。

【案例1】赣州市文清路小学开展了红色剧本展演活动——红色基因代代传。学生演绎了《我是小萝卜头》《小英雄雨来》等红色故事，展演活动让孩子们更深刻、更全面地了解了红色党史，懂得幸福生活的来之不易，激发了孩子们爱党、爱国、爱家乡之情。

"阅读是学校集体精神生活的丰富源泉"，教师要引领学生扩大红色书籍阅读范围，丰富教学中的红色文化教育内容，引导学生接触多种类型的红色文化。红色文化范围广泛，包括革命时期、改革开放时期及社会主义建设时期，中国人民创造的一切物质及精神财富。教师在对红色文化正确认识的基础上，扩大学生对红色书籍范围的阅读，将革命、建设、改革过程中形成的文化结晶搬入课堂，丰富教学中的红色文化内容，帮助学生树立正确的红色文化观。在阅读过程中，汲取红色资源养分的同时，也可以学习文学作品写作手法，积累词句。开展阅读时可开展系列活动，围绕一个红色主题进行长期性、多层级的阅读活动。红色书籍阅读活动要多次开展，每次活动选定一个红色主题，学生阅读对应主题的红色书籍类型，通过"群文阅读模式"扩展学生阅读面。在选定红色书籍阅读类型后，需对不同学段的学生推荐不同层次的红色书籍。低年级的学生可阅读《倔强的小红军》《鸡毛信》《闪闪的红星》等故事性较强的书籍；高年级的学生可阅读较深层次的书籍，如《红岩》《青春之歌》《红星照耀中国》等。学生阅读篇幅较长、内容较为深奥的书籍时，教师需要在阅读过程中对学生进行适当指导，在解决字词的基础上，走进先辈生活的峥嵘岁月，深刻体会革命年代的艰辛和不易，激发对革命先辈的敬佩和崇敬之情。

2. 在口语交际教学中渗透红色教育

口语交际具有实践性、自主性和探究性，教师在教学中注重激发学生的表达欲望，引导学生善于倾听，敢于表达，这是促进思想交流的重要途径。在口语交际教学中渗透红色教育，可开展主题活动。可基于语文课堂进行"红色演讲"主题活动，调动学生学习红色文化的积极性，加强学生对红色文化的认识与理解，同时从中获得反馈，教师根据情况对学生进行指导，既达到红色文化的熏陶，又提高了学生的综合素质。在主题的确定上，可利用国家设立的纪念日，如"学习雷锋纪念日""抗战胜利纪念日""国庆节"等，分学段、分层次开展主题演讲比赛。此外，还可以开展"红歌演唱"活动。学生在活动前选择感兴趣的红歌，搜集相关资料（包括但不限于形成背景、歌颂的人物或事件、表达的情感等），为接下来调动情绪做准备；在红歌活动中，学生在了解背景的前提下，在红歌的渲染下，学生对革命人物的赞美、钦佩之情油然而生；在此基础上，活动后交流感受。这样的活动同样促进了综合能力的提高，还能增强学生对红色文化的感受力。

【案例2】"红色精神时时在,红色歌曲天天唱"活动。各班广泛开展"课前唱红歌"的活动,组织学生传唱革命歌曲、红色歌曲。首先,利用每日语文课开始的前几分钟唱一支红歌,让学生时刻感受到红色文化的存在,促进学生将红色文化入脑入心;其次,在学习与红色文化相关课文时,选择更契合课文内容的红歌师生共唱,营造激昂的课堂氛围,为接下来教学奠定心理和情感基础。红歌传唱活动,让学生唱响共产党好、社会主义好、改革开放好、伟大祖国好的时代主旋律,引导广大青少年学生在红色歌咏活动中重温峥嵘岁月,弘扬红色精神。

在实际教学过程中,口语交际有时不必作为单独的教学板块出现,教师在处理红色主题的课文时,可相机开展口语交际活动。比如在以红色文化为主题的单元教学时,可设置大的情境模式来统领整个单元的学习,让情境贯穿单元教学的每个方面。如统编版语文五年级下册第四单元的人文要素是"责任",在内容的设置上,除了古诗,其余三篇课文分别是《青山处处埋忠骨》《军神》和《清贫》,都属于红色文化主题的内容。笔者在教学这部分内容时,设置了"编撰采访录"的情境任务,在体会毛主席丧子之痛的情境时模拟对毛主席的警卫员进行采访,通过主席获悉毛岸英牺牲和朝鲜人民希望将毛岸英葬在朝鲜后的反应,及毛主席平日与毛岸英相处的点点滴滴体会毛主席当时的心情。在刘伯承进行眼部手术后同学们模拟对沃克医生和刘伯承进行采访,体会刘伯承的意志坚强、毅力顽强、信念坚定。通过对方志敏同志的采访,可体会其矜持不苟、舍己为公的品质。学生在进行采访的过程中,仔细分析人物的神态、动作、心理描写,体会人物内心世界,实现了语文要素目标的达成,同时进行了红色文化主题的口语交际活动,学生在活动中"易地而处"更容易与人物共情,品悟人物精神,达成育人目标。

3. 在习作教学中渗透红色教育

红色文化具有实践性,在教学过程中,红色文化教育不能局限于课堂,不能停留在对书本的学习上,要通过写作体现出来。教师可通过读写结合的策略将红色文化教育渗透到习作教学中,引导学生在了解红色文化后，及时将内心思想与感情表达出来。在开展红书阅读系列活动的基础上，寻找红色文化同习作的契合点，学生在阅读的过程中积累了词句，也有了思考。教师可引导学生对"红色课文"或"课外红书"进行改写、续写等，基于对当时社会情况的了解，展开合理的想象，表达自己的看法和见解。

此外，教师应对当地红色资源作梳理，在条件允许的情况下，带领学生"走出去"，走进博物馆、革命纪念馆，使校内教育不断向校外延伸。学生拥有了经历体验，能更加深刻地体会红色革命的艰难困苦，深入感悟红色文化的伟大内涵，增加学生的感受力，激发学生情感。在"走出去"的基础上，将亲身所见、所思、所感写出来，"通过自己对革命思想的感悟，让笔下流淌对革命精神的深刻体会"。

五、结语

国家对红色文化教育的重视，使积极探索新形势下红色文化教育的新发展成为一种趋势。语文兼具人文性和工具性，应自觉承担起在课堂教学中渗透红色文化教育的重任。在语文课堂教学中，自然融入红色文化，既可以实现知识文化的教育，也能进一步启迪学生，指导其形成正确的价值观，促进其全面发展，实现语文育人的目标。目前，语文课堂教学渗透红色文化教育的实践尚不成熟，今后还需进一步的探索研究。

参 考 文 献

[1] 习近平. 论中国共产党历史 [M]. 北京：中央文献出版社，2021：8.
[2] 中华人民共和国教育部. 义务教育语文课程标准（2022年版）[S]. 北京：北京师范大学出版社，2022.
[3] 习近平. 高举中国特色社会主义伟大旗帜，为全面建设社会主义现代化国家而团结奋斗：在中国共产党第二十次全国代表大会上的报告（2022年10月16日）[R]. 北京：人民出版社，2022：34.

［4］施小丹．地方红色文化资源在小学语文教学中的应用研究［D］．西宁：青海师范大学，2022．

［5］苏霍姆林斯基．帕夫雷什中学．［M］赵玮，赵义高，蔡兴文，等译．北京：教育科学出版社，2019：6．

［6］曾玉珠．小学语文课堂教学渗透红色文化教育的现状与对策研究［D］．赣南：赣南师范大学，2023．

［7］李孟洁．小学高年级语文教学中"课程思政"的现状及对策研究［D］．长春：吉林外国语大学，2022．

［8］习近平．不忘立德树人初心，牢记为党育人为国育才使命［J］．中国人才，2020（10）：5．

［9］赵岩．语文学科德育的原则与策略［J］．中国教师，2022（11）：31．

［10］雒遵恩．红色基因融入小学语文教学的有效途径探究［J］．新课程，2022（26）：1-3．

注：

本文所引案例一选自"章贡教体"于2022-11-09发布的"【培根铸魂．红色文化育新人②】赣州市文清路小学：馆校共建聚合力红色基因永传承"文章。

本文所引案例二选自"赣州教育"公众号于2022-05-20发布的【"五红"培根铸魂】赣州市白云小学：浸润红色文化赓续红色血脉案例。

《习近平新时代中国特色社会主义思想学生读本》教学中红色育人的初步探索
——以三年级《我有一个梦想》为例

北京理工大学附属实验学校　李　悦

摘　要：本文以三年级《我有一个梦想》课程为例，探讨《习近平新时代中国特色社会主义思想学生读本》（以下简称《读本》）教学中的红色育人路径。红色文化与《读本》教学在教育主体、目标和内容上具有一致性，对开展红色育人意义重大。文中提出从注重教师提升、价值引领、内容渗透、多元体验、学生立场和多元评价六个方面推进红色育人工作。通过《我有一个梦想》的教学实践，具体阐述了如何高质高效地开展新时代红色育人工作，培育学生的政治认同、健全人格和责任意识等核心素养。

关键词：红色育人；教学实践；核心素养

一、《读本》教学与红色育人

任何文化的创造创新、任何民族的发展进步，都离不开本民族文化的根源支撑。红色文化是中国共产党领导人民在革命、建设、改革进程中创造的以中国化马克思主义为核心的先进文化，它既是中华优秀传统文化的

发展成果，也是马克思主义思想中国化的文化内核。此外，红色文化具有与时俱进的革命性、引领时代的先进性、推陈出新的创造性。以爱国主义为核心的民族精神和以改革创新为核心的时代精神是红色文化的精髓，社会主义核心价值观是红色文化的价值基础。

教育部组织编写的《读本》是学生学习习近平新时代中国特色社会主义思想的重要教材之一，有利于增强中小学生学习习近平新时代中国特色社会主义思想的系统性、针对性、实效性。

红色育人与《读本》教学在教育主体上具有同一性，教育目标具有同向性，教育内容具有一致性。因此，作为中小学一线教师，要立足道德与法治课程教学实际，以《读本》为载体，将红色文化渗透到学生的日常学习中，将新思想转化为学生成长的价值引领，全力带领青少年学生扣好人生的第一粒扣子。

二、《读本》教学中开展红色育人的具体路径

（一）注重教师提升，增强政治素养

教师是开展红色育人的关键力量，其政治素养直接关系到教学效果，提升教师的政治素养是开展红色育人的首要任务。首先，深入学习习近平新时代中国特色社会主义思想，通过参加教育培训、研读相关书籍和文章等方式，不断提升自己的政治理论水平。其次，增强自身的历史责任感和使命感，深刻认识到红色育人的重要性，将红色文化教育贯穿于教育教学的全过程。最后，注重自身的师德师风建设，通过言传身教、以身作则等方式，树立榜样，传递正能量。

（二）注重价值引领，培育核心素养

红色育人旨在培养学生的爱国情怀和民族精神，因此在教学过程中应注重价值引领，培育学生的核心素养。首先，培养学生的爱国情怀，通过讲解历史事件、讲述英雄人物等方式，激发学生的爱国热情。其次，培养

学生的民族精神，通过弘扬中华优秀传统文化、传承红色基因等方式，增强学生的民族自豪感和文化自信心。最后，培养学生的核心素养，即培养学生的政治认同、道德修养、法治观念，强化责任意识，塑造健全人格，为国家建设和个人发展奠定坚实基础。

（三）注重内容渗透，增进情感升华

在《读本》教学中，教师应注重内容的渗透和情感的升华，使学生更加深入地理解和感受红色文化。首先，将红色文化教育内容渗透到各个学科的教学中，在学习学科知识的同时感受红色魅力。其次，通过情感教育升华学生的情感体验，以讲述感人至深的故事、展示震撼人心的图片等方式，激发学生的情感共鸣，使其更加深刻地感受到红色文化教育的力量。

（四）注重多元体验，强调知行合一

红色育人不仅仅是知识的传授和讲解，更重要的是通过多元体验增强学生的实践能力和社会责任感。首先，开展形式多样的实践活动，如组织学生参观红色教育基地、参加志愿服务活动、举办红色主题演讲、红色主题戏剧展演等，让学生在实践中感受红色文化教育的意义和价值。其次，引导学生将所学知识运用到实际生活中，如鼓励学生关注社会热点问题、参与社会公益活动、进行模拟政协、模拟联合国等活动，培养学生的社会责任感和使命感。最后，遵循知行合一的教育理念，在传授知识的同时，注重培养学生的实践能力和创新精神。

（五）注重学生立场，激发学习兴趣

在教学过程中，教师应始终以学生为中心，关注学生的需求和兴趣点，激发学生的学习兴趣。首先，了解学生的需求和兴趣点，通过与学生沟通交流、调查问卷等方式展开了解，为教学提供有针对性的指导和支持。其次，采用多样化的教学方法和手段，如游戏化教学、多媒体教学等方式激发学生的积极性，提高教学效果。

（六）注重多元评价，发挥效果激励

在红色育人过程中，多元评价是促进学生全面发展的重要手段，可以全面了解学生的学习情况和能力水平，发现优点和不足，为教学提供有针对性的指导和支持。首先，实现评价内容的多元化，除了关注学生的知识掌握情况，还应注重评价学生的情感态度、价值观和实践能力等方面。其次，评价主体的多样性，采用自我评价、同学互评、教师评价等方式进行综合评价。通过多元化的评价方式和方法，持续发挥效果激励和榜样促进作用。

三、开展《读本》教学，推进红色育人

笔者将以三年级《我有一个梦想》的教学为例，从教学内容设计、学习活动分析、教学评价设计和教学亮点分析等方面进行具体介绍，阐明如何在《读本》教学中进行红色文化教育，提升育人实效。

（一）教学内容分析

"我有一个梦想"是《读本（小学低年级）》第四讲《我们的中国梦》中的第一课时，课题为《我有一个梦想》。第四讲由3课时组成，分别是"我有一个梦想""伟大的中国梦""实干成就梦想"，从敢于有梦、勇于追梦、勤于圆梦开始，到中国梦的核心是国家富强、民族复兴、人民幸福，最后进一步引导学生树立实干托举中国梦、奋斗成就梦想的观念，体现了层层递进的教学思路。

"中国梦"是习近平新时代中国特色社会主义思想的重要内容。《义务教育道德与法治课程标准（2022版）》总目标为：能够以实现中华民族伟大复兴为己任，增强做中国人的志气、骨气、底气，不负时代，不负韶华，不负党和人民的殷切期望。本课内容旨在培养学生的政治认同、塑造健全人格、强化责任意识的核心素养。政治认同方面，要求具备为中华民族伟大复兴而奋斗的理想，有以实现中华民族伟大复兴为己任的使命感；塑造健全人格方面，要求确立符合国家需要和自身实际的健康生活目标，

热爱生活、积极进取，具有适应变化、不怕挫折、坚韧不拔的意志品质；责任意识方面，要求对自己负责，关心集体，关心社会，关心国家。

本课旨在引导学生在心中种下梦想的种子，通过交流梦想是什么，认识到梦想很重要，梦想不分大小，只要能为国家作贡献，都值得尊重，要敢于有梦、勇于追梦、勤于圆梦。

（二）学习活动设计

环节一：梦想故事会

1. 导入

师：同学们，你们有梦想吗？这节课，老师想和同学们一起聊一聊梦想的故事。

每个生命都有他的梦想。小苗的梦想是长成参天大树，小鸟的梦想是在天空展翅翱翔，运动员的梦想就是夺得第一，为国争光。

大家想不想听听老师的梦想呢？老师小时候，曾经有过很多很多梦想，比如想当飞行员，想当作家，想当厨师。后来，在小学二年级，老师转学了，新的校园很陌生，但新语文老师特别关心我，鼓励我，还让我担任课代表，从此我就想像她一样，当一名闪闪发光的老师。若干年后，我通过自己的努力终于实现了当初的梦想，成为大家的老师，才有机会同大家一起学习。现在，老师也有梦想，梦想成为教学名师，上好每一节课。老师依然在朝着梦想不断努力。

2. 为梦想发声

师：梦想就是心中想要实现的目标，每一个梦想都承载着对未来追求和美好希望。同学们，你们的梦想是什么？

同学们，拿出手中的学习单，请你把自己的梦想写在"梦想启航"的相应位置，写完后思考你们为什么选择这个梦想。完成后与小组内同学交流。请几位同学跟全班同学分享一下你们的梦想及理由。

小结：每个人都有自己的梦想，我们要敢于有梦。今天看到这么多大大小小、五彩斑斓的梦想，老师真为大家感到自豪，你们都是有梦想的孩子，未来你们也要好好守护你们的梦想。

活动意图说明：新课标课程理念第三条中要求"以学生的真实生活为基础，增强内容的针对性和现实性"。本环节通过老师讲述自己的梦想，学生绘制并分享自己的梦想，发现梦想的独特性和多样性。与新课标对接点：确立符合国家需要和自身实际的健康生活目标。

环节二：梦想有力量

1. 追寻梦想

师：刚才我们分享了这么多梦想，你们认为什么样的梦想才值得我们追寻呢？

小结：梦想不分大小，只要能为国家作贡献，都值得我们尊重和追寻。另外，习近平爷爷曾说过："对想做爱做的事要敢试敢为，努力从无到有、从小到大，把理想变为现实。"

2. 梦想领航

每个人的梦想都很重要，每个梦想都充满力量。老师认为：

梦想就像天空中的星星，为我们照亮夜行的道路。

梦想就像人的一双翅膀，带我们飞到想去的地方。

梦想就像_____，_____。

师：在你心目中，梦想是什么样的呢？

小结：正如同学们所比喻的那样，梦想很重要，又充满力量。

活动意图说明：新课标课程理念要求"发挥教师主导作用，晓之以理、动之以情、导之以行"。本环节通过学习习语和描绘梦想，引导学生理解个人梦想的重要性，要热爱梦想，守护梦想。与新课标对接点：确立符合国家需要和自身实际的健康生活目标。

环节三：奋斗圆梦想

1. 追梦人故事

师：每一个梦想的实现都不是等来的，而是靠数年甚至几代人的努力。下面让我们一起来了解几位追梦人的故事。

(1) 袁隆平爷爷的梦想是什么？让我们通过一个视频寻找答案。

师：从开始研究杂交水稻到杂交水稻问世，一共花费了9年时间，在这期间，有这样一段经历，结合这段文字，请你猜想一下袁隆平爷爷追梦路上可能遇到什么困难?

小结:袁隆平爷爷以田间地头为家,面对困难,永不放弃,一生坚守,不断改良杂交水稻,为粮食安全、农业发展、世界粮食供给作出了杰出贡献。

在袁爷爷去世的4个月后,他的研究团队成功将"禾下乘凉梦"变为现实。2021年9月24日,重庆大足区拾万镇的巨型水稻迎来丰收,最高达2.2米,平均2米左右。

杂交水稻覆盖全球梦正逐渐实现。目前杂交水稻已在印度、越南、菲律宾、美国、巴西等全球数十个国家大面积种植,平均每公顷产量比当地优良品种高出约2吨。

(2) 听完了袁爷爷的故事,下面请大家自由小声阅读读本33~34页的故事,了解屠呦呦、竺士杰、孙景南的梦想,完成以下学习单,小组讨论:他们是如何为梦想奋斗的?

追梦人	梦想	如何奋斗
袁隆平	禾下乘凉梦、杂交水稻覆盖全球梦	一生坚守、不断改良
屠呦呦		
竺士杰		
孙景南		

师:是什么指引、支持他们坚持做一件事并为此奋斗一生呢?

(3) 请分享你家人的梦想故事,他们为实现梦想是怎样奋斗的?

思考:他们的故事带给你什么感受?

小结:我们会发现,不仅名人有梦想,普通人也有梦想,不同年龄段的人都有梦想。他们都在为自己的梦想努力。个人梦想实现的同时也为国家、为全人类作出贡献。

所以,在追寻梦想的路上,我们要跟他们一样,勇敢地迎接挑战,不断奋斗,要勇于追梦、勤于圆梦。

2. 追梦未来

师:下面请大家思考,为了实现自己的梦想,你打算怎么做,请把关

键词写在"梦想启航卡"上。请几位学生分享。

小结：正如大家提到的，为了实现梦想，我们要不断学习，虚心请教，并且长久坚持下去。

最后，让我们一起聆听习爷爷对我们青少年一代的殷切期待，做一名有梦想的学子。

小结：我们要牢记习爷爷的嘱托，在通往梦想的路上，不管是一帆风顺，还是遇到坎坷，我们都要敢于有梦、勇于追梦、勤于圆梦。用一生的努力去追寻它，相信它一定会结出硕果。加油吧，同学们！

活动意图说明：新课标课程理念第三条中要求"以学生的真实生活为基础，增强内容的针对性和现实性"，新课标课程理念第四条中要求"突出学生主体地位，充分考虑学生的生活经验，通过设置议题，创设多样化学习情境，教师引导学生开展自主、合作的实践探究和体验活动，帮助学生形成正确的价值观"。本环节学生合作讨论名人追梦故事，教师引导学生意识到梦想的实现需要拼搏，要敢于追梦、勤于圆梦，为实现梦想而努力奋斗。新课标对接点：爱生活，积极进取，具有适应变化、不怕挫折、坚韧不拔的意志品质。

（三）教学评价设计

评价内容	评价等级及标准			评价主体			
	优秀♥♥♥	良好♥♥	加油♥	自评	师评	同学评	家长评
梦想故事会	完整讲述自己的梦想和理由，并感受自豪	能简单讲述自己的梦想和理由	基本知道自己的梦想	☆☆☆	☆☆☆	☆☆☆	☆☆☆
梦想有力量	明白个人梦想的实现要为国家发展作贡献	明白梦想要积极向上，有价值	明白每个人都要有梦想	☆☆☆	☆☆☆	☆☆☆	☆☆☆
奋斗圆梦想	意识到梦想的实现要不断奋斗，要勇于追梦	知道追梦人在实现梦想时不断奋斗	发现梦想的实现会遇到很多困难	☆☆☆	☆☆☆	☆☆☆	☆☆☆

（四）教学亮点分析

一是结合学生年龄特点，运用故事、视频等直观的素材，营造学习氛围，激发学生的兴趣和分享欲。

二是结合读本教材和主题特点，在课程中穿插习语金句，升华主题，让习语金句在学生心中落地生根，成为成长的精神动力。

三是发挥学生的主体作用，从学生角度出发，通过小组讨论"梦想像什么"、填写"梦想启航卡"等，充分调动个体的积极性，让学生意识到要敢于有梦，勇于追梦，勤于圆梦。

四、小结

中小学《读本》教学中开展红色育人活动具有重要的意义和价值。通过注重教师提升、价值引领、内容渗透、多元体验、学生立场和多元评价等具体路径的探索和实践，能更高质高效地开展新时代红色育人工作。

参 考 文 献

[1] 张菁菁. 红色文化融入初中《道德与法治》课教学研究［D］. 成都：西南大学，2022.

[2] 戴宏娟. 小学道法教学中培养学生道德思维的初步探索——以三年级《习近平新时代中国特色社会主义思想学生读本》教学为例［J］. 上海教育，2023（Z1）：54-55.

基于实践创新的小学数学"小先生制"课堂实践探索
——以徐特立教育思想为引导

北京理工大学附属实验学校　齐海军

摘　要：在社会飞速变革的背景下，教师应当树立与时俱进的大教学观、协同教学观和文化数学观，发挥课堂教学在引导学生能力培养、核心素养养成方面的重要作用，将学生培养为"时代通才、业务专家"。徐特立先生作为革命时期杰出的教育思想家，他的教育思想在当今的教育教学中仍有极高的借鉴价值。同时，北京理工大学附属实验学校将陶行知先生提出的"小先生制"作为抓手，让学生互教互学，即知即传，自觉觉人，共享共进。本文将以徐特立教育思想为引导，以小学数学课堂教学为实践情境，分别在新授课、习题课、复习课和试卷讲评课等不同课程场景下进行"小先生制"教学活动的实践研究，在教学中形成了"选、备、分、导、评、结"的"小先生制"课堂模式，提出建设性的教学建议，使科学核心素养在数学课堂落地生根，贯彻实践创新的教学理念。

关键词：实践创新；小先生制；课堂教学；徐特立教育思想

一、引言

北京理工大学的前身是 1940 年创办的延安自然科学院,徐特立先生作为自然科学院第二任院长,且在任时间最长。他怀揣着"创造有利于国家民族的事业"的奋斗目标,积极探索实践自己教育救国的理想。在领导自然科学院办学期间,徐特立先生十分注重教学方法改革,主张教师根据学生的学习进度和掌握情况,自编教材、因材施教。在他的引领下,自然科学院采用少而精、启发式、讨论式教学方式,实行基础课由教员重点讲授、技术基础课以学生自学为主、专业课在生产实习中边干边学的授课方式。课后,他定期检查教学效果,与师生总结交流学习经验,充分调动了学生主动学习的积极性,学习质量不断提高。此外,徐特立先生还经常组织学生到生产第一线参观、实习并参加社会实践。基于对"实践创新"的倡导,徐特立先生在教学实践中强调要"培养敢于发挥个性,有脑筋、明辨是非,有主张、有试验、有创造、有行动的青年"。

基于对"实践创新"教学的贯彻,结合时代发展的现状,提升课堂教学有效性成为当前小学数学教学的关键所在,这种提升对教师的教学能力提出了较大的挑战。教师要根据学生的不同特点培养他们的创新思维能力,形成良好的学习习惯和思路,真正提升小学数学课堂教学的效果,为学生数学实践能力的提升奠定坚实的基础。然而在现实课堂教学中,传统教学的弊端依旧存在——课堂教学中普遍存在学生参与面不广、参与度不深的问题。这就要求教师在具体的课堂教学实践中,应当按照学生的具体情况、教学的具体进度开展教学。"小先生制"教育理念是陶行知先生为了普及全面教育而提出的一种教学方法,这种教学方法要求教师不仅是组织者和教育者,更是学生的引导者,同时,这一教育理念充分重视学生的主体地位,强调在课堂中要调动学生学习积极性,在让学生主动学习知识方面有积极作用。随着社会的智能发展,对学生核心素养的要求越来越高,而核心素养的培养需要从娃娃抓起。因此,本文探索在小学数学教学

中，教师以徐特立教育思想为引导，以"小先生制"为落位学生数学核心素养的重要抓手，通过学生自问自答的形式进行数学学习研究，让核心素养在数学课堂"落地生根"。

二、"小先生制"作为落位核心素养抓手的理论依据

（一）马克思主义引导下的德育教育

徐特立先生提出"德育为首"的观点，强调教育首先要塑造人，倡导德育应包含思想教育、政治教育、道德教育和个性心理品质教育四个方面。他强调，学校的思想教育"是把马克思主义的辩证唯物论和唯物史观，贯彻到学校各科课程和实际生活的各方面，以培养学生能够独立地运用马克思主义的宇宙观去处理他们学习及日常生活的一切问题"。徐特立先生教导广大师生通过对马列主义理论的学习，培养自身高尚的人格，树立自身坚定的革命理想信念，以及正确的人生观和世界观。

（二）集体教育理论

集体主义教育是马卡连柯教育思想体系的重要方面。马卡连柯指出，教育任务是培养集体主义者，只有在集体中、通过集体和为了集体进行教育，才能完成培养集体主义者的任务。同时，徐特立鼓励"学术互动"与"民主治校"的理念，强调教育是科学的、大众的、民族的教育，人民大众是教育的主人。他也积极参加年轻人组织的学习座谈会，与年轻人共同探讨，阐述科技发展的紧迫感，他采取潜移默化的方式让师生沉浸在学术探讨中，树立为党为人民服务的价值观，调动了他们科研、学习的热情。因此，在教育教学实践中，应当以学生为中心，鼓励并引导学生参与集体教育教学活动。

（三）多元智能理论

多元智能理论倡导个性化和自主性学习。霍毕德·加德纳在 1983 年提

出了多元智能理论，他认为过去人们对智力的理解过于狭隘，并不能反映出一个人真实的能力。小学数学教学的"小先生制"涉及的智能范畴包括言语—语言智能、逻辑—数理智能、视觉—空间智能、人际—交流智能、自知—自省智能。

（四）学习成效金字塔理论

学习金字塔理论指出"教别人"或者"马上应用"可以记住90%的学习内容。徐特立先生在学习生活中强调发挥学生组织的自治作用，极大地调动学生的学习积极性和创造性，要求师生大胆创新、严谨认真。同时，陶行知先生也指出"生活、工作、学习倘使都能自动，则教育之收效定能事半功倍。因此，我们在教学过程中特别注重自动力的培养，使它贯彻于全部的生活工作学习之中"。开展"小先生制"正是为了发挥学生在数学课堂学习中的主动性和自动力，进而培养学生的学习积极性和创新能力。

三、"小先生"制自主共学课堂模式的建构

（一）选——一托三组合"四人小先生团"

"小先生"制教学形式下的"小先生"人选并不是固定的，每一位学生都有机会当自己同伴的"小先生"。教师每次根据教学内容的特点，可选取不同的学生来担任"小先生"，通过体验"小先生"角色，每一位同学都能从中找到作为学习"主人翁"的快乐，增强自己的学习兴趣。

教师根据数学教学的不同课型，将学生的情况进行组合和安排，组织学生提前准备，为学生提供收集材料和设计问题的时间。初期可以由数学学习带头人式的学生开始，积极能干的学生的示范和引领能够带动班级里的其他学生，一学期以后可将全班学生轮流一次。也可以让学生自由组合，为了避免能力强的在一组、能力弱的在一组，可将班级数学学科带头人之外的学生分为勤奋型、跟进型、转化型三类，由以上四类学生各一名来组合"四人小先生团"，这利于小组学生的均衡发展。同时，要求每个

学生在一学期的课程中都要至少参与一次，以激发学生的参与意识和学习的主人翁意识，培养学生自我学习的意识和能力。

（二）备——教师创新课前教学引导与备课

由于小学生年纪相对较小，学习注意力持久性相对较差，无法整节课都集中学习精力，因而，吸引学生参与课堂则成为现阶段教师需要深度思考的教学问题。教师需要创新课前教学引导的方式，以新型教学方法吸引学生积极参与教学环节。例如通过制作微课引导"小先生"们参照并熟悉教学目标、基本内容和要求，将教学中深层次且难以直观呈现的数学本质、过程、思想和结构展现出来，"小先生"们的交流内容可以是数学知识或想法、数学活动的结果、问题解决过程、信息与态度等，交流方式可以是话语、图形或符号等，通过表现自己和理解他人来实现数学交流。课前"小先生"们翔实的备课，也是对学生搜集资料和整理资料的能力的一种考验和培养。

（三）分——"小先生"们共同"备学生"并讨论分工

"四人小先生团"结合自身数学学科素养和个性特征，分为"主讲小先生""提问小先生""解说小先生"和"总结小先生"。教师根据不同课型的不同教学环节，为具体课程教学作出具体分工，包括概念或方法的讲授、小组合作探究、组织探究结果的展示、探究方法的总结等。"小先生"们对各自的上课内容共同讨论，结合班级学生的导学单情况，与教师一起"备学生"，讨论上课的具体内容、方式，达到所学所讲内容的融会贯通。

（四）导——教师指导"小先生"的课堂训练

教师作为指导者参与到"小先生"的教学中，对"小先生"开展数学课堂探究的小组合作、结果展示、方法总结三个具体环节进行深入指导。这种问题设计是数学教师和"提问小先生"智慧的结晶，探究问题主要以引导性问题和参与性问题为主，需要把握好难易程度，依据学生实际情况，以学生的最近发展区为基础，以通过集体的力量所能达到的最近发展区的下一阶段为标准。

教师通过整体构建"小先生说"的话语形式，拓展其内容，在课堂上推进实战训练。对"总结小先生"的培养指导主要在于内容组织方式的多样性，使课堂教学不局限于语言表达，还可以通过文字、图表等方式表示。"互相提问式"不失为在新授课教学中的归纳结论或极具思考性问题探讨过程中的一种有效的组织方式。学生在与"小先生"的交流中学习，逐渐深入分析理解知识，学生在互相提问中思考、表达，有序梳理知识，发现并理解记忆盲点，实现高效学习。

（五）评——学生点评"小先生"

学生对"小先生"的授课进行点评，对其教学方法、教学效果等进行及时反馈，同时对"小先生"进行积极鼓励并提出建议，可以使"小先生"及时获得教学成就感，并换位体验到教师工作的不易。教师则通过结合加德纳的多元智能理论，对学生进行综合性评价，补充学生在评价中缺失的部分，培养学生综合评价的能力。

（六）结——教师补充完善课堂

善于归纳总结的"小先生"会跟其他学生一起，结合小组在黑板上展示的探究结果，添加需要补充和强调的内容，整理形成系统的结论，并呈现给所有学生。最后由教师简单小结、鼓励和适当补充，根据具体教学情况，可提纲挈领帮助学生形成知识结构体系，达到画龙点睛的目的。同时，教师也对"小先生"的课堂组织、课堂形式、上课风格、"小先生"优点和进步之处进行点评，这样的引领有利于完善学生的学习能力培养，更好地落位数学核心素养。

四、"小先生制"共学课堂模式的反思

（一）学生在课程学习中实现综合素养提升

实施"小先生"制，使学生在教中学，这种互换式的教与学实践，不

仅有利于学生智力因素的发展，而且能够促进学生在自觉性、主动性、积极性、独立性与创造性等非智力因素方面的全面发展。学生在数学课堂学习中，锻炼了表达、合作、理解等多维度能力，不仅使学生的知识储备更具系统性，也使学生个人核心能力成长兼具综合性，实现核心素养的真实落位。

（二）教师在创新教学实践中提高整体教学水平

"小先生"制能充分发挥教师助学、评学、督学的作用。"小先生"制在小学数学教学中的运用过程就是教师对学生进行"小先生说"的培养过程，这一过程对教师的综合能力以及角色定位提出了新的要求，教师需要提升自身综合教学能力的同时，转换教学角色，从知识传授者转化为学习引导者，使教师真正从学生的角度出发，让学生能够在提问探究、互动交流、锻炼能力的课堂中有效地提高学习质量。此外，无论是培养"小先生"的过程，还是课堂中"小先生"上台说的过程，都将伦理关怀的精神渗透于教师倾听的始终，教师倾听不仅成为信息接收和回应的方式，更应成为关怀学生、解放学生和帮助学生的策略和智慧，进而让更多的学生因渗透伦理关怀的教师倾听而实现自由个性地发展。

（三）教学改革在创新发展中促进终身学习

随着现代教育改革快速推进，学生核心素养培养作为现阶段教育教学的重点内容，在某种程度上对教师的教学提出更高的要求，他们需要为学生创造更好的学习环境，营造轻松愉悦的学习氛围，提升学生对知识的灵活应用效果，并创新教学方式，增强学生对数学知识的实践应用效果。

"小小先生来上课"的课堂模式充分挖掘了学生的学习资源，将以教材、教师经验为课程资源的传统模式，拓展到以学生个体、生活事件、社会发展等多渠道课程资源的新型教育资源模式，通过联动大备课观触发协同教学，盘活了教育资源，实实在在提升了课堂教学效率，对学生的终身学习产生了积极长久的影响，产生了良好的教学效益。

参考文献

[1]《延安自然科学院史料》编辑委员会．延安自然科学院史料［M］．北京．中共党史资料出版社，北京工业学院出版社，1986：8.

[2] 夏光韦．在徐老身边工作是幸福的［M］//陈志明．徐特立传．长沙：湖南人民出版社，1984：155.

[3] 刘桢．核心素养下小学数学高效课堂的构建［J］．科学咨询，2019（34）：2.

[4] 周游．巧用"小先生制"，营造实效的数学课堂［J］．生活教育，2021（1）：3.

[5]《延安自然科学院史料》编辑委员会．延安自然科学院史料．北京．中共党史资料出版社，北京工业学院出版社，1986：413-419.

[6] 郑燕燕．浅谈小学数学课堂教学中的德育渗透［J］．课堂内外：教师版（初等教育），2021（1）：1.

[7] 吴杨．徐特立和延安自然科学院［J］．新华文摘，2022，42（1）：58-62.

[8] 王聪．小学教师语言暴力的教育分析［D］．无锡：江南大学，2020.

[9] 吴银珠．趣学·乐学·自学［J］．数学大世界：小学五六年级版，2016（3）：47.

[10] 郑秋钰．小学高年级"对话与倾听"学习共同体建构探索［D］．曲阜：曲阜师范大学，2020.

第四篇

红色育人之资源开发

基于古蔺红色文化基础上的育人实践探究

古蔺县椒园镇初级中学 徐 川 肖国林

摘 要：红色文化作为中华民族精神的重要组成部分，承载着深厚的历史底蕴和革命精神。古蔺在革命历史中具有重要地位，这里不仅是红军长征的重要节点，更留存着许多珍贵的红色历史遗迹，流传着许多动人的故事。这些红色资源不仅见证了党的光辉历程，更传承了党的革命精神和优良传统。通过深入挖掘古蔺红色文化的历史背景与内涵，我们可以更好地理解其在育人实践中的重要价值。

关键词：红色文化；育人；价值；实践策略

一、引言

随着时代的变迁和社会的发展，教育的内容和形式也在不断地更新和变革。红色文化作为中华民族精神的重要组成部分，在育人实践中的价值日益凸显。党的十八大以来，习近平总书记提出立德树人的教育根本任务，强调教育工作应当以引导人、塑造人、发展人为根本目的。重温红色历史、挖掘红色教育资源有着重要的时代价值，是引导学生从小树立爱党爱国意识，增强民族自豪感和文化自信的重要实践路径。我校所在的四川省泸州市古蔺县，有着丰富的红色教育资源。1935 年中央红军"四渡赤水"，三进古蔺，在境内转战五十四天，取得了长征中具有决定意义的胜利。本文旨在深入探讨基于古蔺红色文化基础上的育人实践研究，以期为提高教育质量、培养优秀人才提供有益的参考。

二、古蔺红色文化的形成与发展

古蔺红色文化的形成，源于红军长征在古蔺的战斗历程。在长征途中，红军多次在古蔺地区与敌人展开激战，这些战斗不仅锻炼了红军的战斗力，也留下了丰富的革命遗迹和故事。这些遗迹和故事，成为红色文化的重要载体，传承着红军长征的英勇精神。在红军长征后，古蔺人开始意识到红色文化的重要性，他们挖掘和整理红军长征在古蔺的战斗历史，修建纪念设施，开展红色教育活动。这些活动不仅让更多的人了解了红军长征的历史，也进一步弘扬了红色文化。

在古蔺红色文化的发展过程中，当地政府也起到了重要的作用。他们积极整合各种资源，推动红色文化的发展。例如，他们修建了红军长征纪念馆、红军长征纪念碑等纪念设施，为红色文化的传承提供了重要的物质载体。同时，他们还开展了各种红色文化活动，如红色主题班会、红色研学活动等，让更多的人能够亲身感受到红色文化的魅力。古蔺红色文化是中国革命历史的重要组成部分，这离不开当地人民和政府对红色文化的重视与传承。在未来的发展中，古蔺红色文化将继续发挥重要作用，为当地的经济和社会发展注入新的活力。

三、古蔺红色文化的育人价值

红色文化作为中华民族宝贵的精神财富，具有深厚的育人价值。在古蔺这片红色的土地上，红色文化更是承载着丰富的革命历史和深刻的教育意义。首先，红色文化能够传承革命精神。通过学习和了解红军长征在古蔺的战斗历程和英雄事迹，青少年深刻感受到革命先烈的英勇无畏和坚定信念。这种革命精神能够激励青少年在面对困难和挑战时勇往直前、不屈

不挠。其次，红色文化能够弘扬爱国主义精神。古蔺红色文化蕴含着深厚的爱国主义情感，它告诉人们要热爱祖国、热爱人民、热爱自己的家园。这种爱国主义精神能够激发青少年的民族自豪感和责任感，促使他们为祖国的繁荣富强而努力奋斗。最后，红色文化能够培养青少年的社会主义核心价值观。通过学习和践行红色文化中的优秀品质和精神风貌，青少年逐渐形成正确的世界观、人生观和价值观。这种价值观能够引导青少年在成长道路上作出正确的选择，成为有道德、有文化、有纪律的社会主义建设者和接班人。

四、基于古蔺红色文化育人的学生发展分析与实践探索

在充分认识古蔺红色文化的地方优势后，我们便可以立足于深厚的地方文化，进行育人方面的探索。我们必须从学校实际出发，从红色文化中选择适合中学生实际情况的育人资源，设置合适的育人方式，融趣味性和体验性于一体，在活动中达到育人目标。

（一）学生分析

初中阶段的学生受认知结构、能力水平的限制，对事物的认知大多停留在表面。在当今时代，大部分学生对长征等红色英雄事迹了解甚少，即便少部分了解，也缺乏深入思考，更鲜少将红色精神内化成自身品质。此外，部分学生学习目的不够明确，学习动力不足。因此，引导学生学习红色精神，对切实回答好"为谁培养人"这一问题有着重要意义。

从学生的认知水平和能力状况看，初中学生处于形象思维向抽象思维过渡的阶段，对历史的认识仍处在感性认识阶段。因此，通过红色研学情境激活学生思维，增强教育的直观性与趣味性，调动学生的积极性与主动性，让学生在参与活动的过程中获得学习和锻炼的机会。

（二）实践探索

1. 立足于课堂，进行红色文化融入教学的尝试

初中阶段的学生对于长征这一历史事件的了解，往往停留在课堂上的

理论认知层面，这种认知模糊而抽象，很难对学生的思想塑造、现实成长发挥引导作用。因此，有必要先通过生动的情境创设唤醒学生的情感体验。在本部分教学活动中，主要选取了电视剧《长征》中"血战湘江""飞夺泸定桥"这两个片段，以及诗词朗诵作品《长征》作为课前导入内容。教师引导学生在课堂中感悟红色精神，了解长征背后的故事，体会革命先辈的不易，激活学生肩上的责任感和使命感。

优秀的文化总会带给我们精神上的力量，让我们的心灵受到震撼，红军长征之所以让我们动容，正是因为其背后的真实性以及所蕴含的红色精神。课堂上，通过再现红军长征途中的故事，学生更加直观地感受红军战士为了革命信仰付出的牺牲，懂得幸福生活来之不易，这有助于培养学生的爱国主义精神。

2. 利用课外活动，开展主题实践学习

课堂上，初中生的大部分精力都集中在学科知识的学习上，对于长征这一伟大历史事件的背景、起因、经过、结果以及历史意义并没有形成系统的理解，甚至有些学生仍然理不清红军、解放军以及八路军之间的关系。基于此，有必要带领学生重温与长征相关的历史脉络，让学生明确学习目标，为接下来的实践学习活动奠定基础。为此，学校利用社团活动，开展"历史讲堂"活动，组织历史教师引导学生进行主题实践学习。

环节1：勾画时间轴

以1934年10月为起点、1936年为终点，在课件上给出时间轴，带领学生梳理长征前的背景、长征过程中的重要事件和节点，以及长征对于中国革命的意义。带领学生对血战湘江、遵义会议、四渡赤水、巧渡金沙江、强渡大渡河、陕北会师等重要节点进行回顾，让学生将脑海中零散的知识串联起来。

环节2：地图上的长征

将学生分为不同的小组，给每个小组分发一张中国地图，要求学生通过上网、查阅资料、互相讨论等方式，将红军的长征路线描绘在地图上，

让学生更加直观地感受长征跨越祖国十几个省份的艰辛与伟大。

环节3：讨论定目标

教师与学生共同讨论，确定活动的任务目标，掌握长征相关的知识。以时间为轴，同学间相互讲几个红色故事，理解红军战士之所以能克服万难，既是决策层面的要求，也是信仰力量的感召。

3. 从德育出发，开展红色研学活动

为了深化学生对长征革命精神的领悟，协同学校领导、家长，组织学生到古蔺县红军四渡赤水战役遗址开展红色研学活动，充分发挥环境育人的价值。教师做好讲解引导工作，从而让学生能够收获更多实践体验和课外知识，将红色文化内化于心、外化于行。可提前为学生介绍研学目的地的相关情况，增强学生的知识储备。具体活动内容如下：

（1）参观古蔺县红军四渡赤水战役遗址。

教师联合解说员带领学生参观太平镇红军驻地、太平渡渡口、二郎红军街、二郎滩渡口，以及双沙毛泽东和总司令部驻地旧址等红色景点，让学生在历史文物、文献资料以及革命烈士生前遗物的感染下重温红色岁月。

（2）开展红色知识即兴问答比赛。

在完成阶段性研学后，教师可以组织学生开展知识问答比赛，引导学生将学习到的知识理解记忆，不断内化。在激烈的比拼中，学生能够意识到现实生活同样是一个大教师，学习永远不能只停留在教材书本上。

（3）邀请同游的老人或者当地学者为学生讲述长征故事。

许多老人对于长征这段历史有自身独特的视角和感触，他们有些人甚至是那段峥嵘岁月的亲历者，邀请老人讲红色故事的方式，能够让学生更好地铭记历史、珍惜当下。

4. 构建学校宣传体系，沉淀育人成果

以学校校刊《小荷文苑》为阵地，完成研学后为学生布置以下任务：组织学生利用随身携带的笔记本完成研学前布置的任务，将直观体验转化为理性的知识认知；顺利返回学校后，教师将整理好的学生研学照片、优秀心得成果、学生感悟发言等内容进行整理，以图文美篇的形式发布到班级群或者微信公众平台，形成良好的教育宣传氛围；要求学生完成一篇游记，将自己对本次研学的收获进行总结形成最终成果。

在学习实践的基础上，带领学生开展系列综合实践活动，将理论认知进一步内化，发挥校园活动育人、文化育人的价值。与此同时，与建党百年校庆活动相映衬，让学生在多彩的综合实践活动中，学习党史知识，传承红色基因，促进学生的全面成长，具体安排如下：由学校领导牵头，班主任主要负责，组织学生有序完成红色电影欣赏、红色诗歌朗诵、红色书籍阅读以及红色主题征文活动。邀请教育主管部门领导、兄弟学校以及家长等校外人员参观指导，并对本次实践活动提出意见和建议，从而扩大红色教育活动的影响力。完成优秀作品、优秀团体、优秀个人的评选活动，并表彰颁奖。组织学生分享活动心得。

五、古蔺红色文化育人在实践中的创新与发展

随着科技进步和社会发展，古蔺红色文化育人的实践不断丰富和发展，主要体现在以下几个方面：

（一）教育模式的创新

古蔺县在红色文化教育上采用了多种创新的教育模式。例如，通过"五进校园"活动——红色宣讲、红色书籍、红色音像、红色歌舞、红色元素进入校园，让学生在日常学习中就能接触到红色文化。同时，古蔺县还大力推进"一校一品"的办学思路，各学校结合本校特色，深入挖掘红色文化资源，打造具有本校特色的红色文化教育品牌。

（二）数字化技术的应用

古蔺县在红色文化教育中积极应用数字化技术，通过建设数字博物馆、开发红色文化 App 等方式，将红色文化资源数字化、网络化，方便学生随时随地学习红色文化。同时，数字化技术也丰富了红色文化的表现形

式和传播渠道，提高了红色文化教育的吸引力和影响力。

（三）红色文化产业的发展

古蔺县在推动红色文化育人实践的同时，也注重红色文化产业的发展。通过打造"红军客栈""红军食堂""红军书店"等红色文化品牌，开发红色文化衍生品，将红色文化转化为经济资源，为当地经济发展注入新的活力。同时，红色文化产业的发展也促进了红色文化的传承和创新。

（四）红色教育与社会实践的结合

古蔺县在红色教育中注重社会实践的融入，通过组织学生参与红色主题的社会实践活动，如农耕劳动体验、红色研学等，让学生在实践中感受红色文化的内涵和价值。这种教育方式不仅提高了学生的综合素质和实践能力，也让他们更加深入地理解和传承红色文化。

总之，古蔺县在红色文化育人实践中不断探索和创新，通过多种方式和手段将红色文化融入学生的日常生活和学习，培养他们的爱国情怀和革命精神。同时，古蔺县还注重红色文化产业的发展和社会实践的融入，为红色文化的传承和创新提供了有力的支撑。

六、古蔺红色文化育人实践的成效与展望

在古蔺红色文化育人实践中，学生对之前学习的红色知识进行了迁移应用，深度的体验让学生对党的奋斗历程、英雄人物、革命初心有了更加深刻的理解。这些实践活动有三方面成效：

（1）有别于教师布置任务、学生独立完成的模式，在活动中教师既是组织者也是参与者，与学生共同完成研学实践，实现教学相长的良好效果。

（2）活动成果不仅重视显性成果，更加重视学生在参与体验中的隐性收获，将活动本身作为育人的载体。

（3）将学科教育与综合素质教育相融合，既推动了课内教学任务的完

成，也落实了立德树人的素质教育要求。

　　基于古蔺红色文化的育人实践研究，是一项具有重要意义的工作。通过深入挖掘红色文化的育人价值，创新育人方式和方法，推动红色文化与德育有机结合，我们可以更好地发挥红色文化在育人实践中的作用，提高教育质量，培养优秀人才。未来，应当继续加强对红色教育的重视，充分挖掘教材中、生活中的教育资源，将长征精神、红色基因的教育传承常态化，全面打造校本课程和校本活动，助力学生全面成长。

参 考 文 献

［1］张泰城．红色资源与高校人才培养：以井冈山大学为例［M］．北京：中国书籍出版社，2015．

［2］陈华洲．思想政治教育资源论［M］．北京：中国社会科学出版社，2007．

整合红色资源，构建实践育人共同体

方山县城内第二小学　张辉辉

摘　要：如何充分挖掘和利用红色资源，构建具有鲜明党性和时代特色的实践育人共同体，已成为当前义务教育领域亟待研究的课题。本文主要从红色资源在义务教育阶段实践育人中的作用、构建中小学实践育人共同体的策略、红色经典的时代意蕴及育人功能展开进一步的阐述，以达到将红色基因与义务教育有机结合、更好地教书育人的目的，助力义务教育阶段学生的综合发展。

关键词：红色资源；实践育人；教育创新；阅读

一、引言

义务教育阶段，构建实践育人共同体是当前教育改革的重要任务之一。随着社会的发展和变迁，育人工作面临着新的挑战和机遇。红色资源作为党的历史和优良传统的重要组成部分，具有丰富的教育价值和育人潜力，可应用于义务教育阶段。

红色经典是中国共产党人以马克思主义为指导，以带领中国人民进行的一切奋斗、作出一切牺牲的光辉历程为题材，以实现中华民族伟大复兴为主题的经典文艺作品，其中心思想的革命性、创作题材的丰富性、表现形式的多样性、艺术呈现的真实性，都与新时代思政育人功能的内在诉求相契合，成为思想政治教育的典型素材和立德树人的有效载体。红色经典在增强主流意识形态引领力、增强爱国主义感染力、提升社会主义核心价值观凝聚力、增强文化自信自强影响力等方面发挥积极作用，展现出显著的思政育人功能。

二、红色资源在中小学实践育人中的作用

红色资源是指那些与中国革命历史、党的建设和革命精神相关的一切物质和精神财富，包括但不限于红色遗址、红色文化、红色教育资源等，其内涵涵盖了革命历史、先烈事迹、革命文化、党的精神等方面的内容。

在义务教育阶段实践育人过程中，红色资源具有重要的意义和价值。首先，红色资源是中华民族宝贵的精神财富，具有深厚的历史底蕴和鲜明的时代特征，能够激发青少年学生的爱国情怀和民族自豪感，有助于弘扬社会主义核心价值观，引导学生树立正确的世界观、人生观和价值观。其次，红色资源是思想政治教育的生动教材和载体，红色资源的学习和体验，可以增强学生的思想政治觉悟，培养他们忠诚于党的信仰和理想信念，提升政治素养和思想道德修养。最后，红色资源是历史的见证和记忆，具有重要的教育功能，通过深入挖掘和传承红色文化，可以激发学生的学习兴趣，拓宽他们的历史视野，提升历史文化素养和人文精神。

总之，充分利用红色资源，有利于丰富中小学的育人内容，提高育人质量，推动义务教育阶段中小学育人工作迈上新的台阶。

三、构建中小学实践育人共同体的策略

（一）注重红色资源内容的挖掘

深入挖掘红色资源的育人价值，是构建中小学实践育人共同体的重要途径。红色资源中蕴含的思想精髓和榜样力量，能够为学生提供精神成长

的养分。通过讲述革命先辈的奋斗故事、展现英雄人物的崇高品格，可以帮助学生树立正确的价值观，培养爱国情感与社会责任感，促进德智体美劳全面发展。

红色历史中生动的革命事迹、感人的奉献精神，是开展实践教育的鲜活素材。学校可以组织参观革命纪念馆、烈士陵园等红色教育基地，结合主题班会、红色故事会、情景剧表演等活动，让学生在沉浸式体验中了解党的光辉历程，感受先辈们的家国情怀。这种寓教于行的方式不仅能激发学生的学习兴趣，更能帮助他们在触摸历史的过程中传承红色基因。

红色文化承载着中华民族的精神血脉，是培育民族认同的重要载体。通过开展"红领巾讲解员"实践活动、红色经典诵读比赛、革命歌曲传唱等特色课程，学校可以将艰苦奋斗、团结奉献的精神融入日常教育中。这既能让红色传统在新时代焕发生机，也能引导学生从小立大志、明大德，让爱国精神与奋斗品质在学生心中扎根生长。

通过创新红色教育形式，中小学能够构建起课堂内外联动、学校家庭社会协同的育人网络，让红色资源成为学生成长的丰厚滋养，不仅能提升德育实效，更能为培养担当民族复兴大任的时代新人奠定坚实基础。

（二）注重红色资源的整合运用

整合红色资源是构建中小学实践育人共同体的关键环节，在此过程中中小学需要积极采取方法，将红色资源充分融入教育教学实践。

首先，中小学可以鼓励教育工作者将红色资源融入课程教学。在各门课程中引入相关的红色资源内容，如党的历史、革命历史、模范人物事迹等，可以增加课程的吸引力和趣味性，更能够帮助学生深入了解党的历史和优良传统，树立正确的人生观、价值观。具体而言，在阅读课程中，学生可以通过研读革命文学作品了解历史背景和革命精神；在艺术课程中，学生可以通过绘画、音乐等形式表达对红色精神的理解。其次，设计相关的实践活动和项目也是整合红色资源的重要路径。组织学生参与各种形式的实践活动，如参观红色纪念馆、走访革命老区、参与红色社会实践等，更加直观地感受到红色精神的力量和魅力，从而增强爱国情感和责任意识。另外，学生在实践活动中也不仅可以参观红色纪念馆或革命老区，还可以通过参与社会志愿服务等方式，亲身体验红色精神的力量，并将其与现实生活联系，培养自身的社会责任感和实践能力。

（三）创新红色资源的利用方式

创新红色教育形式是构建中小学实践育人共同体的重要保障。学校可结合学生认知特点，将红色资源转化为生动、鲜活的育人载体，通过多元实践增强育人实效。例如，开发适合中小学生的"红色文化学习平台"，用动画、互动答题、云端展览等形式讲述党史故事，设置"红领巾争章""线上红色打卡"等趣味活动，让学生在自主探索中汲取精神力量。

在课堂教学中，可通过跨学科主题实践深化红色教育内涵：语文课组织"红色家书诵读"，历史课设计"革命年代沉浸式体验"，美术课开展"我心中的英雄"主题创作，道德与法治课策划"红色精神与当代生活"辩论会。这种融合式教学既能打破学科壁垒，又能让学生在真实情境中感悟红色基因的时代价值。

有条件的学校可建设"红色文化体验教室"，运用虚拟现实技术还原历史场景，让学生"穿越"到革命年代，身临其境地感受长征精神、抗战烽火，通过数字技术让红色历史可触可感。同时，结合本地资源开发"红色研学实践路线"，组织学生走访革命遗址、采访老党员、参与纪念馆志愿服务，在实践中传承红色精神。

学校还可创新传播方式，在微信公众号开设"少年学党史"专栏，用漫画、短视频等形式讲述红色故事；利用校园广播站推出"课间红色微课堂"；设计"家庭红色传承行动"，鼓励学生与家长共读红色书籍、共访红色基地，形成家校社协同育人网络。例如开展"祖辈的革命记忆"口述史采集活动，既增进代际情感，又让红色教育从课堂延伸到家庭。

通过构建"课堂渗透—实践体验—文化浸润—数字赋能"的立体化育人体系，让红色教育真正融入学生成长全过程，这不仅能培养学生爱国情怀、社会责任感，更能引导他们在追寻红色印记中树立理想信念，为成长为有信仰、有担当的新时代青少年奠定坚实基础。

四、红色经典的时代意蕴及育人功能

作为20世纪中国文学艺术领域特殊的文艺作品，红色经典以其崇高的思想境界、深刻的价值内涵、鲜活的艺术形式、独特的社会功能，真实反映了中国人民在中国共产党领导下，为实现中华民族伟大复兴所体现出的无私奉献、开拓进取、不怕牺牲、勇于拼搏的精神品格和民族气概，是新中国先进文化的重要组成部分。进入新时代，学术界对红色经典的研究或聚焦于文学艺术领域，探讨其在新中国文学发展中的地位和价值；或置于红色文化的整体构架中探究其历史意义与时代价值。实际上，作为红色文化的重要组成部分，红色经典以其深刻的革命性意蕴和独到的价值特质，不断与时俱进，不仅对先进文化建设起到重要推动作用，而且对培育时代新人发挥着重要作用。

（一）红色经典的学理意义和革命性内涵

红色经典产生于新民主主义革命时期，并在不同历史时期发挥着重要的凝心聚力、以文化人的作用，具有独到的育人功能。红色经典的深刻内涵，不仅体现在词源学意义上，还体现在中国革命历程的文化底色中，具有十分明确的革命性内涵。

1. 红色经典在语言层面拥有丰富的词源学意义又超越词源

作为一种自然现象，"红色"是人们日常生活中最常见、最容易被察觉的颜色，具有比较特殊的物理学意义；同时，"红色"又是中国民俗和中国传统文化中颇具代表性的颜色。早在商周时期，就存在对"红色"的崇尚，历经各代发展成为中国的主色调，在历史的演进中蕴含着独特的内涵和象征意义；在世界无产阶级革命中，"红色"被赋予了强烈的政治寓意，并在世界范围内形成了特定国家和人民的共识，其最早被用来指代苏联红军，之后随着全世界共产主义运动的推进，又产生了"红色路线""红色军队""红色根据地""红色政权"等表述，"红色"也由此成为中国革命的底色。"经典"最早见于《汉书》中的"著于经典，两不相损"，释义明确指为《尚书》。此后"经典"频繁出现，通指儒家经典著作。而刘知几在《史通·内篇·叙事》中称"自圣贤述作，是曰经典"（《史通通释》）则特指由圣贤所作的权威专书。可见，"经典"多指由古代圣贤所述作的、被奉为典范的儒家典籍，通常也用来指不同领域内的权威文献。从总体看，"经典"的定语是"红色"，"红色"框定了"经典"。原初意义上的红色经典特指1949年至1966年间在我国文坛产生的，以"三红一创，青山保林"等为代表的，描绘新民主主义革命和新中国建设且社会影响巨大的主流长篇小说。在后来的发展中，红色经典也逐渐成为一种更加宽泛的约定俗成的话语类型指称。中国革命文化的深度发展，激发了"红色"与"经典"的耦合，产生了具有中国特色的、特定的话语概念——红色经典。可见，红色经典不仅包括词源学层面的意义，还包含了中国革命文化的深层价值意蕴。

2. 红色经典在文化层面拥有深厚的革命历史底蕴又超越历史

"红色"与"经典"的结合不是政治和学术的话语组合，而是崇高政治理念与特殊学术范畴的有机融合，是对中国革命文化的学术凝练与艺术升华，旨在传承革命精神基因和培养时代新人。红色经典之所以实至名归，以下内容不可或缺：一是从性质和取材时间看，是中国共产党领导中国人民为赢得新民主主义革命的胜利，建立社会主义制度过程中进行的"一切奋斗，一切牺牲"，体现了中国革命的正义性；二是从创作时间上看，主要是1942年毛泽东《在延安文艺座谈会上的讲话》发表后涌现出来的充分反映革命精神、人民生活和时代特征的文艺作品，以及主要集中在新中国成立到1966年前创作的文本，即指"十七年文学"中所创作的以"三红一创，青山保林"为主的文学作品；三是从与时俱进方面看，我们既要看到原初意义上以文学作品的形式存在，也要看到以伟大建党精神为源头的中国共产党人精神谱系，它们应作为红色文化的灵魂而进入红色经典的研究视野，将党的故事、革命战争的故事、革命英雄和烈士的故事全面地、成体系地纳入红色经典的题材范围。可见，红色经典指代了一个特殊历史境遇和语言环境下产生的新的文化形态，在一定意义上构成了革命文化的硬核，既具有中国革命的历史特点，又具有鲜活的时代特色，拥有德育教化的精神特质，凸显出鲜明的历史超越性，能够担当起"用好红

色资源,传承好红色基因"的重要使命。

(二) 新时代红色经典的存在样态及价值特质

中华人民共和国成立以来,红色经典随着中华人民共和国社会主义文化建设的发展而勃兴,随着社会主义建设时代主题的变迁而发展。无论是中心思想的革命性、表现形式的多样性、内容的真实性,还是创作题材的丰富性、精神体现的时代性、艺术升华的科学性,都足以体现红色经典与新时代思政育人功能创新的内在契合,显示出红色经典的独特价值意蕴。

1. 红色经典的存在样态

作为新中国独特的文艺现象,红色经典由最初单纯的文学作品,逐渐拓展了其存在空间,通过文学、音乐、舞台剧、影视艺术等为载体得以呈现,构成了红色经典的叙事方式和存在样态。

一是以小说等文学作品形式存在的红色经典,是存在历史最久、最为基础的表现形态。以毛泽东发表《在延安文艺座谈会上的讲话》为标志,解放区文艺作品在整体上呈现出更加贴近工农兵现实生活的特征;《太阳照在桑干河上》《暴风骤雨》等文学作品生动反映了农村生活和革命武装斗争。中华人民共和国成立揭开了文艺发展的新篇章,"三红一创,青山保林"等文学作品以高度的文学魅力和艺术活力,从不同领域和不同角度生动反映了党领导人民在各个历史时期艰苦卓绝的斗争历程,有深刻的思想启迪意义和强烈的鼓舞作用。

二是以音乐形式存在的红色经典,通常被称作"红歌"。红歌将革命理想用人民耳熟能详的曲调进行编创,以达到宣传党的纲领和革命信念的目的。1935年的《义勇军进行曲》吹响了中华民族解放的号角;1964年的《长征组歌》再现了长征的艰难险阻和红军的英勇奋战;2014年《江山如此多娇:毛泽东诗词歌曲选》等更多符合当代人音乐审美和习惯的红歌出现在大众视野中。可以说,一部红歌史就是一部有声的中国革命发展史,革命进行到哪一步,红歌就唱到哪里。

三是以舞台剧形式存在的红色经典,融合了台词、唱段和表演,通过音乐、舞美等效果叠加,涵盖话剧、舞剧、音乐剧和歌剧等类型。用舞台塑造英雄、重温历史，不仅是时代的需求，也是赓续红色血脉、传承红色基因的使命必然。从大型歌剧《白毛女》（1945年）到大型音乐舞蹈史诗《东方红》（1964年），文艺工作者逐渐探出一条民族大歌舞新路。进入新时代，舞台剧的形式和内容愈发丰富，既有《红船往事》（2018年）、《大钊先生》（2020年）等刻画共产主义先驱的艺术作品，也有《雨花台》（2017年）、《辅德里》（2021年）等反映革命历史进程的话剧精品。舞台剧以红色经典改编的形式，使红色文化在新旧媒体交融中呈现出多样化景象。

可见，红色经典的创作历程，是中国革命、建设、改革取得伟大胜利，中国特色社会主义事业持续推进，理想信念深入人心，精神文化日益丰富的历程。在这一过程中，中国人民在党的领导下，不仅经历了道路和制度的确立与发展、守正与创新，还经历了对马克思主义、社会主义的认知、信仰与弘扬，更经历了不同思想文化和社会价值观的渗透与挑战。这为新时代红色经典赋予了全新的使命，使其思政育人的独特优势在红色基因、革命传统、正确历史观的传承和弘扬中发扬光大。

2. 新时代红色经典的价值特质

红色经典映现了无数革命先烈和人民群众的奋斗和牺牲，凝聚了中国共产党的奋斗历程和优良传统。这些作品坚持通过对社会矛盾、阶级斗争的刻画，集中表达了中国共产党人和革命群众对社会主义事业、共产主义信念和人民利益的坚守，激励了人们对公平正义、幸福安康和民族复兴的思考和追求，具有重要的价值特质。

（三）新时代红色经典的思政育人功能

1. 发挥道德教育作用以提升社会主义核心价值观的凝聚力

追求真善美是文艺的永恒价值。"要通过文艺作品传递真善美，传递向上向善的价值观，引导人们增强道德判断力和道德荣誉感，向往和追求讲道德、尊道德、守道德的生活。"红色经典扎根中华文化的沃土，是中华民族道德观教育的优质载体，其内蕴的"奉献""牺牲""大公无私""热爱人民""爱党爱国"等道德情怀，以及共产主义远大理想、集体主义

道德原则、民主自由价值追求与社会主义核心价值观高度契合，构成了新时代思政育人的重要内容。同时，基于当下市场经济条件下各种非主流社会思潮的渗透，在不同价值观的激荡和交锋中，发挥红色经典独特的道德教化功能，从其蕴含的崇高道德原则中汲取力量，进而达到明辨是非、判断对错、认识美丑、感知善恶的育人目的。

2. 发挥文化观教育作用以增强文化自信自强的影响力

文化兴则国运兴，文化强则民族强。作为中华民族的智慧结晶，红色文化深刻融入中华民族的血脉中，规范着人们的日常生活、浸润着人们的精神家园，在激发全民族文化创新活力中，成为实现中华民族伟大复兴的精神力量。

因此，充分发挥红色经典思政育人功能，就是要引导受教育者正确对待文化的传承与创新问题，在坚守中华文化立场、坚定文化自信、增强文化软实力的进程中，推动全社会的文化发展，提高文明程度。

五、结语

总而言之，在中华民族迈向繁荣发展的进程中，红色资源是不可或缺的一部分。在当前义务教育阶段中融入红色资源，有助于增加中小学生对红色资源的认识和了解，对于提升中小学生的道德水平和政治素养起到积极的推动作用。

参 考 文 献

[1] 杜俊艳，金倩．创新应用信息技术，提高学生音乐综合素质：以《祖国不会忘记》教学为例［J］．中小学数字化教学，2023（3）：14-18.

[2] 徐萍．幼儿园红色教育的育人价值实践与创新［J］．基础教育论坛，2022（12）：30-31.

[3] 陈秀美．地方红色资源在德育中的价值探究：以"红土润心，追寻先烈"主题活动为视角［J］．教育信息化论坛，2020（9）：40-41.

［4］魏万庭．基于井冈山红色教育基地户外安全教育创新研究［J］．创新创业理论研究与实践，2019，2（17）：187-188．

［5］康桂珍．创新教育教学模式传承地区红色基因［J］．智库时代，2017（10）：18+20．

［6］张爱平．地方红色资源在思想品德教育中的价值研究［J］．成才之路，2017（4）：25．

［7］王丽芳．传承红色文化涵育优师良才［N］．语言文字报，2024-03-27（006）．

［8］王桂珍．"双高"背景下高职红色文化与工匠精神耦合育人研究［J］．公关世界，2024（6）：116-118．

［9］许立宏，姜媛．中小学红色教育现状及实施策略研究：以永州市为例［J］．成才之路，2024（9）：53-56．

［10］江洁．赣南苏区红色教育资源开发研究：赣南苏区红色教育资源开发的现实困境与纾解路径［J］．现代职业教育，2024（9）：17-20．

［11］团台州市委．在行走的课堂中当好红色根脉传承人［J］．中国共青团，2024（6）：29-30．

［12］毛光晨．以马克思主义教育学探析红色文化育人路径［N］．中国文化报，2024-03-21（007）．

［13］陈明阳．新时代开放教育的现实理路：理念融合与路径创新［J］．继续教育研究，2024（6）：109-112．

［14］胡馨予，方昉．困局与破局：新媒体时代高校思政教育范式的转型与创新［J］．才智，2024（12）：37-40．

［15］龙辉．党团队一体化建设推动少先队工作发展的实施策略［J］．辽宁教育，2024（8）：86-88．

［16］黄婧雯．润泽心灵铸魂育人［N］．郴州日报，2024-04-13（001）．

［17］毕文佳，马小斐．地方红色文化传播的价值溯源及发展路径探究［J］．记者摇篮，2024（4）：15-17．

［18］魏俊丽，王军．探析数字技术赋能高校思政课红色文化育人的"三何以"［J］．阿坝师范学院学报，2024，41（1）：47-51．

红色文化，铸魂育人

方山县大武小学　李红红

摘　要：红色文化是在革命斗争中产生和形成的先进文化。将红色文化融入素质教育改革的过程中，有利于青少年树立正确的价值观，培养爱国主义情怀，这也是全面落实素质教育的根本要求。本文探究新时代红色文化铸魂育人的意义，提出红色文化铸魂育人的创新路径。

关键词：红色文化；教育；育人途径

一、引言

当前，教育部门对学校的校园文化和教育工作提出了开展红色教育的要求，希望在传承红色文化的同时，加强对学生的教育。因此，学校要通过红色文化育人，让学生了解更多的革命英雄事迹，从而将红色文化和红色精神更好地弘扬和传承下去。

二、红色文化在当代教育中的意义

红色教育对中小学生的意义在于让他们接受爱国主义教育和革命传统教育，树立正确的道德观、价值观，增强责任感和使命感。

红色教育的作用：

（1）培养爱国主义情感。通过讲述红色历史和英雄事迹，激发学生的爱国热情和荣誉感，增强他们的民族自豪感和责任感。

（2）培养革命精神。弘扬革命斗争精神，提倡理想信念、自强奋斗、团结协作、无私奉献等价值观念，激励学生成为热爱祖国、充满活力和创造力的新一代。

（3）强化学生自身价值观念。通过典型的故事和丰富的历史资料，加深学生对奋斗、团结、坚韧、责任以及共产主义远大理想的认识和理解，树立尊重集体利益的观念。

三、弘扬红色文化是时代的要求

改革开放四十余年来，我国经济社会发展取得显著成就，人民群众物质生活水平持续提升。然而值得关注的是，部分青少年群体在精神成长过程中呈现出价值认知偏差现象。当代未成年人群体中普遍存在的网络沉迷、审美异化、消费主义倾向等问题，折射出物质丰裕时代的精神成长困境。家庭教育中出现的代际沟通障碍与学校教育中的德育实效性不足，共同构成了当前青少年教育面临的现实挑战。

在此背景下，深入挖掘红色文化资源的育人价值具有重要现实意义。通过系统化整合革命传统教育资源，将艰苦奋斗、诚实守信、爱国奉献等精神内核有机融入现代教育体系，能够有效弥补青少年人格塑造中的精神养分缺失。教育实践表明，将革命先烈的高尚品格转化为情境式、体验式的教育活动，不仅符合青少年认知发展规律，更能通过榜样示范作用培育其抗挫折能力和社会责任感。这种以红色基因为核心的多维德育模式，既能强化青少年的家国情怀，又有助于引导其树立正确的价值导向，为新时代人才培养提供坚实的精神支撑。

四、红色文化在当代教育中的转化与传承

红色文化是中国共产党的宝贵精神财富，也是中小学教育的重要内

容。由于其主体是新民主主义革命时期的精神及其载体，当下中小学生对它难免存在陌生感。而且，红色文化包含的人、事、物、魂都具有崇高色彩，容易让人"敬而远之"。因此，必须创新教育方式，让红色文化更容易被学生理解、认同、接受、喜爱，从而实现有效传承。

（一）红色文化+教材

2021年1月，教育部印发《革命传统进中小学课程教材指南》，提出中小学革命传统教育主要围绕"中国共产党的领导地位、共产主义理想信念、以人民为中心的立场、实事求是思想路线、革命斗争精神、爱国主义情怀、艰苦奋斗传统"七个方面进行。以此为框架，以统编小学语文教材为例，按照学段顺序对红色文化选文进行梳理，可以探寻教师在教学红色文化题材课程时的方法路径。

1. 立足教材，关注红色文化的纵向联系

在教学过程中，教师要有意识地引导学生回顾学过的相关内容，发现旧知与新知之间的联系，将同一主题、不同内容的知识关联并对比，实现意义的多重建构，不断获得对红色文化的递进式体验，丰富学生对红色人物和红色精神的认知。例如，体现"爱国主义情怀"的文本有《为中华之崛起而读书》《梅兰芳蓄须》《小英雄雨来》《祖国，我终于回来了》等。相同的情感，在不同的时代背景、不同的形势处境、不同的人物性格身上有不同的诠释，由此，可以引发学生思考——究竟什么是爱国？它不是空洞的口号，不是抽象的理论，教师应将不同时期的英雄模范、仁人志士面对的困难和最终的选择列举出来，引导学生比较着理解，化独像为群像，从不同角度、不同侧面体会爱国情，他们自然而然就能看到"爱国"背后的丰富内涵，找到不同个体间共同的价值取向。

2. 立足现实，缩短红色文化的时代距离

红色文化题材文本所讲述的人物和事件大多是在特定历史背景下发生的，与现实生活距离较远。单纯拘泥于内容本身，容易限制学生对红色文化的深入理解，需要凝练故事中蕴含的思想品质和价值取向，与学生生活实际建立联系，建立情感纽带，缩短红色文化的时代距离感。例如：《桥》

一文中，把生的希望让给群众的村支书，他身上彰显的无私无畏、英勇献身的崇高精神恰恰就是新冠疫情下主动请缨，奔赴一线的党员医护人员、社工、警察的精神写照；《小英雄雨来》一文中，掩护交通员李大叔的小雨来坚定勇敢的精神可以迁移到"保守国家秘密"教育中，让学生对爱国行动有更清晰的体认。挖掘红色文化与现实生活的连接点，既可以引导学生审视红色文化在不同历史时期的时代意义，让红色精神在新时代焕发新活力，又能帮助学生建立认知和情感脚手架，从中获得精神指引和人生启迪。

3. 立足学生，把握红色文化的教学规律

综观统编小学语文教材中的红色文化内容，可发现其在编排上呈现由浅入深、由表及里、循序渐进、螺旋上升的特点，符合学生的认知规律。低年级以图文并茂的单篇故事形式，讲述革命英雄的故事，让学生感受榜样的力量。中年级由单篇向多篇、由短篇向长篇、由分散向集中过渡，并增加了阅读链接内容，丰富学生对红色文化的理解。高年级则是鲜明的专题形式编排，从五年级上册到六年级下册分别安排"家国情怀""责任与担当""重温革命岁月""志向与心愿"四个单元，并在课后设计相关主题实践活动，让学生自主查阅资料，进一步了解为国家富强而奋斗的杰出人物身上的精神品质。课文编选还考虑了学生年龄水平和认知差异，教师在教学中要认识到这一点，坚持学生本位，因势利导，既避免过度解读、多元解读，也避免"假大空"地喊口号，坚持正面引导和价值引领。

（二）红色文化+活动

现阶段，中小学普遍重视红色文化教育，并借助节日、纪念日、重大仪式、校园节/会、少先队、社会实践、研学等多种载体开展丰富多彩的实践活动，在形式上不断推陈出新。但这些活动也存在不足，如有的活动满足于表面上的热闹，未能充分发挥其教育价值。因此，红色文化教育活动需要关注活动关联性、学生主体性以及学段差异性。

1. 聚焦主题，实现活动有效关联

丰富的红色文化资源为开展教育活动提供了大量素材。例如，江苏省

有革命遗址 1 700 多处，其中重要历史事件、重要机构旧址、重要人物活动纪念地、重要领导人故居和烈士陵墓有近 1 200 处，全国爱国主义教育示范基地有 20 多处。开展红色教育活动并不难，难的是如何将它做深做实。活动只是途径而非目的，为让学生充分了解一种精神、一个英雄、一段历史，就得找准合适的点深挖，用一个主题将所有活动串联起来。例如，清华大学附属小学开展"传承长征信念，做有理想抱负的成志少年"活动，组织学生利用国旗下的演讲和课前三分钟讲长征故事，朗诵、歌唱、舞蹈、演绎长征诗词，观看纪录片《长征》，手绘长征路线图，开展长征专题讲座等方式，学习长征中不畏艰险、英勇顽强的革命英雄主义和革命乐观主义精神。

2. 全程参与，充分发挥学生主体性

在红色文化教育活动中，如果学生只是作为旁观的"看客"，就会逐渐失去兴趣，各种活动也易变成走过场。因此，学校和教师在红色主题活动设计和实施中，要给学生足够的空间和机会，让其自主选择、参与、讨论、设计、主持活动。只有当学生对红色文化教育活动的主题、内容、形式有自己的理解和判断，并能联系个人的生活实际，他们才会对红色文化"走心"。例如，全国优秀辅导员杨广祥组织的"红领巾寻访活动"，在筹备阶段，他指导学生召开队员自主选题会，形成活动方案；在寻访阶段，队员各司其职，在辅导员指导和点拨下自行完成采访、摄影、观察、交流等任务；在总结阶段，队员通过手抄报展、图片展、校园"新闻联播"等方式展示寻访体验和收获。如此，学生在自主参与、自主探索、自主发展中，能够获得更加真实和丰富的活动体验。

3. 分层设计，精准把握学段差异性

一些中小学校在设计红色文化教育活动时，过分追求横向广度，强调形式创新，忽视纵向梯度进阶，较少考虑不同学段学生之间的差异性。如教师经常会面临一些共同的问题：某一活动是面向所有年级吗？如果不是，那它应该面向哪些年级？如果是，那开展的方式是否一样？这些问题背后反映的其实就是活动开展与学生学段差异是否匹配的内在关系。以江苏省邳州市实验小学为例，该校在设计红色主题活动时，针对不同学段学生的生理和心理水平，将活动分成"红色感悟""红色创作""红色体验""红色宣讲"四大领域，螺旋式、梯度式融入各个学段的相关活动。这样的红色文化教育遵循从"感性认知"（知）—"情感认同"（情）—"亲身践行"（行）—"理性反思"（思）的过程，最后形成道德自觉，体现不同学段教育目标的区分度。

（三）红色文化+互联网

今天的中小学生是互联网"原住民"，网络已成为其学习、交流、生活和娱乐的重要方式，他们有很强的新媒体运用能力和信息获取能力。因此，红色文化教育应借助互联网，打造红色文化学习资源库、创设红色文化传播主阵地、搭建红色文化创作新平台，满足学生群体的多样化需求，从整体上提升思想道德教育的效果。

1. 打造红色文化学习资源库

"互联网+"能够实现红色文化资源的多样性和多元化，将海量、丰富的红色文化以文字、视频、音频等形式提供给学生。一方面，教育基地、学校、地方政府等部门可以合作，将全国范围内优秀的红色资源进行信息整合，打造红色系列教育微课或线上课堂，以红色网页、红色专栏、微信公众号作为主要平台，让学生反复观看与阅读，体会革命先辈的坚毅和勇敢。另一方面，社会媒体也要承担红色文化教育责任，将红色文化表达和娱乐休闲有机结合，顺应学生的心理发展特征，提高他们的关注度和参与兴趣。同时，通过微信、微博、抖音等媒介将这些艺术作品传播出去，让它们成为开展红色文化教育、宣传主流价值观的重要公共资源。

2. 创设红色文化传播主阵地

"互联网+"开启了自媒体时代，人人都可成为信息发布者和传播者，在更广阔的空间发挥影响力和独特价值。学生作为传播者，需要更负责、更理性、更严谨地对待每一次发声表态，从中明确底线意识、培养责任担当、锻炼辨别能力，为营造清朗的网络环境贡献力量。为了使红色文化的传播更有温度、更有深度、更有信度，要指导学生收集大量翔实可靠的资料，联系现实生活和自身实际，深度把握红色文化的内涵。例如，湖北省

武汉市汉阳区教育局和各中小学成功开辟了"互联网+红色德育"路径，引导学生成为红色宣讲员，通过网络直播间等传播平台广泛开展各项活动，培养了一批广受好评的优秀"学生马克思主义接力者、理论宣讲员"。

3. 搭建红色文化创作新平台

基于互联网开放、交互、共享的特点，学生可以把自己对红色精神的感悟、对红色实践的记录、对红色故事的表达以及自己身边先进人物的宣传，录制微视频，上传至互联网，在更广阔的天地里互相学习、欣赏、转发、点赞、留言……让他们的作品获得来自各界的反馈和评价，得到更广泛的关注和认可，进而加深对红色精神的理解。总之，我们要让红色文化在学生群体中"热"起来，提升红色文化育人功能的实效性，从而增强学生对爱党爱国、艰苦奋斗、无私奉献、求真务实等传统革命精神的认同度和践行力。

五、结语

少年强，则国强。学生作为国家的未来，应继承和弘扬红色精神。这就要求学校积极引进红色文化，加强对学生的红色文化教育，并将其与学生的思想品德教育紧密地结合起来，从而使学生更好地传承红色精神，努力成为一名社会主义合格建设者和可靠接班人。

参 考 文 献

［1］刘瑞宏，冯义平. 利用地域红色资源，传承中华红色基因：普通高中红色文化课程化的思考与实践［J］. 江苏教育研究，2019（28）：23-26.

［2］苗孟琦. 红色基因促进小学生思想品质教育研究［D］. 太原：山西财经大学，2019.

［3］龙丽. 用红色文化引领学校文化［J］. 人民教育，2018（11）：27-28.

浅谈红色文化育人促进和谐发展

方山县马坊镇中心校 刘晋勤

摘 要：红色文化是我国民族文化的宝贵精神财富，是学校党建工作的优质教育资源。学生的价值观念影响着社会的发展和进步，在新的历史形势下，学校工作面临新的挑战。本文探究了红色文化教育与学校工作融合发展的模式和有效措施。文化自信，很大一部源自红色文化的传承。其中红色基因，作为一种红色文化精神的传承，是中国共产党人的精神内核，是中华民族的精神纽带。

关键词：红色文化；融合发展；模式；文化自信

一、红色文化的内涵

（一）红色文化形态的表现形式

中国人对红色的喜爱好像是与生俱来的，它代表了权威、勇气、吉祥、喜庆、美丽、革命等。在西方人看来，"红色"代表中国，是中国的国色。我们要谈的红色文化，也是非常具有中国特色的先进文化和宝贵的精神财富，它是在近现代，在中国共产党的领导下，在马克思列宁主义理论的指引下，广大人民群众在长期的革命实践中，在实现民族解放与自

由、进行社会主义现代化建设过程中累积形成的一种特定文化精神和文化形态。红色文化包括物质和精神两方面的资源形态，物质形态表现为各地的革命遗址、遗迹、革命根据地纪念园、烈士陵园、革命人物的雕塑、纪念碑等，红色文化的精神形态在早期表现为艰苦奋斗、自力更生，为了全中国人民的解放不怕流血牺牲的革命精神；随着时代的发展，它的精神内涵也在不断丰富，加入了建设精神、改革创新精神等内容。

（二）红色文化教育与学校工作相融合的价值

红色文化作为中国人独有的宝贵的精神财富，所承载的政治理想、爱国情怀、奋斗精神、探索精神等，能加强学生的民族认同感、荣誉感，引导学生树立正确的价值观，提高思想道德水平。所以，红色文化教育为学校工作提供了正确的政治导向和优质的教育资源，两者的融合是一个双赢的局面。

（三）红色文化教育与学校工作相融合的有效措施

1. 充分挖掘并以学生感兴趣的形式弘扬红色文化

在时代在发展、在进步，弘扬红色文化也要与时俱进。过去，多以教师直接课堂讲述的方式开展教学，从网络发达、文化形式多样的现在来看，就显得枯燥无味，无法吸引现代学生的注意力。学校既要立足于时代，更要立足于本地、本校，立足于学生思想实际，在红色文化深厚的精神宝库中深入挖掘适合本校学生学习的人、事，并以学生喜闻乐见的形式去宣传和引导。通过电影、微信公众号、小视频、报刊广播等形式展现英雄人物、英雄事迹以及体现革命精神，通过诗词朗诵、唱红歌等形式提升红色文化的影响力和感染力，潜移默化地影响学生的世界观、人生观和价值观，增强民族自豪感。

2. 打造独特的红色校园文化

校园是学生每天生活学习的场所，校园处处体现红色文化，会对学生产生潜移默化的影响。环境方面，可在教室内或走廊张贴革命志士的名言警句，校园内放置革命志士的雕像，或以英雄人物或事迹命名学校内建筑或地点；学校广播台、校刊校报、宣传栏等都可以作为红色文化宣传的阵地，并引导学校各社团积极开展形式多样的文艺活动，例如，红色影视周、红色阅读研讨会、红色诗歌朗诵比赛、红歌会等，提高学生的兴趣与参与度，从思想上提高对党的领导、对民族的认同。

3. 加强实践教育活动

学生认识社会、了解社会、增强能力和社会责任感的重要途径就是参加社会实践活动。弘扬红色文化也要理论和实践相结合，这是思想政治工作的重要组成部分和实现途径。学校应根据本地和本校实际情况，经常组织并鼓励引导学生多参加红色文化实践教育活动。比如组织学生参观红色文化景区、爱国主义教育基地和革命传统教育基地等，组织"红色之旅"活动，在活动中了解革命英雄事迹，感受老一辈革命者为国为民，抛头颅、洒热血，不怕牺牲、奋斗终身的理想信念，激发学生的爱国情怀和社会责任感，努力学习并积极探索，坚定报效祖国的决心。弘扬红色文化不仅仅是在课堂内、校内，实践教育活动也起到极好的延伸和拓展作用，更有利于提升当代学生的思想境界。

红色文化是在革命战争年代，由共产党人和人民群众共同创造的先进文化，蕴含着丰富的革命精神和厚重的历史文化内涵。作为育人的重要组成部分，红色文化进入校园有利于促进学生健康成长，推动学校形成独特的精神风貌，促进文化传承。

二、红色文化的内容与红色文化育人的意义

红色文化的主要内容是革命传统教育，革命先辈们艰苦卓绝的革命斗争历程，为我们留下了丰富的革命传统内容。它既包括各类与革命运动、重大历史事件以及英烈人物有关的史实及遗物，也包括史迹、实物、代表性建筑纪念地、标志物、标语、文件、文献等；还包括革命历史照片、革命文学、革命歌曲、革命精神等。

校园红色文化育人的主要意义在于对历史的重新认识，学习老一辈革

命家不怕苦、不怕累、不怕牺牲、勇于创新和顽强拼搏的精神，以此影响和熏陶学生，使学生形成正确的世界观、人生观和价值观，增强学生对国家发展、民族振兴的历史使命感和责任感。

三、弘扬红色文化是时代的要求

伴随着改革开放进程的深化，社会物质财富的积累与青少年精神世界的建构呈现出非同步性发展特征。当前未成年人群体中暴露出的价值取向偏差、行为失范等问题，既反映出代际文化认知差异，也暴露出传统德育模式的局限性。家长教育焦虑与学校教育困境的叠加，凸显了创新育人方式的紧迫性。

红色文化教育体系的构建为此提供了有效解决方案。通过将革命精神遗产转化为符合青少年心理特点的教育资源，创设沉浸式、互动式的学习场景，能够实现历史传统与时代精神的有机衔接。在具体实践中，将理想信念教育融入诚信培养、美德传承、行为规范等教育环节，通过红色主题实践活动激发青少年的参与热情，使其在情境体验中自然接受价值引导。这种教育创新不仅强化了青少年的历史使命感，更通过持续的行为养成促进其形成健全人格，为应对复杂社会挑战储备必要的精神力量。这种教育模式的探索，既是落实立德树人根本任务的内在要求，也是提升新时代思想政治教育实效性的重要突破路径。

四、开展校园红色文化的主要形式

一是用先烈的英雄事迹打造红色文化。在校园红色文化建设体系中，以先烈英雄事迹为核心打造红色文化矩阵，是培育时代新人精神品格的重要路径。学校可系统挖掘本地及全国范围内的先烈事迹，通过田野调查、文献考据、口述史采集等方式，构建具有地域特色与历史纵深感的英雄事迹资源库。例如将刘胡兰、邱少云等革命英烈的经典事迹进行情景化重构，结合学校实际编创成校本教材、绘本读物或动画短片，让抽象的英雄形象转化为可触摸的教育载体。

二是制订发展计划，发展红色文化。在当今时代，人们对优质教育的需求日益高涨，学校办学质量竞争也日趋激烈，在这样的大环境下，如何打造校园文化特色品牌，有效提升核心竞争力，成为每一所学校必须思考的课题。学校可以红色文化资源为依托，以传承革命传统为主线，以激发爱国情怀为核心，以激励进取精神为宗旨，高起点策划，制订文化育人中长期计划和校园红色文化育人亮点方案，不断完善各项规章制度，制订发展计划，发展红色文化，使红色文化焕发长久的生命力。

三是建设凸显校园红色文化的硬件设施。文化育人离不开特定的校园环境。学生在良好的环境中，通过耳濡目染，在潜移默化中接受教育。这样的影响往往比教师的苦口婆心更具有教育效力。学校可以在教室、走廊、宣传等处张贴、书写具有红色革命色彩的格言警句等。

四是经常组织以红色文化为主题的文体活动。学生优良品德的形成，源于丰富多彩的活动。学校可以根据学生年龄特点，开展国防知识讲座、封闭式军训等一系列活动，强化学生的集体意识、爱国意识、国防意识，使他们初步形成军人般的意志品质。与此同时，开展读红书、唱红歌、讲红色故事、清明祭奠革命烈士等活动，引导未成年人将红色文化精髓内化为自身的思想情感、道德修养，使其在学习、生活和工作中自觉传承红色革命传统。

五、红色基因在教材中的渗透

民族安身立命，因精神图腾升华灵魂；民心坚不可摧，因文化自信铸就长城。中华文明秉承"道法自然、天人合一"之智慧绵延千年；百年征程，中国共产党以红色信念滋养初心，赓续强国之梦。红色，是光明的象征，是力量的凝聚，更是未来的指引。瑞金的星火、井冈山的翠竹、遵义的曙光、延安的窑洞、西柏坡的号角……这些镌刻于教材中的红色地标，以文化担当托起民族脊梁。红色基因作为革命精神的传承密码，是中国共产党人的精神内核，亦是中华民族的精神纽带。

（一）红色基因之一：教材中的信念之光——传承红色信仰

人无精神不立，国无精神不强。教材通过《吃水不忘挖井人》《朱德的扁担》等经典篇目，将党的坚定信念具象化：毛泽东带领军民开凿"红井"，朱德与战士同甘共苦挑粮上山，皆彰显"泰山不拒细壤，河海不择细流"的信念伟力。老一辈革命家以"虽九死其犹未悔"的信仰，终结旧中国积贫积弱之局，开启民族复兴新纪元。教材中《七律·长征》《狼牙山五壮士》等文本，更以鲜活叙事将"信仰如磐"的精神注入学生心田，筑牢民族精神之基。

（二）红色基因之二：教材中的为民底色——厚植赤子情怀

"人民至上"是教材书写红色基因的核心脉络。小学语文课本通过《焦裕禄》《孔繁森》等人物故事，诠释"孺子牛"精神：焦裕禄带病治沙、孔繁森扎根雪域，皆以生命践行"为人民服务"的誓言。教材中《难忘的泼水节》描绘周恩来与傣族群众共庆佳节的场景，《黄诗燕：大山的儿子》讲述扶贫书记扎根炎陵、鞠躬尽瘁的感人事迹，皆以平实语言传递"我将无我，不负人民"的赤子之心。这些文本引导学生思考"我是谁、为了谁、依靠谁"，在品读中感悟共产党人"与人民共情"的初心使命。

（三）红色基因之三：教材中的力行担当——弘扬奋斗精神

红色基因的传承，需以行动注解。教材中《邓稼先》《铁人王进喜》等篇章，刻画出共产党人"老黄牛"的坚韧与"拓荒牛"的魄力：邓稼先隐姓埋名研制核武，危急时刻高呼"我不能走"；王进喜"宁肯少活二十年，拼命也要拿下大油田"的豪言，皆是艰苦奋斗精神的生动写照。《飞夺泸定桥》《金色的鱼钩》等课文，更以革命年代的壮烈场景，展现"迎难而上、身体力行"的红色品格。今日教材亦融入时代新声，《千年梦圆在今朝》记录航天人攻坚克难的创新足迹，《袁隆平的故事》传递科学家"禾下乘凉梦"的执着追求，激励学生以行动续写红色基因的时代篇章。

这就是中国特色，这就是中国共产党领导下的红色基因——担当与无畏，无惧与无私。这就是弘扬革命传统传承红色基因，铸牢信念之魂，彰显红色基因的时代价值和文化自信力。对党忠诚、以人民为中心、真抓实干，奋斗不已，树立民本情怀，将初心使命内化于心、外化于行，倾力奋斗，有榜样在前，我们一路薪火相传，中国之魂，永远在。走进我们的小学语文教材，慧眼识别红色基因，文化自信力永远都在，希望永远都在。沐浴阳光，享受春光时，请牢记：是中国共产党给了我们今天的岁月静好，是坚定的理想信念让这盛世如民所愿。

参 考 文 献

[1] 冯超. 红色文化融入大学生思想政治教育的价值与途径［J］. 新西部（理论版），2017（4）：128-129.

小学红色教育的教学实践研究

方山县马坊镇中心校　王永红

摘　要：红色教育是中国共产党领导下的一种具有深厚历史底蕴和鲜明时代特色的教育形式。在小学阶段，走好红色育人路，对培养学生的爱国情怀、民族精神和社会责任感具有重要意义。统编教材基于义务教育培养目标，为了落实立德树人根本任务，选编了许多革命英雄题材的课文。在教学时，教师要用敏锐的眼光去探究此类课文蕴藏的价值。通过立足课文，走近英雄人物；依托习题，落实文道统一；实践感悟，传承红色基因，从而真正实现语文学科独特的育人价值，让学生在学习英雄中崇尚英雄，厚植爱国情怀，成为担当民族复兴大任的时代新人。

关键词：素养导向；文道统一；实践感悟

一、引言

红色教育是以中国革命历史为主要内容，以传承红色基因为核心，以培育社会主义核心价值观为目标的教育活动。在小学阶段，红色教育不仅能够帮助学生了解党的光辉历程，激发爱国情感，还能培养学生的道德品质，塑造健全的人格。因此，走好红色育人路，对小学教育的发展具有重要意义。

二、在语文学科中加强革命传统教育的重要意义

《义务教育语文课程标准（2022年版）》总的指导思想是"落实立德树人根本任务，发展素质教育"。语文课程的核心素养主要包含四个方面，即文化自信和语言运用、思维能力和审美创造，其中文化自信居核心素养的首要位置，充分说明文化自信是民族自信的前提与基础。中华文化博大精深，源远流长，内涵极其深刻，培养学生从小树立文化自信，是我们所追求的首要目标。

在"课程内容"的"主题与载体形式"部分，"革命文化"是课程的一个重要组成部分。统编教材共编排了34篇革命传统教育文章，其中有20多篇都是"革命英雄人物"题材，而且越是高年级所占比重也越大，六年级还专门编排了革命文化主题单元。由此可见，教材最重要的一个目的就是要培养学生树立正确的世界观、人生观、价值观，增强他们的爱国主义情感，传承红色基因，让革命薪火代代相传，使他们成长为德智体美劳全面发展的社会主义建设者和接班人。

三、小学红色教育的现状分析

当前，小学红色教育在实践中取得了一定的成效，但也存在一些问题。首先，一部分学校对红色教育的重视程度不够，缺乏系统的教育规划。再者，学生在认知层面存在距离。革命题材文本所反映的时代与学生的日常生活存在较大的距离，因此，学生难以通过文字或简单的画面真正走进故事情境，对其人文内涵理解不深入就会产生情感疏离，不容易走进人物的内心世界，无法真切感受其博大情怀。另外，教师开展红色教育的方式方法单一，缺乏创新，难以吸引学生的兴趣。有的教师以对革命人物脸谱化分析的被动学习代替基于问题解决式的探究性学习；还有的教师在教学环节设计中对学科定位不够明晰，在实际教学中过于重视文本内容的理解而忽视了语文的工具性，变成了简单的政治说教和道德灌输。

四、有效实施红色教育的策略

（一）提高认识，明确目标

学校应充分认识到红色教育的重要性，将其纳入学校整体教育规划。同时，要明确红色教育的目标，即传承红色基因，培育社会主义核心价值观，促进学生全面发展。

1. 加强红色文化宣传

学校应充分利用校内外的宣传资源，如校报、校园广播、宣传栏等，定期发布红色教育的相关内容，让师生在日常生活中就能接触到红色文化，增强对红色教育的理解和认同。

2. 组织红色主题教育活动

通过举办红色主题讲座、展览、演讲、影片观看等活动，学生深入了解党的历史、革命先烈的英勇事迹，从而激发他们的爱国情怀和民族自豪感。

3. 培养教师的红色教育理念

教师是实施红色教育的关键力量。学校应加强对教师的红色教育培训，使他们深刻领会红色教育的内涵和意义，从而在日常教学中自然融入红色教育内容。

4. 制定红色教育目标体系

学校应根据学生的年龄特点和认知水平，制定具体的红色教育目标体系，包括知识目标、情感目标、行为目标等，确保红色教育有明确的指向性和可操作性。

5. 将红色教育融入课程设置

学校可以将红色教育内容融入德育课程、语文课程等，使学生在学习过程中自然而然地接触红色文化，实现红色教育的常态化。

（二）立足课文，走近英雄人物

一定要在核心素养的导向下，将革命传统教育自然融入语文教学，从浅表学习走向深度学习，实现文道统一。教师要充分挖掘教材中的红色文化部分，必要的时候，还可以将教材中的内容进行拓展和延伸，使学生能够站在不同的角度理解红色文化的内涵，进一步拓宽小学生的视野、丰富知识储备。教学时一定要立足课文本身，聚焦人物言行，品味细节，以实践活动为主线，让学生通过革命先烈的事迹，感受革命志士不怕牺牲、勇敢乐观、抛头颅洒热血的大无畏革命英雄主义气概，使他们的心灵受到深深的触动。

1. 要素融通，让英雄形象清晰起来

一般来说，革命题材类课文，与学生的日常生活有一定的距离，要让学生真正理解文章内容和情感，需要提前搜集一些相关的图片、视频等资料，让学生适当了解相关的背景知识，但要注意适度、适时，避免过度使用资料影响学生对课文语言的深入品味。如教师教授《七律·长征》时，适时出示红军长征的历史背景、行军路线、数据资料、巧渡金沙江故事、飞夺泸定桥的视频等，让学生更真切地感受到红军远征之难，体会诗人一"暖"一"寒"背后的一"喜"一"悲"的情感内涵，从而让学生感悟红军大无畏的革命英雄主义精神。

2. 细节聚焦，让英雄形象鲜明起来

红色经典往往会塑造很多鲜明的英雄形象，它之所以能感染触动一代代读者，是因其中的英雄形象有崇高的思想境界和优秀的精神品质，他们的思想和精神往往不是标签式的一目了然，而是点点滴滴渗透在人物的语言、动作等细节描写中。如《灯光》一文中对郝副营长的描写，让学生深入品读相关的语言、动作、神态等句子，抓住文中的关键词"注视""沉思""多好啊""举得高高的"等，感受郝副营长为了理想英勇献身的精神。

3. 情境朗读，让英雄形象深刻起来

革命传统教育并不是简单的说教和灌输，课堂教学时，要以朗读为抓

手,让学生在不同层次、多种形式的朗读中感悟革命英雄人物的精神,让学生在品读作品中自然而然地受到启迪和感染。如《七律·长征》应通过反复朗读感受节奏的铿锵、语言的凝练、气势的豪迈,从而更好地体会红军大无畏的革命英雄主义精神;课文《狼牙山五壮士》集中多次对马宝玉的语言、动作进行了细致的描写,可以利用角色扮演读、男女分读、齐读、师生合作读等多种形式的朗读,让学生感受马宝玉态度坚决、决定果断、为掩护主力部队和人民群众不惜牺牲自己的英雄气概。

4. 练笔跟进,让英雄形象内化起来

学完课文后,可以指导学生用小练笔的形式把自己独特的感受写出来,这样除了能进一步体验作者的情感,还能激发学生对革命英雄课文学习的内驱力。如在学习《我的战友邱少云》时,让学生试着写出邱少云在烈火中的内心独白,进一步感受他坚如磐石的顽强意志。学习《狼牙山五壮士》后,创设情境,让学生写一写想对他们所说的话,学生把自己的感悟融入角色中,如:"我们要坚持你们的信仰,追随你们的脚步,为中华民族的伟大复兴努力学习,努力奋斗!""你们是伟大的英雄,你们永远活在我们的心里,永远会被历史铭记你们!"这种结合小练笔的情感输出,让红色经典的思想精华经由学生自己的笔、自己的口表达出来,这样的情感认同和思想成长,并非外部灌输,而是由阅读主体自然而然生发的,因此也更加真实可贵。

5. 拓展延伸,让英雄形象立体起来

语文教学,确实不应局限于课本知识的传递,其知识拓展的疆域之辽阔,如同一片无垠的海洋。在完成课堂教学任务之后,教师可以巧妙地引导学生去阅读那些与课本内容紧密相关的名著,有意识地将红色教育的触角延伸到课外。

那些选读课文中,就蕴藏着不少红色经典故事,它们如同宝藏般蕴含着深邃的人生哲理。以《金色的鱼钩》为例,这篇文章生动地描述了长征途中,老班长为了保护三个小战士,舍身将他们带出草地,最终自己英勇牺牲的感人故事。通过学习这篇文章,学生能够深切地感受到老班长舍己为人的伟大精神，更能领悟到红色教育的独特魅力。除此之外，一些课外阅读书籍也体现了红色精神，对学生产生了一定的教育作用。比如《小英雄雨来》《钢铁是怎样炼成的》等，这些都是语文课外阅读中的必读之作。教师应该积极引导学生阅读这些书籍，让他们在阅读中体会红色精神，感受作品中人物对革命事业的忠诚与奉献。只有这样，红色教育才能如同春雨般润物细无声地影响学生，帮助他们树立正确的人生观和价值观。

（三）创新方法，丰富形式

红色教育应注重创新，采用多种形式进行。为了在学校广泛开展红色基因传承教育，我们可以制定红色基因传承教育的主题，并在主题范围内丰富红色基因传承教育活动的形式和内容。这些红色主题活动能够丰富学生的精神文化生活，让红色精神充盈在小学生的精神空间，让承载着红色精神的红色基因在潜移默化的过程中逐渐融入小学生的血脉之中。

可以通过讲述革命故事、观看红色影片、参观革命遗址等方式，让学生直观感受革命历史的伟大和崇高。例如，我校周边得天独厚的教育资源，在传承红色基因教育中起到很重要的作用。作为一所革命老区的学校，我校充分利用本地红色资源，组织学生学习参观"四·八"烈士纪念馆，讲述王若飞、叶挺等烈士以身殉国的故事；走进贺龙中学，了解贺龙元帅的丰功伟绩；走进烈士纪念塔，近距离感受学习本土英雄们的故事。在参观过程中，学生通过观看展览、听取讲解、亲身体验等方式，深入了解了革命历史和红色文化。他们看到了革命先烈使用过的物品，听到了他们英勇斗争的故事，感受到了他们坚定的信念和无私的奉献精神。这次参观活动让学生更加直观地了解了红色历史，增强了他们的爱国情感和民族自豪感。

教师在带领学生参观革命遗址后，还可拜访周边地区的革命老兵，聆听他们讲述自己亲身经历过的红色故事，感受老兵身上令人敬仰的革命精神。

同时，可以开展主题班会、演讲比赛、征文比赛等活动，让学生在参与中深化对红色文化的理解。例如，我校以"传承红色基因，争做时代新

人"为主题，开展了一次主题班会。在班会上，学生通过观看红色影片、讲述红色故事、讨论红色精神等多种形式，深入了解红色文化的内涵和价值。他们积极分享自己的感受和体会，表达了对革命先烈的敬仰之情和对祖国的热爱之情。这次主题班会不仅让学生深刻认识到了红色文化的重要性，还激发了他们学习红色文化、传承红色基因的热情。

我校还举办了一场以"红色文化伴我成长"为主题的演讲比赛。学生在比赛中纷纷讲述自己学习红色文化的心得体会，分享自己对红色精神的理解和感悟，他们用自己的语言诠释了红色文化的内涵和价值，表达了对祖国的热爱和对未来的憧憬。这次演讲比赛不仅锻炼了学生的口才和表达能力，还进一步加深了他们对红色文化的理解和认同。

我校利用重大时间节点，策划开展系列主题活动。四月读书节，各年级开启阅读红色经典书目，观影社团每周五下午观看红色电影活动，并展示读书成果展，如手抄报、讲红色故事、推荐一本好书、美文诵读会等；六月儿童节，各班围绕红色主题，用舞蹈、歌曲、朗诵、情景剧等不同艺术表现形式演绎经典。十月国庆节，开展"指尖舞童心"师生硬笔书法比赛等活动，为青少年播撒红色教育的种子。

五、结语

总之，走好红色育人路，是小学教育的重要任务。学校应充分发挥红色育人功能，将其贯穿于教育教学全过程。基于核心素养，立足语文新课标，以语文实践活动为主线，站在学科育人的高度讲好中国革命英雄的故事，让学生在学习英雄中崇尚英雄，让红色基因融入每个学生的血液之中，激发他们的红色激情，在他们心中厚植爱国主义情怀，使他们成为担当中华民族伟大复兴大任的时代新人。同时，要注重创新方法，丰富形式，提高教育质量，让学生在红色教育的熏陶下茁壮成长。通过红色教育，培养出一批批具有爱国情怀、民族精神和社会责任感的优秀学生，为实现中华民族伟大复兴的中国梦贡献力量。

铭记，是最好的敬意！传承，是最好的纪念！

参考文献

[1] 任丽梅. 新时代如何传承弘扬红色文化传统［N］. 中国社会科学报，2019-10-23（006）.

[2] 孟强. 品味经典致敬英雄：统编教材中的红色经典教学片段例谈［J］. 山东教育：中学刊，2021（23）：28-30.

[3] 季雪娟. 用红色基因点亮生命底色：统编教材红色经典的导读策略［J］. 基础教育课程，2018（21）：63-65.

[4] 周叔佑. 红色文化在小学语文课堂教学中渗透的实践策略［J］. 新一代（理论版），2018（24）：135.

[5] 赵子嵩. 植入红色基因培育英雄情怀：浅谈校园文化建设中的"红色"教育［J］. 甘肃教育，2020（21）：26-27.

[6] 肖彩. 传承红色基因，培育新时代好少年［J］. 中外交流，2020（11）：341.

扎根红色文化开展跨学科劳动教育

方山县城内小学　李玲玲

摘　要：随着我国经济的快速发展，人们对学生的素质教育更加重视。对学生多方面素养的综合培养逐渐成为教育工作的重要组成部分，也是当前各阶段教学理念与改革的主要方向。劳动既是一种认识，也是一种实践，社会的发展总是离不开劳动，劳动教育贯穿于国民教育发展的始终。红色文化与小学劳动教育有着十分紧密的内在联系，对探索中国特色的劳动教育模式具有重要意义。本文对红色文化融入小学劳动教育路径进行了详细探索。

关键词：红色文化；小学；劳动教育

一、引言

劳动教育是指引导学生树立正确的劳动观念和劳动态度，热爱劳动和劳动人民，养成劳动习惯的教育，是"五育"的重要内容之一。教师要在教育实践中不断探索，有效落实小学劳动教育各项任务，使其能更好地服务于立德树人根本任务。基于此，本文以红色文化融入小学劳动教育为主题，探索如何提升小学劳动教育效果，传承红色基因，落实立德树人根本任务。

研究背景：2023年10月24日第十四届全国人民代表大会常务委员会第六次会议通过《中华人民共和国爱国主义教育法》，本法自2024年1月1日起施行。红色教育是爱国主义教育不可或缺的一部分。

红色文化是在长期革命实践中创造的文化精髓，具有鲜明的国别特征和民族属性，具备强烈的民族凝聚力和向心力，是立德树人的"红核"内心，是培根铸魂的思想文化精髓。

研究目的和意义：红色育人有助于增强学生思想德育的效果；红色文化是非常宝贵的财富，红色育人能够帮助学生树立正确的人生观、价值观；红色文化能够净化校园文化环境，帮助学生辨别不良文化，减轻这些不良文化对他们的侵蚀，尤其是在这个思想多元复杂的时代，为学生营造一个红色健康的学习和成长环境。

红色教育可以培养和增进学生对中华民族和伟大祖国的情感，传承民族精神、革命精神，使爱国主义成为他们的坚定信念、精神力量和自觉行动。

读红色书籍，参观红色革命纪念馆、讲红色故事、唱红色歌曲，都是开展红色教育的良好途径。在良好的红色教育氛围下，在日常的教研、教学活动中融入红色教育，扎根红色文化，开展跨学科劳动教育。

研究方法：文献法研究法、观察法、跨学科研究法。

二、理论基础

19世纪的空想社会主义者罗伯特·欧文在英国纽克兰纳开展了生产劳动与教育结合的实验。马克思充分肯定了欧文的实验，在此基础上提出了教育与生产劳动相结合这一全面发展思想，他在《资本论》中指出："未来教育对所有已满一定年龄的儿童来说，就是生产劳动同智育和体育相结合，它不仅是提高社会生产的一种方法，而且是造就全面发展的人的唯一方法。"作为改造社会的最有力的手段之一，它是共产主义教育的萌芽，这一理论创造为解决工人阶级的片面发展，进而为整个人类的全面发展提供了理论基础。

中华人民共和国成立后，中国共产党对马克思主义的教劳结合思想做了创造性实践和发展，并把这一原理作为党的教育方针。毛泽东同志多次就教育与生产劳动相结合问题提出指导性意见，并在一次讲话中明确指出：教育必须为无产阶级政治服务，必须同生产劳动相结合，劳动人民要知识化，知识分子要劳动化。

2022年4月，教育部发布《义务教育劳动课程标准（2022版）》指出，劳动课程应突出育人价值，以实践为主线擘画出劳动课程应有的样态。劳动教育要有目的、有计划地组织学生参加日常生活劳动、生产劳动和服务性劳动。要让学生动手实践、出力流汗、接受锻炼、磨炼意志，培养学生树立正确劳动价值观，养成良好品质。劳动教育是一项系统工程，也是一项长期课程，贯穿于教育的始终。劳动教育应借助多种载体，不断拓宽劳动渠道，不断创新劳动方式。劳动教育应立足学生学习生活实际，整体规划劳动教育课程，开发校内外劳动教育课程资源，发掘并开拓劳动教育新场域。因此劳动教育应该把育人作为其出发点和最终归宿。

红色文化是中国共产党带领先进知识分子和广大人民群众创造出来的具有中国特色的革命先进文化。红色文化不同于中国历史上的任何文化，它产生于国家和民族危难之际，发展在革命斗争和国家建设年代，其思想性、革命性、先进性是其他文化望尘莫及的。红色文化具有鲜明的思想特征和中国特色，是建设中国特色社会主义事业的精神动力和核心文化。

随着时代的发展，红色往事已逐渐成为历史和记忆，很多历史的亲历者一个个离我们远去，而革命烈士纪念馆、烈士墓碑、遗址遗物、革命书籍、红色影视戏剧、红色歌曲诗词等，又为我们搭建了红色记忆的通道。我们看到了"心忧天下"的革命者形象，了解了他们曲折光辉的成长历程。

红色文化里写满革命先辈的理想未来、家国抱负，彰显着他们不屈不挠、铮铮铁骨的精神。革命先辈保家卫国、视死如归，感召当代；他们笃定梦想、敢于抗争，激励来者；他们奋勇向前、为民请命，鞭策今人；他们不辞辛劳、勇挑重担，教育后人；他们为国家谋独立强盛，为人民谋太平幸福。学生在红色文化中感受着革命先辈革命斗争的艰苦卓绝，感受着心怀家国的赤子之心。因此红色文化为新时代小学生品德体系的丰富提供了精神血脉。

三、课型研究

部编版教材中多篇红色文化题材的文本，呈现了革命战争年代，革命先辈、革命领袖时刻不忘参加劳动生产的感人故事。教师在教学中营造浓厚的红色育人氛围，更应开展拓展阅读活动，带领学生感受其他革命先辈劳动的故事。通过跨学科学知识，让学生了解劳动工具，了解劳动过程，了解劳动的益处，随即参与劳动，亲身体验劳动，培养爱祖国、爱家乡、爱劳动、爱学习的新时代接班人。

《吃水不忘挖井人》讲述了毛泽东主席在江西领导革命的时候，在沙洲坝带领广大干部群众深挖水井的故事。毛主席和其他领导人一有空闲就到工地参加劳动，经过十几天的辛勤劳作，深井终于挖好了，沙洲坝的人民终于喝上了甘甜澄澈的井水。

学完《吃水不忘挖井人》后，我校语文、数学、科学、劳动学科协同开展实践活动，引导学生深度了解挖井的原理、挖井的数据，并带领学生走进田间地头参与劳动，感受劳动者的不易，体会领袖对劳动人民的关心和爱护，为学生的精神底色融入浓厚的红色记忆。

《邓小平爷爷植树》描绘了83岁高龄的邓小平爷爷在北京天坛公园种树的情景。虽然年事已高，但他仍然身体力行植树造林，绿化祖国，造福子孙后代。

学完《邓小平爷爷植树》后，我校语文、数学、劳动学科协同开展实践活动，在活动中，学生不仅理解了习近平总书记提出的"绿水青山就是金山银山"的发展理念，环保意识得到培养，而且在植树活动中，学习了丈量、计算间距，真正做到了在劳动中学习知识。

《朱德的扁担》再现了在井冈山时期，由于敌人的封锁，井冈山革命根据地军民生活十分困苦。红四军司令部发起了下山挑粮的运动，朱德军长也加入其中，战士们心疼他，便把他的扁担藏了起来。朱德很着急，于

是让警卫员从老乡那里买了一根毛竹，连夜做了一根扁担，并在上面刻了"朱德扁担，不准乱拿"。从此，"朱德的扁担"这一故事广为流传。

学完《朱德的扁担》后，语文、科学、劳动学科协同教学，引导学生体会朱德吃苦耐劳，与战士同甘共苦的革命精神。带领学生了解扁担的原理，并亲身体验劳动，真正体会劳动的辛苦和不易，感受今天生活的幸福和美好，从而懂得珍惜劳动成果。

四、教学案例——《朱德的扁担》跨学科红色劳动教育案例

（一）语文课堂设计

《朱德的扁担》是一则关于朱德同志的小故事，讲述了他与战士们一起挑粮的事情，他以身作则的高尚品质令人感动和敬佩。如何更好地突破这个重点呢？我一改传统的逐段分析的教学模式，代之以抓住重点词句的教学方法，让学生在读中理解，在思中感悟，在辩中明白，由浅入深，层层递进，最终达到预期的教学效果。

师：自由读课文，你们有什么疑问？

生1：朱德的扁担干什么用？

生2：战士们为什么要藏朱德的扁担？

师：请同学们带着疑问，再次阅读全文，你们能解决哪个问题？在小组内交流。

生1：我代表我们小组交流朱德的扁担干什么用，是挑粮上山。

师：为什么需要挑粮上山？

生1：因为敌军严密封锁，粮食不够山上的战士吃。

师：严密封锁会是怎样的后果呢？

生2：敌人把井冈山都包围了。

生3：把每一个能够下山的出口都把守了。

师：所以才会有——

生：挑粮运动。

师：由于严密封锁，革命根据地供给缺少了会面临什么样的状况呢？

生4：如果粮食不够吃，战士们就会饿肚子。

生5：战士们吃不饱，就没力气打仗了。

师：说得对。你瞧，朱德正挑着担子从远处走来呢！（出示书中插图）说说你们看到的朱德。

回答后出示课件：朱德同志常随战士们一块儿去挑粮，一天往返50公里。他穿着草鞋，挑起满满的一担粮食，走起路来稳健利落，年轻力壮的小伙子也常被他甩得老远。（书中的句子）

师：请大家读一读这两句话，你们又读懂了什么？小组里进行交流。

生1：我代表我们小组说。读了这两句话，我读懂了朱德是怎样挑粮的——穿着草鞋，挑着满满一担粮食。

师：从"满满"一词中，你体会到了什么？

生1：我感觉这么满的一担粮食肯定很重。

生2：我感觉朱德爷爷的力气很大。

生3：我觉得朱德爷爷肯定要用上九牛二虎之力，才能挑起这么满的一担粮食。

生4：我想，这么重的一担粮食会把朱德爷爷的肩膀压红了。

生5：可能还会流出血来。

生6：我想，朱德爷爷可能是硬坚持住的，他真勇敢。

师：朱德挑的粮食和战士们的一样多，一样的艰难，这正是与战士们同甘共苦的表现。

师：今天老师们给大家带来了——扁担。

（二）科学课堂设计

扁担是中国传统的一种搬运工具，它是用一根底部扁平、上面有弧度的木棍制作而成，两端挂有相等长度的铁钩，以便于挂放重物用于搬运。扁担也是中国文化的重要组成部分，它的历史可以追溯到古代，它是中国古代劳动人民的重要工具之一。

师：你们知道挑扁担的原理是什么吗？

生1：两边一样重。

生2：保持平衡。

师：说得非常好，挑扁担的原理就是保持平衡，你的肩膀就是一个支点，扁担在这个支点上保持前后作用力相等，就可以让扁担在你的肩膀上保持平稳。

师：如果扁担两头的东西不一样重，该怎么办？

生1：移动扁担，让轻的一头长一些，重的一头短一些，找到平衡点就行。

师：你懂的真多，这个原理就叫杠杆平衡原理，也称为杠杆平衡条件。在杠杆上作用着两个力，它们各自与力臂的乘积必须相等，以使杠杆保持平衡。

师：那你还知道生活中什么事或物也是运用了杠杆平衡原理呢？

生1：跷跷板。

生2：长棍子撬起重的东西。

师：扁担是一种用于搬运重物的工具，通常由一根长杆（多为竹木材质）制成，两端设有挂绳或挂钩，使用时将重物分别悬挂于两端，通过肩膀扛起以平衡负重。挑扁担的原理源于人类解决重物搬运问题的历史。扁担的发明原理主要包括平衡力、杠杆原理、重心和重力的作用。利用这些原理，扁担能够实现平衡、轻松地搬运重物。扁担的发明为我国古代社会提供了一种简便有效的运输工具。

（三）劳动课堂设计

扁担是一种传统的农具，起源于中国古代，使用至今。它通常由一根较长的木杆制成，两端连接着扁平的木板或金属片。扁担的主要用途是扛运物品，如水桶、竹篮等。下面我们一起去了解扁担的用途和使用方法。

师：你知道扁担的用途是什么吗？

生1：挑水，我见过奶奶村子里有人用扁担挑水。

生2：挑重的东西，用筐子装重的物品。

师：扁担的使用范围较广，可以搬运一定重量的物品，例如食品、药品、石料、木材等。扁担具有调节长度的优点，可以满足不同物品的搬运要求。

师：你知道挑扁担有哪些优缺点吗？

生1：挑相对较重的东西。

师：对，扁担这种搬运工具适用于一些小型物品搬运，比如食品和药品等。

生2：扁担有长有短，可以根据不同的用途选择长短。

师：说的很棒，扁担作为一种搬运工具，可以根据需要调整长度和高度，以适应不同大小和重量的物品。

师：大家想到了扁担的优点，那它有什么缺点？为什么现在很少见到它呢？

生1：扁担不能挑特别重的东西。

生2：现在有汽车、电动车运送物品，人们不想费力气。

师：那你知道，现在什么地方用到扁担吗？

生：在汽车、电动车到不了的地方，例如山沟里、地面不平的地方，扁担就可能派上用场。

师：扁担作为一种传统农具，曾具有广泛的用途。它不仅在农业生产中发挥重要作用，也被应用于建筑施工、水桶运输等方面，它还在民间艺术表演和武术训练等领域广泛使用。扁担使用方便、灵活性强，能够有效减轻劳动负担，提高效率。它是中国古代智慧的结晶，也是中国传统文化的重要组成部分。不论现在是否还在使用，我们都应认识它、了解它，并学会使用。

科学课堂上，我们学了挑扁担的原理，那你现在会不会挑扁担呢？

(1) 现场尝试：用PPT演示挑扁担的使用方法：

①首先，选择一根合适的木棍或铁棍。

②确认扁担挂钩的位置，绑在木杆或铁棍的两端，需要注意扁担挂钩的位置要尽量接近重心。

③将木杆或铁棍的中心部分压在肩膀或者后背上。

④将担子挂在扁担的两端。

⑤调整杆的长度和高度，以满足搬运物品的需要。

师：我们今天了解了扁担的用途和使用方法，接下来的课堂，我们要亲身实践，练习挑扁担，我们也要挑水给校园的生态园的植物浇水，比比看谁挑得又稳又好。

（2）活动：挑水比赛。

我们以劳动教育为抓手，跨学科开展各项活动，不断深挖红色文化中的核心育人价值，搭建新时代小学生品德体系稳固之柱石，确立劳动育人的底色，打造劳动育人"增长极"，使之成为其精神之"骨钙"、精神之血脉和精神之源点。

新时代新征程的小学生拥有优越的物质文化生活，他们需要红色精神文化里的劳动教育精神滋养与丰盈。他们应强身健体、自强自立，掌握基本的劳动技能，成为生活的强者；不忘历史、牢记使命，树立强大的爱国信念，成为社会主义事业的合格接班人和建设者。我们借助劳动教育根植红色精神，使其成为品德体系的不竭动能和强大基因。

参考文献

[1] 周兴国. 准确理解和把握义务教育劳动课程的性质、理念和目标 [J]. 教育文汇，2022（7）：5-7.

[2] 李文波. 聚焦课程管理提升育人实效 [J]. 教育文汇，2022（7）：11-15.

[3] 宋毅兵. 如何发挥好红色文化在中小学思想品德教育中的作用 [J]. 中共乌鲁木齐市委党校学报，2016（2）：32-33.

走好红色育人路
——传承红色基因，培养时代新人

方山县城内小学　王润梅

摘　要：本文旨在探讨如何走好红色育人路，传承红色基因，培养担当民族复兴大任的时代新人。通过对红色育人路的内涵、意义以及实施路径的分析，提出了一系列切实可行的建议和措施。

关键词：红色育人路；红色基因；时代新人；教育实践

一、引言

在中华民族伟大复兴的征程中，红色基因如同璀璨的星辰，照亮了历史的长河，引领着时代的方向。红色育人路，作为传承这份宝贵基因的重要载体，承载着培育担当民族复兴大任的时代新人的崇高使命。它不仅是对过去辉煌岁月的致敬，更是对未来无限可能的期许。

随着全球化的深入发展和科技的日新月异，时代的浪潮不断翻涌，对青年一代的要求愈发严格。他们不仅要具备扎实的专业素养，更要拥有坚定的理想信念、高尚的道德情操和卓越的创新能力。红色育人路正是为了回应这一时代呼唤而生，它通过独特的教育理念和实践方式，致力于将红色基因深深植入青年心中，使其成为推动社会进步的中坚力量。

本研究旨在深入探讨红色育人路的内涵与价值，分析其在当代教育体系中的实践路径，并通过实证研究，揭示其在培养时代新人中的实际成效。我们将从多维度视角出发，结合理论与实践，为走好红色育人路提供有益的参考和借鉴。

在接下来的篇章中，我们将系统梳理红色育人路的发展历程与理论基础，剖析其在新时代背景下的独特意义与价值。随后，我们将重点探讨如何通过具体的教育实践活动，如课程设置、教学方法改革、实践基地建设等，有效传承和弘扬红色基因。同时，我们还将关注面临的挑战与困境，并提出相应的解决策略和建议。最后，在总结部分，我们将对整个研究进行回顾与展望，以期为走好红色育人路提供有益的启示和指导。

二、红色育人路的内涵与意义

红色育人路，作为中国特色社会主义教育事业的重要组成部分，其内涵丰富而深远，意义重大而独特。它不仅是对中国共产党革命精神的传承与发扬，更是对新时代青年学子的责任与担当的呼唤与期待。

（一）内涵解析

1. 历史底蕴深厚

红色育人路的形成与发展，深深植根于中国革命的光辉历程之中。它承载着革命先烈的英勇精神和崇高理想，是对那段艰苦卓绝斗争岁月的深刻记忆和崇高敬意。通过红色教育，青年学子能够深入了解党的光辉历程和优良传统，从而在思想上产生共鸣，在行动上践行初心。

2. 价值导向明确

红色育人路强调社会主义核心价值观的培育和践行。它倡导爱国主义、集体主义、社会主义思想，引导青年学子树立正确的世界观、人生观和价值观。在红色教育的熏陶下，青年学子能够明确人生目标，坚守道德底线，勇担时代重任。

3. 实践育人特色鲜明

红色育人路注重理论与实践相结合，强调通过实践活动锻炼青年的意志品质和能力水平。通过参与红色教育活动，青年学子能够亲身体验革命先烈的英勇事迹，感受红色文化的魅力，从而激发他们的爱国热情和奉献精神。

4. 创新发展活力充沛

红色育人路在传承红色基因的同时，不断适应时代发展的需要，进行创新和发展。它积极探索新的教育模式和手段，如数字化、网络化等，使红色教育更加贴近青年学子的生活方式和思维习惯，增强其吸引力和感染力。

（二）意义彰显

1. 传承红色基因，弘扬革命精神

红色育人路通过对红色基因的传承和弘扬，使青年一代能够深刻理解和把握中国特色社会主义事业的本质要求，坚定信仰，勇攀高峰。它有助于青年学子继承和发扬革命先烈的伟大事业，为实现中华民族伟大复兴的中国梦贡献力量。

2. 培养时代新人，担当历史使命

红色育人路致力于培养担当民族复兴大任的时代新人。通过红色教育，青年学子能够锤炼品格，增长才干，提升能力，成为德智体美劳全面发展的社会主义建设者和接班人。他们将肩负起历史赋予的重任，为推动国家的发展和进步贡献青春力量。

3. 推动社会主义核心价值体系建设

红色育人路的实施，有助于推动社会主义核心价值体系的建设。青年学子在红色教育的熏陶下，将其内化为自己的精神追求和行为准则，进而影响和带动全社会的价值观念向更加健康向上的方向发展。

4. 促进教育现代化，提升教育质量

红色育人路的创新发展，推动了教育的现代化进程。通过引入新的教

育技术和手段，红色教育更加生动、形象、有效，提升了教育的整体质量和水平。同时，它也为其他领域的教育改革提供了有益的借鉴和参考。

总之，红色育人路是新时代青年学子成长成才的重要途径，也是推动社会主义核心价值体系建设、实现中华民族伟大复兴的重要支撑。它将继续发挥其独特优势和价值作用，为培养更多优秀人才、推动国家的发展和进步作出更大的贡献。

三、红色育人路的实施路径

红色育人路作为一种独特的教育模式，旨在通过传承和弘扬红色基因，培养担当民族复兴大任的时代新人。为确保红色育人路的有效实施，可采取以下一些实施路径：

1. 理论武装先行

开展系统的党史、新中国史、改革开放史、社会主义发展史教育，使青年学子深入了解党的光辉历程和优良传统。

组织专题讲座、研讨会，邀请专家学者分享红色故事，解读红色文化，增强青年学子的理论素养和历史责任感。

2. 课程体系构建

将红色教育内容融入现有课程体系，如开设红色经典诵读、红色文化研究等课程，使红色教育与学科教育有机结合。开发红色教材，结合地方红色资源，编写符合青年学子认知水平的教学材料。

3. 实践活动拓展

组织参观革命纪念馆、烈士陵园等红色教育基地，通过实地学习，青年学子亲身感受红色文化的魅力。开展红色主题社会实践活动，如志愿服务、调研考察等，引导青年学子在实践中感悟红色精神。

4. 师资队伍建设

加强红色教育师资培训，提高教师的红色教育教学能力和业务水平。鼓励教师开展红色教育研究，推动红色教育理论与实践的深度融合。

5. 校园文化营造

利用校园文化设施，如宣传栏、广播站、校报等，定期发布红色教育相关内容，营造浓厚的红色文化氛围。举办红色文化艺术节、红色主题演讲比赛等活动，让青年学子在参与中感受红色文化的魅力。

6. 评估与反馈机制建立

制定红色教育效果评估标准，定期对教育活动进行评估，及时调整优化实施方案。建立红色教育反馈机制，收集青年学子对红色教育的意见和建议，不断完善教育内容和形式。

7. 社会参与与合作

积极与政府、企业、社会团体等合作，共同开展红色教育项目，拓宽红色教育的社会影响力。利用新媒体平台，扩大红色教育的覆盖面和影响力，吸引更多青年学子参与。

通过以上实施路径，可以有效地推进红色育人路的实施，使红色教育真正落到实处，为培养担当民族复兴大任的时代新人提供有力支持。

四、案例分析：成功实践红色育人路的典型案例

（一）井冈山红色教育基地

井冈山被誉为"中国革命的摇篮"，是红色教育的重要基地，每年都有大量的游客和学生前来参观学习，感受红色文化的魅力。在井冈山，游客和学生可以参观黄洋界哨口、茨坪毛泽东旧居等革命遗址，了解红军战士的英勇事迹和革命精神。此外，井冈山还开展了一系列红色教育活动，如重走长征路、红色故事会等，让游客和学生更加深入地了解红色文化的历史。

（二）延安红色教育基地

延安是中国革命的圣地之一，也是红色教育的重要基地。延安革命纪念馆是全国爱国主义教育示范基地之一，收藏了大量的革命文物和历史照片。在延安，游客和学生可以参观宝塔山、枣园、杨家岭等革命遗址，了

解中共中央在延安时期的光辉历程和革命精神。延安还开展了一系列红色教育活动，如红色歌曲演唱、红色舞蹈表演等，让游客和学生更加深入地了解红色文化和历史。

（三）学校案例

在中国，有许多学校通过红色教育提升学生素质，以下是几个典型的例子：

1. 延安大学

延安大学位于陕西省延安市，是一所以红色传统教育为特色的高等学府。学校依托延安丰富的红色资源，开展了一系列红色教育活动，如红色课堂、红色实践和红色文化研究等。学校通过整合校内外红色教育资源，打造了一系列红色教育品牌项目，如"延安精神"研究与传播项目、红色教育基地研学项目等。延安大学的红色教育不仅注重知识传授，更强调对学生的思想引导和品德教育，通过红色教育活动的开展，培养学生的爱国情怀和社会责任感。

2. 井冈山大学

井冈山大学位于江西省井冈山市，是一所以红色教育为特色的高等学府。学校充分利用井冈山的红色资源，开展了一系列红色教育活动，如红色课堂、红色实践和红色文化研究等。学校通过整合校内外资源，建立了红色教育基地，如井冈山革命博物馆、井冈山革命旧址群等，为学生提供了直观的学习平台。井冈山大学的红色教育注重理论与实践相结合，通过实地考察、社会实践等方式，学生深入了解井冈山的革命历史，感受红色文化的魅力。

3. 东北师范大学

东北师范大学位于吉林省长春市，是一所以师范教育为特色的高等学府。学校积极开展红色教育活动，将红色基因融入人才培养全过程。学校通过开设红色教育课程、举办红色文化活动、开展红色教育实践，使学生深入了解中国革命历史和优良传统。东北师范大学的红色教育注重培养学生的爱国主义情怀和社会责任感，通过红色教育活动的开展，提高学生的综合素质和社会适应能力。

　　这些学校通过红色教育活动的开展,不仅丰富了学生的知识储备,更在思想道德层面对学生进行了深刻的熏陶和教育,有效提升了学生的综合素质和社会责任感。

　　这些案例展示了红色教育基地在传承红色基因、弘扬革命精神方面的重要作用。通过参观学习、开展活动等方式,更多的人了解了红色文化和历史,激发爱国主义情感,为实现中华民族伟大复兴的中国梦贡献力量。

五、面临的挑战与解决策略

(一) 面临的挑战

1. 资源整合难度大

　　红色教育资源分布不均,部分地区可能缺乏足够的红色教育资源,如革命遗址、纪念馆等,这使学校在开展红色教育时面临资源短缺的问题。

2. 教育内容更新滞后

　　随着时代的变迁,红色教育的内容和形式需要不断更新,以适应新时代青年学子的需求。但在现实中,部分学校的红色教育内容更新滞后,难以吸引青年学子的兴趣。

3. 教学方法单一

　　传统的红色教育往往采用课堂讲授的方式,这种单一的教学方法可能无法充分调动青年学子的主动性和参与度。

4. 学生接受度问题

　　当代青年学子生活在和平发展的年代,对革命历史的认识可能较为抽象,他们可能难以完全理解和感受到那个时代的艰辛和牺牲精神,这导致他们对红色教育的接受程度不一。

5. 教育效果评估困难

　　如何准确评估红色教育的效果,特别是它对青年学子思想道德和价值

观的影响，是一个挑战。缺乏有效的评估工具和方法，就难以全面了解教育活动的实际效果。

（二）解决策略

1. 加强资源整合与共享

政府和教育部门应加强对红色教育资源的整合和优化，建立红色教育资源共享平台，使各地学校都能平等地获取优质的红色教育资源。

2. 创新教育内容与形式

学校应结合新时代的特点，对红色教育内容进行创新，如开发互动式教学软件、应用虚拟现实（VR）技术等，使红色教育更加生动、直观。

3. 多元化教学方法

采用多种教学方法，如案例分析、角色扮演、现场教学等，让青年学子在参与和体验中学习，提高他们的学习兴趣和参与度。

4. 强化实践教学

通过组织青年学子参观红色教育基地、开展社会实践活动等，让他们亲身体验红色文化，增强他们的历史使命感和社会责任感。

5. 完善评估体系

建立科学的红色教育效果评估体系，包括定量和定性评估，定期对教育活动进行评估和反馈，以便及时调整教育策略。

通过这些挑战与解决策略的探讨，我们可以看到，红色教育在新时代背景下既面临挑战，也有着广阔的发展空间。只有不断创新和完善，才能更好地发挥红色教育在培养社会主义核心价值观和传承红色基因方面的作用。

六、结论与展望

（一）结论

红色教育作为传承革命传统、培育社会主义核心价值观的重要途径，在新时代背景下依然具有重要意义。通过对当前红色教育的现状分析，我们发现，红色教育虽然取得了一定的成效，但仍存在资源整合、教育内容更新、教学方法创新等方面的挑战。这些挑战要求我们必须采取有效措施，不断优化红色教育的实施路径。

（二）展望

展望未来，红色教育的发展应聚焦于以下几个方面：

1. 深化资源整合

政策引导和市场机制，能够促进红色教育资源的整合与共享，打破地域限制，使更多学校能够利用优质的红色教育资源。

2. 创新教育模式

结合现代信息技术，如数字化、网络化、智能化等，开发新型的红色教育模式，如在线教育平台、虚拟现实教学等，使红色教育更加贴近青年学子的学习习惯和兴趣。

3. 强化实践育人

加大对红色教育实践活动的投入，如开展红色主题社会实践、研学等，让青年学子在实践中体验和理解红色文化，增强其历史使命感和社会责任感。

4. 完善评价体系

建立科学、全面的红色教育评价体系，不仅评估青年学子的知识掌握情况，还要关注其思想道德变化和价值观形成，为红色教育的持续改进提供依据。

5. 加强国际交流与合作

在全球化背景下，我们加强与其他国家在红色教育领域的交流与合作，借鉴国际先进经验，提升我国红色教育的国际化水平。

通过这些措施的实施，我们有望在新时代背景下，进一步发挥红色教育的优势，培养出更多具有坚定理想信念、高尚道德情操、扎实专业知识和卓越创新能力的新时代青年，为实现中华民族伟大复兴的中国梦贡献力量。

参考文献

[1] 求是网评论员. 坚持和发展好新时代"枫桥经验"[J]. 红旗文稿, 2023（21）：48.

[2] 习近平. 在文化传承发展座谈会上的讲话[EB/OL].[2023-06-02]. https://news.cctv.com/2023/08/31/ARTIoxGRG8gqLuLgq1EYp97r230831.shtml.

[3] 代玉启. 坚持和发展好新时代"枫桥经验"建设更高水平的平安中国[N]. 光明日报, 2023-11-15（006）.